南明史

錢海岳撰

第六册　列傳

卷三十六至卷四十六

中華書局

南明史卷三十六

無錫錢海岳撰

列傳第十二

陳士奇　陳纁　王行儉　王錫　覃文應　歐陽東旦　何國瑾　李默　漆堅　顧景　卞顯爵　劉璲　王四　龍文光　劉佳胤　劉之勃　楊鏘　齊瓊芳　宋文翼　張繼孟　陳其赤　張孔教　施之炳等　鄭安民　方堯相　劉一麟　馬雲程　沈受蒲等　金玉諧　陳懋昱等　項維德　朱旭　楊嗣溥　張洪儲　李爲龍　馮傑　程文煌　劉士斗　子然　沈雲祚　趙嘉煒　何大成　季曾貫等　張奏功　羅大爵　劉鎮藩　李文蔭　徐明蛟　閔洪得　夏文緒　吳宇英　楊師旦　蔡如蕙　莊祖詔　莊祖誥　王秉乾　王履亨乾曰貞　張于廉　趙鴻偉　丘大坊等　張鳳翮　何繼皋等　嚴錫命　江鼎鎮　龔完敬　王國麟等　王勵精　李甲等　張繼祖　江騰龍等　陳星聚　包洪策　魯城隍等　蔡和通等　高人龍等　張立朝等　章鳴謙　顧繩詒　賈鍾斗等　方忠奕等　胡順哲等　沈希聖　姚思孝　陳鼎祚　劉邦彥等　章奇　李資生等　李永喬等　賀允選　李蔚等　王源長等　周鳴鸞　陳雲鵬　雷應奇　李國祥　漆學印等　卜大經

刁化神等　楊國柱等　荀克孝　羅銘鼎等　高仲選等　董克治　李開元　顧旦　劉偉　梅運昌　方應時等　蔣世鉉等　敖仲美　趙嘉龍　雍締　李衡儔等　岳農壇　史掌文等　孫開先　黄翔龍　趙德璘等　冉璘等　王明德　鄧天禄　覃樸　覃天明等　胡恒　鄢之駱　汪光翰　徐孔徒　陳聯登等　朱儀　李長庚　黎應大等　秦民湯　李國柄等　李正紳等　宿士純　王仲儀　陳天祐　李杠　周正等　周憲國等　陳爰詢　洪正昌　曾胤昌　梁應奎　熊兆柱　魚嘉鵬等　周元孝　王道昌　劉芭等　余智等　何實等　胡其廉等　楊愈盛　郭肇域等　郭時亨　王之賓等　艾吾鼎　高元修等　徐慶餘等　袁櫟等　張士昌　王維容　黄九鼎等　劉國紀等　楊興旺等　黄諫卿　王萬春　韓洪鼎　韓大賓　方旭等　吴長齡　晞容　趙繼鱗　林之龍　劉道貞　子暎度　葉大賓　盧安世　何大衢等　蔡馨明　馬國駿等　盧懋鼎　徐應鼇　曾唯一等　金鼎祚　王猷　李光春　王祚興　賴華國　陳策　李存性　項國瓚　李崇彦　劉承業等　詹嘉顔　任彦等　鄭夢眉　李用台　李俊英等　宋守仁　劉世俊　魯豫等　林茂輔　謝雲步等　錢柏柯　姜兆熊等　羅應選　梁道濟　王國寧　張繼祖　王茂烈　李完　高儀坤等　張養奇　袁一曾　史觀宸　業可縯　殷承祚　謝翰臣　羅爲愷　樊明善　王景啟等　陳懷西　馬孫鸞　于自密　王爾讀等　李含乙　弟儲乙　王樹極　鄭澥　王蘋　陳君寵　從兄調元　朱甲　王干城　李永蓁等　張瑞宿　單之賓　牟景等　楊正機　馬紹曾等　楊淩雲　譚文化　竇可進　王起峨　周燕　戈愷　王喬棟　子炘　吴貞　王日新等　舒柏等　吴國宇等　操承勳　吴士昌　兄如陵等　吕大奇　邵邦琳

張堯臣　黄惟言　陳瑞　駱文節　陳效源　程之藩　趙鳴時　熊祚延　蔣正元等　周正應　弟昌應等

李嘗先　王祚昌　施廷賢　張楚璠　張大經　王業鞏　趙宏化　鄭以現等　徐開元等　詹孫翰　郭之樞等　杜秀逸　鄧武溱　余紹高等　胡文光等

陳士奇，字平人，漳浦人。天啟五年進士。授中書舍人，歷禮部主事、廣西貴州僉事、嶺北副使。歲除，出死囚十七人於庭，縱之歸，令春自詣獄。十六人如期至，一囚弗至。捕之，走贛，令自陳曰：「我無顔見陳兵憲。」觸石死。調四川督學，嵩潘兵索餉，聚衆數萬爲亂，諭定之。本文學士，而廷臣以知兵薦。

崇禎十五年秋，以兵部左侍郎、僉都御史，巡撫四川。軍政廢弛，秦良玉嘗圖全蜀形勢，請益兵守十三隘。不能用，蜀以是擾。朝議陞士奇通政使，命龍文光代之。十七年春，甫受代而夔州已破，士奇誓死守重慶，遣曾英、趙榮貴拒忠州梁山。重慶下流四十里曰銅鑼峽，江路所必經，士奇駐有重兵。張獻忠既入涪州，分舟師泝流上峽，而己則登山疾馳百五十里，破江津，掠其船順流下，不三日而奪佛圖關。銅鑼峽反出其下，兵驚擾不能支，遂潰。或謂士奇已謝事，宜去，士奇不可。獻忠傅城下，日夜登陴，以火罐滚礮斃敵無算，獻忠裸婦人向城而罵。城三面臨江，皆石壁，西南有磚城數十丈，獻忠發民墓凶具，負以穴城。六月二十日，陰雲四合，獻忠藏火藥城角，晨起，箭礮齊發，磚石皆飛，城遂失守。士奇及陳纁、王行儉、王錫、覃文應、歐陽東旦、何國瑾、李默俱被執。獻忠好語誘降，士奇叱曰：「世豈有降賊顏平原耶！」駡不絶口，支解而死。隆武時，贈尚書，謚忠節。

纁，字紘公，鍾祥人。崇禎十三年進士。自西路僉事轉關南副使。護瑞王常浩入蜀，死於難。

行儉，字質行，宜興人。崇禎十年進士。自南京户部主事歷郎中，出爲荆州知府。調重慶，撫御有方，民得安業。大駡死，贈光禄卿，謚忠烈。

錫，字子美，新建人。崇禎十三年進士。授巴縣知縣。嘗平姚、黄亂，斬其渠黑虎等。獻忠據墊江，復之。及攻重慶，又敗之銅鑼峽。圍城急，灌以熱油，敵多死。城破被執，顧常浩曰：「事至此，死耳，膝不可屈。」大駡。獻忠箝其口，封其左臂，縛樹上射之，又臠而炙之。

文應，柳城人。選貢。巴縣縣丞。朝服北拜，與子茂德井死。

東旦，石阡龍泉人。墊江知縣。

國瑾，平壩人。天啟七年舉於鄉。安岳知縣。皆調守重慶，死。

默，字語齊，墊江人。崇禎六年舉於鄉。獻忠入蜀，招土人守城。行儉請援，率妻子至重慶，日夜守。見執，一門支解死。

同時漆堅，渭源人。重慶熠磨，領鄉兵戰死。

顧景，南鄭人。指揮。城破，入瑞王府，以己馬乘常浩，鞭之走。遇獻忠，呼曰：「寧殺我，毋犯帝子。」格鬬死。

卞顯爵，不知何許人。重慶副總兵，力戰通遠門死。

劉璲，字君佩，巴縣人。崇禎六年舉於鄉。武陵知縣致仕，不屈死。

優人王四，平居演古忠節事，輒慷慨心慕。城破，獻忠索伶，四曰：「業賤不可再辱，此殆畢命時矣。」置酒與妻女暢飲畢，自經死，妻從之，女亦號哭經死。

邑人童思聖，崇禎元年進士，官知縣致仕，獨迎降獻忠。未幾，一門受戮。

獻忠屠重慶，壯丁截耳鼻臂者三十萬，驅之各邑，云：「兵至不下者視此。」殺王府官紳封籍待者，秋毫不犯。」於是各邑官紳自亂，獻忠遂長驅入成都。

龍文光，字煥斗，馬平人。天啟二年進士。授上猶知縣，調新建。歷稽勳主事、考功員外郎，出爲川北參政，撫定姚、黄。貴州安邦彦亂，餉匱，廣西派餉十三萬，文光疏爭之，乃已。以憂歸。服闋，起貴州學政，擢僉都御史，代陳士奇巡撫四川。時張獻忠已逼成都，文光自順慶偕總兵劉佳胤率威茂道兵、董卜韓胡土兵三千馳赴之，入城設守，而王宗大姓逸去者半。崇禎十七年八月五日，獻忠騎兵自資陽，水兵自洪雅、新津薄城下，佳胤出戰敗還。文光見濠涸，急遣趙嘉煒決灌縣堰水以益之，并發庫金募死士，縋城殺敵。九日，大雷電，雨如注，守陴者不能立，獻忠火攻如取重慶法，西北陬錦江樓崩，木石飛空，兵蜂擁入。不踰時，灌縣水至而城已破矣。文光投浣花溪死，或曰遇害於濯錦橋。

佳胤，南充人。武進士。嘗檄毛浴協、張奏凱會大壩關，破寇蒼溪、儀隴；會王祥大儀山下，大破寇開天觀馬鹿砍、頂山寨。至是亦同赴溪死。

永曆時，贈文光太子少保、兵部尚書，謚忠毅。

劉之勃，字安侯，鳳翔人。崇禎七年進士。授行人，遷山西道御史，能直言。魏炤乘入相，徐殿臣劾之，姚明恭疏辨，之勃力糾之，炤乘乃去。出按四川。

十七年正月，張獻忠大破川中郡邑。四月，威宗凶問，人心益洶懼。楊鏘、齊瓊芳、楊臺、劉道貞、宋文翼等謀擁蜀王至澍監國。之勃不可，躍入池中，議乃寢。七月，擢僉都御史巡撫四川，未聞命而獻忠已逼，請至澍出資募士，不聽。至澍謀遷滇，之勃持不可，與内江王至沂爭，而城中已洶洶不成行。城破，獻忠以同鄉，欲用之。之勃駡不屈，獻忠縛於端禮門外，攢矢射之。之勃厲聲曰：「寧多剮一刀，少殺一百姓。」從子諸生文郁，抱骸痛哭觸樹死，皆裂其屍。

鏘，字德甫。萬曆四十六年舉於鄉。弘才博學，後死難。

瓊芳，字義林。歲貢。嘗上書糾陳啟新，論時政，自火死。皆成都人。

文翼，字怒飛，丹稜人。恩貢。蜀府長史，陳士奇、之勃薦監軍。成都破，入山。清薦力拒。卒年八十。

張繼孟，字伯功，扶風人。萬曆四十七年進士。授即墨知縣。遷南京湖廣道御史，改巡江，未出都。奏籌遼六事，末言己「被抑南臺，縣錢神世界，公道無權。」詔令指實。以風聞對，被詰責。趙南星請因繼孟言，思偏重之弊，敕吏部挽回，於是忌者目繼孟爲東林。尋以不建魏忠賢生祠，削籍歸。

崇禎初，起山東道，陳江防八要，疏指吏部尚書王永光人言踵至一疏之謬，又劾南兵部尚書胡應台貪污。永光深嫉之，出爲廣西知府。土酋普名聲久亂未靖，繼孟設計酖之，一方遂安。擢浙江鹽運使，忤視鹽中官崔璘，謫保寧知府，晉川西副使。

十七年八月，張獻忠攻成都，佐龍文光設守。城破，被執不屈死。妻賈從殉。

同難者陳其赤、張孔教、施之炳、鄭安民、方堯相、劉一麟、馬雲程、沈受蒲、金玉諧、陳懋豎、項維德、朱旭、楊嗣溥、張洪儲、李爲龍。

其赤，字石文，崇仁人。崇禎元年進士。以吏能自西安知府遷成都副使，擢雲南布政使。未行，闔門四十九人投百花潭死。

孔教，字魯生，會稽人。萬曆四十年舉於鄉。歷户部主事、工部郎中、川南僉事。瀘州陷，率師戰南溪，助守成都，不屈死。子以衡，祕不令母孔知，奉以南走。踰年，見副使周夢尹請卹疏知之，罵曰：「汝父死二年，我尚偷生，使我無顏見汝父地下。」自刎死。旌一門節烈。永曆中，贈孔教兵部右侍郎。

之炳，字元度，崇明人。諸生。父臬，太學生，爲仇陷死。與兄之美禽之，刲肉瀝血以祭。赴獄爭死，有司義之不罪。參張國維軍。馬守應二十萬衆攻安慶，以兵二千赴援，夜襲破之，守應不敢窺江。授温江知縣，建敵臺樓櫓。歷姚州知州、川西監軍副使。成都受圍，練兵千人，百計拒守。城破自刎死，馬亦哀鳴不食死。

之美，字濟伯。諸生。深研經史，國亡，冠服不改，樓居以終。年九十一。

安民，字敬修，思南安化人。選貢。遂寧知縣，改蜀府左長史。敗寇青川，後分守南城。城破，抱蜀王至澍屍死。

堯相，字紹虞，黄岡人。崇禎三年舉於鄉。成都同知、僉事，與劉之勃請餉至澍，不應，則投王府河，左右拯之起。城破，死萬里橋。

一麟，定番人。選貢。邛州知州，調守成都死。

雲程，字騰萬，易門人。歲貢。新津知縣。分守成都北門，中礮死。二子收父屍，同時自經。

受蒲，字男玉，當塗人。諸生。歷横州知州、夔州同知，調成都，與弟受躬一門死。

玉諧，字賡明，安仁人。選貢。成都通判，守城自刎，一門四十餘人同死。

懋昱，字伯建，青陽人。太學生。四川布政經歷。與妻高，子良台、良卿，僕王香十三人死。

維德，字泰宇，桐城人。四川布政經歷。力戰被執，與妻巴、女婢大駡死。

旭，本名灝，字養浩，長洲人。太學生。江津知縣，調四川按察經歷死。

嗣溥，寶雞人。例貢。四川按察經歷死。

洪儲，字仰源，應城人。萬曆四十年舉於鄉。以簡州知州監紀蜀軍。城破，入蜀府北向自經死。

爲龍，昆明人。官成都，仕履不詳。城破死，妻劉、妾童經死。

又馮傑，涿州人。四川副使。有戰功，深入寇巢死。

程文煌，字履輝，休寧人。南京亡，謁福京。隆武二年，授四川經歷，中道遇寇死。

劉士斗，字瞻甫，南海人。崇禎四年進士。授太倉知州，有聲。張溥、張采與周之夔以事相爭，士斗右二張。之夔訐之總督，之夔罷而士斗亦中計典，謫江西按察知事，遷成都推官。十六年，劉之勃薦爲建昌僉事。明年八月，張獻忠逼。之勃促之行，士斗曰：「安危死生同此耳。」城破被執。時之勃與獻忠語，士斗呼曰：「此寇也，公不可屈。」獻忠命捽以上，反顧語如前，遂與妾張、幼子晋一門二十餘人遇害。

子然，陸川知縣，卒官。

同時沈雲祚，字予淩，太倉人。崇禎十三年進士。華陽知縣。夔州破，謁蜀王至澍，陳守禦策，不見用。城破，與之勃、士斗俱幽於大慈寺，絶粒半月不死，餽食大駡，遂同遇害。友人某匿其子豹文荀蔚山中，越二十年始歸。

趙嘉煒，字景思，紹興山陰人。郫縣主簿，奉龍文光命，決灌縣堰水以繞城壕。遇寇射之，投水死。子慶騏，自浙走萬里求父屍不得，遇堰夫告以死處爲三渡口，招魂葬焉。

何大成，寶慶新寧人。一作忠，綏陽人。歲貢。成都教授。與妻劉縊明倫堂上。

季曾貫，字恕先，太倉人。諸生。吳繼善幕客。不作郊天文，與黃錫侯同死。僕五郎曰：「主死，吾安得獨生！」亦死。

武臣之最著者劉佳胤外，同死者總兵張奏功、羅大爵、劉鎮藩，川北副總兵李文蔭，世襲指揮馬震，張卜昌，參將徐明蛟，都指揮使閔洪得、夏文緒，都司僉書李之珍，或陷陣死，或巷戰死。監軍方堯雲降。

奏功，綦江人。以川北副總兵征奢崇明，拒李自成，遷鎮天柱，調守成都東門。

大爵，合州人。

鎮藩，字長白，屏山人。諸生。襲千户。征崇明、安邦彥，數十戰有功，以副總兵陞，鎮貴陽，調四川。

文蔭，璧山人。戰白水見執。

明蛟，合江人。

洪得，字用光，烏程人。天啟元年武舉。

文緒，字爾開，廣濟人。

搢紳死難者，吳宇英、楊師旦、蔡如蕙、莊祖詔、莊祖誥、王秉乾、王履亨、乾曰貞、張于廉、趙鴻偉、丘大坊、張鳳翮、何繼皋。

宇英，廣元人。崇禎元年進士。良鄉、定海知縣，遷工科給事中，劾孫傳庭縱寇入蜀。調户科。獻忠禮請巡撫川北，火書斬使，出財募兵五千，守神仙洞。受圍三月食盡，一門自經，洞中二千人並死。

師旦，閬中人。天啟五年進士。僉都御史提督操江致仕，同宇英謀起兵。

如蕙，資縣人。天啟五年進士，刑部員外郎。

祖詔，字鳳傳，成都人。萬曆十九年舉於鄉。嘗寧知縣，遷順天治中，有治績。一門死。

祖誥，字天秩，成都人。萬曆二十九年進士，永新、廬陵知縣，累擢雲南按察使，廉介不苟，一門死。

秉乾，字毓精，成都人。萬曆三十一年舉於鄉。湘陰知縣，拒魏忠賢招。遷大理正。驅家投井死。

履亨，字坤軸，華陽人。萬曆三十一年舉於鄉。宣化同知致仕。被執投江死。

曰貞，字遵陽，成都人。東流知縣。以磚斃一人死。

于廉，字汝和，内江人。天啟元年舉於鄉。彭澤知縣。與妻鍾同駡寇死。

鴻偉，安縣人。歲貢。重慶教授。一門死。

大坊，字粲吾，成都人。歲貢。理學名家。與子諸生祖福，皆不應招死。子祖德，自有傳。

鳳翩，成都人。諸生。被執不受官死。

繼皋，華陽人。歲貢。與貢生丘豐皆不應試自經死。

先以鄉官降獻忠者，嚴錫命、江鼎鎮、龔完敬。

錫命，字意敕，緜州人。崇禎十年進士。授通州知州，力守全城。安宗立，遷驗封主事、郎中歸。首降，爲文華殿大學士，獻忠稱先生而不命。疏陳：「陛下繼嗣不廣，以兵間所掠女子，不足以配聖德。今有故相陳演女，才德色全備，宜正坤位，即立爲后。」演子授翰林學士。錫命一夕撰碑失意，杖死。

鼎鎮，南充人。天啟五年進士。授編修，以福建右參議致仕。自成將馬科至，率先迎降，青衣行酒，進美人博歡心，獻忠用爲禮部尚書，考試總裁，自以爲榮。會迎春，問出何門？鼎鎮曰：「出東門。」問出何典，曰：「大明會典。」獻忠大怒曰：「汝尚知有大明乎？」立責杖。門生何甲請代，獻忠縛何一門五十人斬之。後以郊天禮祝文表箋有接處，怒謂不欲其一統也，一門七十九人對戮死。

完敬，字潛石，彭縣人。崇禎十年進士。臨安推官致仕。獻忠兵入山，被執自刎不死。

獻忠曰：「忠臣也。」授兵部尚書。私語人曰：「受先帝恩，先帝爲社稷死，我不能爲先帝死，乃萬古大罪人也。」一日，以公署不葺，一門剥皮死。

又王國麟，湖廣人。彭縣知縣。降，爲户部尚書。

吴繼善，字志衍，太倉人。崇禎十年進士。成都知縣。左手印，右挾妾，拜馬首乞降，一門三十六人被殺。

杜甲，不知何許人。廣安知州。先降於科，以寡嫂進，後爲獻忠所誅。

王勵精，蒲城人。崇禎中，繇選貢授廣西通判，遷崇慶知州，多善政。十七年八月，成都破，州人聞風避，其僕勸之去。勵精不可，具朝服北面拜，復西向如禮，從容於甬壁書孔曰成仁數語。登樓以利刃縛柱，貯火藥樓下。倏報敵騎渡江，縱火焚樓，觸刃貫胸死。張獻忠壯其節，葬之。所書字風雨不滅，後二十餘年州人建祠祀之。祀畢壁即頹，遠近歎異。

同時李甲，字孚先，蒲圻人。崇禎三年舉於鄉。雙流知縣，遷建昌同知，未赴。馬蹶力戰死。二奴李事從、事篆護屍出。事從殉，事篆爲僧。

張繼祖，雙流人。石泉守備，力守歸，一門死。

江騰龍，郫縣人。崇禎十二年舉於鄉。城破，與諸生劉繼皋、費經世、劉宏芳不應招死。

邑人何以政，起兵死。

陳星聚，溫江人。諸生。不應試，水死。

邑人大理卿任漢，子弟糾族人起兵戰長灘。弘光元年，兵敗一門死。

包洪策，廣通人。崇禎十二年舉於鄉。新都知縣，受任甫四月，城守力竭死。

魯城隍，失其名，彭縣人。爲人剛正。執至成都，大罵割舌，噀血復駡，寸磔死。

邑人楊雲鵬，貢生。

劉祚昌，諸生。執死。

唐茂，諸生。戰死。

幸莫三，力拒幸家營，斷手免。

祝丕傅，諸生。負母大駡死。

徐履端，醫士。赴水死。

蔡和通，崇寧人。進士。與戴典、戴墳、王錫劉、龐其友、殷三善、謝潛、田龍一子弟百人戰安驛死。

賈正己、馬親賢、王諶，皆舉於鄉。戰新鋪死。

蔡有道、黄正、陳激，皆舉於鄉。與諸生仝屈、宋登、韓光、管樂志、屈通明、王大猷、鍾敬夫、詹士傑、胡鑑、劉初平、葛益、王露、章和、郭誠、蔡騰、陳立、王威，耆民王亨城破死。儲孤兒、薛興勇、向義，斬數百人死。

沈士奇，不受官死。

高人龍，易門人。副貢。灌縣知縣。與壻同經死。

張立朝，紹興新昌人。歲貢。前灌縣知縣，章宗愚客，刎死。女歸章爾程，哭駡死。

了空、鑑隨，灌縣僧人。拒青城山下，投崖死。

章鳴謙，沭陽人。選貢。金堂知縣。力守一門死。

顧繩詒，字敬承，長洲人。尚書其志子。崇禎十三年舉於鄉。仁壽知縣。吮血裹創力戰死。

賈鍾斗，仁壽人。崇禎十二年舉於鄉。與貢生顧鼎鉉，諸生劉士凱、龍明新、陳素、陳應新、左灼、王楷戰死。灼妻閔殉。楷妻高，隨翁永安縣任，翁姑歿，乃經死。

方忠奕，台州寧海人，孝孺十世孫。選貢。井研知縣。死守孤城。弘光元年閏六月，孫可望至，與訓導張元勳一門同死。城屠。

胡順哲，字永順，井研人。諸生。與族人起兵屯鍋底石山，皆戰死。

邑人周子林，諸生。與弟武生子旺屯黑虎寨死。

沈希聖，雲南人。歲貢。資縣知縣。被執，索印不與，至成都劊重，一門死。

姚思孝，遂寧人。歲貢。内江教諭。

陳鼎祚，字方壺，酆都人。歲貢。前内江教諭，未行。衣冠明倫堂一門死。

劉邦彦，字見素。内江人。諸生。衣冠死。

邑人門停午，被執，大駡死。

章奇，字輝甫，安縣人。諸生。襲衛指揮僉事、疊溪遊擊。安縣破，守睢州關死。

邑人李資生，字静翕，總督鑑子。太學生。與妻董經死。

張性倫、張恒宰，廪生。駡寇死。

李永喬，簡州人。歲貢。與貢生汪國諏集衆拒戰，執死。

賀允選，字繼登，丹陽人。天啟四年舉於鄉。資陽知縣。城破，被執不屈，處之别營。至隆武元年冬，從容至學宫北拜，與一門十七人俱死。

李蔚，平壩人。歲貢。隆武二年，授資陽知縣。甫任，姚、黄至，執死。

劉宏芳，資陽人。諸生。被執水死。

王源長，新津人。選貢。弘光元年二月，與妻徐經死。

邑人鄒奇勳，北拜，一門經死。

藍燦，不赴試死。妻袁、婢徐水死。

周鳴鸞，漢州人。武生。率鄉兵屯木尊寺，斬寇數百人，力竭被執不降，縛樹叢射死。

州人陳雲鵬，字淩斗。諸生。奢亂，出麥二千五百石餉軍。獻忠招之，不受官死。

雷應奇，什邡人。素負俠氣。寇至，曰：「奈何郡縣無一殺敵者。」糾義勇李國祥拒戰於高境關，追至桑園，力斬數人死。

國祥，字瑞吾，與徐漢登、費密守高貴關力戰，楊展至，乃歸田，保守一方。卒年八十二。

邑人漆學印，字宏章。守備。力戰大嵩山下死。

周仕德，廩生。與程繼先率市民拒死。

劉榮，年七十許，格斬數人，寇不敢犯。卒年九十三。

卜大經，丹徒人。綿竹典史。城破，與僕經死。

刁化神，綿竹人。崇禎元年進士。户部新餉司主事，從孫承宗復四路，歷郎中、荆南副使。招不應，經死。

邑人任俊，布政司吏，起兵戰死。

楊國柱，歲貢，可賢子。崇禎十三年，國柱守城，可賢被執死。至是國柱率士民數萬巷戰死。從父可資，歲貢。弟于廷、于陛、于階，子姪鍾榮、鍾鼎、鍾震、鍾奇、鍾偉、鍾禄、鍾吉、鍾英一門死。

陶修吉，諸生。與妻龐被執，中途投崖死。

陳訏謨，諸生。與妻刎死。

黄守學，母柳經，殮畢自經死。

周紹孔、繼孔、述孔兄弟，並戰死。

苟克孝，綿州人。刎死。

羅銘鼎，三泊人。崇禎三年舉於鄉。茂州知州，擢威茂副使，攝四川按察使。茂州破，與母段，子兆鶴、兆桂、兆昌投水死。

高仲選，汶川人。歲貢。大足教諭歸。城破，與子德馨及妻女七人投江死。

董克治，合州人。諸生。張獻忠破重慶，分兵攻州。克治傾資募士，戰長安坪不勝，退峒中。誘以爵位不動，相守月餘。獻忠鑿山梯峒薫之，從者三千人感其風義，至死無貳心，時比之田横云。

李開元，字台輔，易門人。崇禎三年舉於鄉。大足知縣，遷合州知州，擢慶陽知府，未行。城破，衣冠死。

顧旦，字君輝，上虞人。永川丞。禽渠何湛元，遷銅梁知縣。城破執死。

劉偉，字元升，丹陽人。恩貢。墊江知縣。城破死。

梅運昌，安順人。崇禎十七年選貢。江津知縣。

方應時，字朝中，浦江人。掾吏。江津主簿。城破，與長壽孔良死。從父大霽，豐城典史，入山不食死。

蔣世鉉，永川人。獻忠攻城，集義勇二百人固守，戰於東門被執，勸之降，瞠目大呼曰：「速殺我，不降也。」遂寸磔死。

邑人梁士騏，崇禎十五年舉於鄉。授官，怒罵死。

敖仲美，榮昌人。弘光元年六月十三日，與諸生喻思燦、思崇、篤慶、貽慶、當年合敖、張、雷三姓，拒戰城北，被圍，皆死。

趙嘉龍，字巢閣，師宗人。歲貢。綦江知縣。城破死。

雍締，寧夏中衛人。歲貢。仁懷知縣。城破死。

李衡儔，長壽人。諸生。拒姚、黄死。

邑人陳吾琳，諸生。居石硅，與妻金死。

岳農壇，鳳翔人。崇禎十五年，授大寧知縣，有善政，在任三年。城破，投泮池死。史掌文，良鄉人。大寧典史。固守死。教諭左中道，亦死。

孫開先，平壩人。歲貢。隆武二年，授梁山知縣。永曆元年五月，姚、黄至，戰敗死。

黄翔龍，雲龍人。選貢。達州知州。城守死。

趙德璘，字公銓，上虞人。天啟四年舉於鄉。東鄉知縣，調德安同知，未行。城守六年。弘光元年七月十二日，城破，與妻張、妾陳一門十七人入井死。典吏某從死。子振芳，事别見。

冉璘，夔州東鄉人。恩貢。通判致仕。與戎柱國起兵，立羅頂寨。柱國爲唐自華所許，爲馬乾杖死。寇至，璘與子宗孔死，全寨火起，母楊、妻向投烈燄死。

王明德，字皜儒，徐州人。太平訓導。城破，與妻温投泮池死。

鄧天禄，夔州太平人。把總。城守磔死。

邑人覃樸，諸生。拒守三月死。

覃天明，興安同知。不食死。

陳昜、冉學邃、鄧明才，以鄉兵力戰死。

羅維先，太平千總。刃妻子火死。

陳甲，姚、黄至，與妻向投崖死。

胡恒，字公占，景陵人。萬曆四十三年舉於鄉。累官上川南副使，駐邛州，與雅州知州王國臣不合。崇禎十七年十月，艾能奇至，恒命諸生鄢之駱、幕客汪光翰出調兵來援，未至而城破，國臣執恒降。諸生傅元修走天全六番，説招討高躋泰，命高君錫、姜奇峯攻雅。國臣遁，君錫迎恒及諸生洪其惠入始陽。國臣、能奇再破雅，攻躋泰飛仙關。躋泰懼，欲以恒及宗室奉鉀、阮士奇降。恒與子之驊戰死，妻樊，妾成、馮；之驊妾周，僕京兒、弩來，婢二人從死；惟之驊妻朱、幼子峨生得脱。後武大定欲娶朱，之駱、光翰保全之。之駱入昆陽死。光翰爲賈以養，蜀平乃送歸。

之駱，字楷士，景陵人。

光翰，字文卿，婺源人。

同時徐孔徒，字服子，都昌人。萬曆四十三年舉於鄉。官邛州知州七年，著賢聲。能奇欲生降之，不屈。怒其不順，孔徒曰：「不屈固不順，降則不忠。」遂死之。

陳聯登，字華宇，新繁人。以勇力聞。兄聯芳爲邛州守備，拒戰上安鎮，兵敗欲自刎，聯登抱持之，免甲胄陷陣死。聯芳獲免，後復率兵逐敵，歸老於鄉。

朱儀，字象先，涇縣人。崇禎十三年特用，授嘉定知州。張獻忠入蜀，士民洶洶，或勸之去，儀不可。兵大至，蟻附攻城。儀束蒿灌脂，焚而投之，城破而完者再。獻忠怒，益急攻。城中矢竭糧盡，謂其子命錫曰：「大義無過君親，不可爲不義屈。」妻胡奮然曰：「臣死君，忠也。子死父，孝也。妾獨不能爲夫守節乎！」以金簪刺喉死。儀朝服北向拜，命家人舉火，與命錫及胡骸同燼。儀善屬文，工書。

李長庚，南川人。天啟四年舉於鄉。歷建昌、德興知縣，建武、安邊同知，陞僉事。嘉定破，亦投江死。

黎應大，夾江人。歲貢。吉水訓導致仕。夾江破，潛結鄉人之倡義者圖恢復。事露，與子廩生炤斗，貢生炤逵、炤鸞支解死。妻及三婦亦死。

秦民湯，漢陽人。崇禎十三年特用。滎縣知縣。城破，被執不屈，叢射死。

李國柄，滎縣人。選貢。蒙化經歷致仕。與子諸生元吉、廩生亨吉被執不降，支解死。

李正紳，嘉定人。廩生。罵寇死。

州人郭大年、郭師夔，諸生。與妻楊自城投江死。

宿士純，字木從，夾江人。廩生。不應試，與僕永喬井死。

王仲儀，不知何許人。犍爲知縣，招集流亡。後死難。

陳天祐，犍爲人。崇禎三年舉於鄉。不受官大駡，與妻及二女死。

邑人李杠，字扶元。選貢。張秋通判憂歸。國變，大哭不食死。

周正，選貢。强授官，不從死。子諸生成儒與弟奔抱父屍大哭死。

彭大同，諸生，與妻任；張廷機，諸生，與妻楊，皆不應試死。

周憲國，太平汛人。守備。永曆元年，夷人攻汛，與千總侯應明、把總林玉璉、百總年希華、管隊高理春力拒死。

陳爰詢，昆明人。歲貢。授南溪訓導。張獻忠至，力陳防守計，遷屏山知縣。城破，走烏蒙，借兵恢復。樊一蘅薦叙州推官，募衆，勢大振。後以力竭死。

洪正昌，歙縣人。進士。叙州推官致仕，未行城破死。

曾胤昌，宜賓人。叙南指揮同知陞遊擊，守白水江死。

邑人梁應奎，萬曆三十七年舉於鄉。獲嘉知縣致仕。被執大駡曰：「世受國恩，林下死義耳。」一門不屈死。

熊兆柱，字宕渠。與李師武、魚嘉鵬以諸生起兵被執，駡曰：「天運至此，任爾戕戮。」遂剥皮鞔鼓，懸之城門。

嘉鵬，字萬里。既殺令被執，拷訊同謀，厲聲曰：「自我爲之，恨不禽斬渠耳，他人何預！」與師武同磔死。

周元孝，字慕若。崇禎九年舉於鄉。不受官死。

王道昌，字際五。崇禎六年舉於鄉。檄赴成都不應，走遵義死。

劉苞，字玉巒；李合宗，字同原，與梁爲憲，皆一蘅堉，諸生。

余智，舉於鄉。與諸生晏正寅、王應世、郭大勳、高景純及子甲俱一門死。

民徐世賞、劉望之，格鬭死。

楊瑜，負母李同死。

何寶，慶符人。歲貢。與從子廩生先知、先覺十餘人經死。

邑人何寀，廩生。駡寇死。

張祖周，語友曰：「百年有盡，偷生何爲！」經死。

胡其廉，字沖素，蕭山人。富順縣丞署知縣，民心愛戴。寇至力守。崇禎十七年八月城破，罵寇死。子先春，字天樞，從死。

楊愈盛，字森麓，富順人。崇禎十二年舉於鄉。弘光元年城再破，不受官，謀内應，一門死。

邑人郭肇域，歲貢。

郭玨，字世安，諸生。與女執死。

黄晸，貢生。

郭也平、也彦兄弟，廩生。罵寇死。

劉堯恭，諸生。不受官，與妻盧死。

郭時亨，字靖海。不受官死。

王之賓，叙州長寧人。恩貢。南安知縣歸。城破，與諸生雍九鼎，民車啟龍、王應綱罵寇死。

艾吾鼎，字用和，漢川人。崇禎十三年特用。興文知縣。城破，一門死。

高元修，叙州高州人。廩生。與諸生高鳳翔、杜元標罵寇死。

項占先，自經死。

徐慶餘，字兆穀，杭州新城人。選貢。珙縣知縣。力守，與子文斗死。慶餘子時，歲貢。一衡疏薦高州知州。

袁樑，珙縣人。選貢。荆州同知致仕，與妻胡，子向科，天啟四年舉於鄉，懷慶同知致仕，與妻楊，及弟向高、向明、向極一門死。

邑人張士昌，衛守備。戰死。

王維容，建武副總兵。援永寧死。

黄九鼎，字君重，施州人。歲貢。遵義推官，遷馬湖同知。城破死。

王新運，不知何許人。屏山泥溪巡簡，起兵死。

劉國紀，屏山人。廩生。與妻子經死。

邑人楊再震，諸生。起兵不克死。

蕭勝桂，諸生，與妻曾，王星耀，與子光弼，同死。

周壩，操舟人。寇命之渡，不應，問船所在，亦不應，脅以刃，忿怒拳擊死。

楊興旺，永寧衛人，與妻徐、三子大罵死。

衛人諸生宋球、費國柱、桑毓日、唐一夔、何天寵，密約王應熊，事洩死。

黄諫卿，字箴伯，莆田人。萬曆三十四年舉於鄉。官下川南副使。行至瀘州，遇寇，大罵不屈死。書記陳韶英，僕鄭奇、陳嵩、李倩、李傑等十人從死。事聞，贈太僕卿。

王萬春，字九如，瀘州人。衛指揮。兵敗被執，一門死。

州人韓洪鼎，萬曆十三年舉於鄉。清平知縣，遷澤州知州致仕。父子死。

韓大賓，崇禎三年舉於鄉。貴陽推官致仕，刎死。

方旭，字升東，諸生。與諸生方伯元、曾薦祚、顯祚、亨祚兄弟、鍾子英等被執，諸生有泣訴求脱者，旭叱之曰：「丈夫死則死耳，乞憐何爲！」遂支解死，伯元罵死，薦祚等水死，子英與妻投江死。

吴長齡，太學生。起兵，父子死。

七寶寺僧晞容，見城破，將迫豹子硐，曰：「硐中數百萬生靈，豈可坐視其死。」糾鄉勇五百人拒戰，身先衝殺，大破寇硐，圍解。於是簡練精悍，與寇相持，前後斬寇千計。一日，寇突至，遂爲所害。

趙繼鱗，納溪人。諸生。與妻傅水死，妾李前投崖死。

林之龍，瀘州人。歲貢。客江安。城破，觀書不動，迫之大罵，斷首置案去。

劉道貞，字墨仙，邛州人。天啟元年舉於鄉。王應熊薦授職方主事。張獻忠破邛，道貞走沈黎，與曹勳合謀起兵，拒戰雅州小關山，大破寇，斬千餘級。寇不敢南，而還據邛。道貞命子舉人暌度以兵來爭。寇搜城中，得道貞妻王，環刀械頸，令招其子，大罵不從，支解之，一家百口皆死，暌度亦戰歿，妻馮水死。道貞，隆武二年春卒。

葉大賓，綿州人。諸生。獻忠脅牧邛州，陽受之，而密與紳民謀舉事，紿寇將曰：「蒲江要害，聞有警，宜調兵往。」寇信之，分千餘人往。又曰：「大邑隸邛，將軍責也。恐有變，亦宜調兵往。」又分千餘人。乃矯令殺寇帥，保護州民萬餘，奪西門而去。

盧安世，字環水，赤水衛人。萬曆四十年舉於鄉。授富順教諭。奢崇明反，知縣棄官去，安世收印，督壯士擊寇。寇數萬至，單騎詣寇，詣上官乞師復城。累遷監軍僉事。戰比有功，朱燮元薦貴州參議，調遵義監軍副使，陞參政。在任九年，告歸。張獻忠至，起兵，監軍援成都，未至而城破。回次彭山，被執不屈死。贈四川布政使。

何大衢，字沖虛，武岡人。選貢。眉州判官，遷彭山知縣。謀城守，兵未集而寇入，戎服端坐大罵死。

弟大衜，永曆中，官副總兵。

蔡馨明，字克薦，黄岡人。天啟七年舉於鄉。眉州知州。城守力竭，題詩大雅堂，一門死。

馬國駿，字馳萬，西充人。歲貢。青神教諭。城破，與弟國騄一門死。

盧懋鼎，字長卿，東陽人。官生。累官武定知府，立學振荒，在任十年，遷建昌僉事，擢太僕少卿。寇至雅州，城守，一門執死。

徐應鼇，華州人。雅州吏目。城破死。

曾唯一，字魯齋，榮經人。歲貢。被執駡死。永曆中，旌表節士。邑人曾傑貴，歲貢。執死。

金鼎祚，字爾錫，當塗人。選貢。蘆山知縣。城守，一門死。

王猷，雲南人。舉於鄉。蓬溪知縣調蘆山，死難。

李光春，不知何許人。越巂撫夷同知。城破，與子及僕火死。

王祚興，不知何許人。前任同知。去官未行，火死。

賴華國，字震南，長汀人。杭州司獄遷鹽井大使。城破，被執駡死。

陳策，廣東人。會川遊擊。爲人方正，所至民懷，城破戰死。

李存性，字伯真，揚州通州人。選貢。通江知縣，監南通巴軍。寇至力守，不敢近。李自成入西鄉，楊紹唐爲副將，至通江招降，僞稱官兵將襲城。道遇一童子，紿之曰：「勿言我寇也。」童子陽諾之。及城門，乃大呼曰：「寇至矣。」遂被殺。存性與副總兵涂龍，遊擊冷明國、李誠、陳獻、陳明策議拒，勇士蘇國斬紹唐。後城破，存性與妻吴，子呈璠、呈琬，及呈璠妻江，僕從四十九人死。

項國瓚，永嘉人。恩貢。授鎮遠知縣，以威惠稱。歷保寧同知、知府，川北副使。崇禎十七年五月十六日，節度使黎玉田破城死。

李崇彦，邯鄲人。提塘。降馬科。未幾，起兵保寧，衆數萬人，敗死。

劉承業，閬中人。舉於鄉。襄陽知縣歸，與妻王刎死。邑人杜宗胤，與妻邢一門死。

詹嘉顔，不知何許人。蒼溪教諭，遷梓潼知縣。未行寇至，大罵死。

任彦，蒼溪人。城破，與弟英一門死。

鄭夢眉，金谿人。天啟元年舉於鄉。南部知縣。城破，與妻張一門十餘人自經死。

李用台，字近微，南部人，甘良臣部遊擊。以兵千人起南部，堵姚、黄，兵敗自刎死。邑人李俊英，諸生。起兵食盡，投江死。

張翔鳳，及子問仁被執，大罵死。

宋守仁，綿州人。崇禎十五年舉於鄉。廣元知縣。城破死。

劉世俊，廣元人。利州指揮使歸，不受官死。

邑人魯豫，廩生。撫標參將，起兵征姚、黄，執死。

李猶龍，諸生。拒戰死。

杜茂輔，劍州人。與王才啟、姜玉山、鄭廷禄起兵死。

謝雲步，梓潼人。諸生。拒守兵敗，與父及妻王、妾辛、女等經死。

邑人柳賓東，廩生。被執大罵死。妻劉刎死。子友蘇，年十歲，水死。

張爾奇，廩生；楊守攀，諸生，一門火死。

王鼒、鄭起龍，刃死。

張鵾翼，偕女死。

郭家桂，經死。

史應昌，與祖投崖死。

錢柏柯，不知何許人。巴州教諭。城破死。

姜熊兆，黄縣人。歲貢。巴州訓導。與子奮齊死。

羅應選，字元萬。嘗德桃源人。天啟四年舉於鄉。龍安同知。城守一門死。

梁道濟，平武人。諸生。城破，與妻楊剮死。

王國寧，字萬咸。黄安人。副貢。彭縣知縣，攝石泉。力守久之，食盡死。

張繼祖，雙流人。石泉守備，一門死。

王茂烈，平武人。嵩潘通判，起兵一門死。

李完，字光岳，西充人，兆兄。天啟二年進士。授西平知縣，調南陽，遷江西道御史，改浙江道，巡按甘肅、兩淮。忤大璫楊顯名，出爲浙江驛傳副使致仕。城破，起兵死。

邑人高儀坤，平陽知縣致仕。姚、黄至，觸石死。

陳好德，守備。戰死。

陳好問，小河守備。欲禽令不克死。

張養奇，字純陽。諸生。一門死。

袁一曾，字省吾。諸生。被執自刃死。

史覲宸，石屏人。崇禎六年舉於鄉。南充知縣，遷順慶知府。與業可繽拒姚、黄有功。後與吴宇英、李從彦及驍將殷承祚、熊應瑞、馮有慶合兵數萬，固守順慶。三日城破，被執大駡死。

可繽，通海人。崇禎六年舉於鄉。順慶參議。

承祚，字顯吾，三原人。被執死。

謝翰臣，石屏人。崇禎六年舉於鄉。新化知縣，平陳三傑亂。張先璧横，以禮戢之。自重慶同知累擢參議。同覲宸守城死。

羅爲愷，字際宇，南充人。諸生。覲宸薦遊擊，拒守有功。城破，一門火死；爲愷力戰死。

邑人樊明善，諸生。初聞北變，喪服見龍文光曰：「鼎湖新逝，臣子不共戴天，公聞變三日矣，而無所施爲耶！」文光深謝之。後破家禦寇死。

王景啟，字心肖，武舉。與諸生陳奇才起兵，事洩一門死。

陳懷西，武生。誘官不受，曰：「寧作大明武生，不爲逆寇元老。」寇懸其首東門。子哀痛死。

馬孫鸞，字瑤臺。諸生。見懷西死，大駡割舌死。一時順慶官民被屠者五六十萬人。

王爾讀，儀隴人。王皋家奴。寇追知縣李時開將及，爾讀奮身禦寇死。

于自密，營山人。歲貢。慶符教諭致仕。起兵援李含乙死。

邑人諸生席雙枬、王宷、劉義國、楊正道、楊純道、楊善楹，守寨拒姚、黄死。

李含乙，字生東，渠縣人。崇禎七年進士。歷高郵知州、儀制員外郎、主客郎中。十七年，張獻忠入蜀，含乙適丁憂里居，與弟儲乙、舉人曹司冀及陳一經將鄒一軻、何曉、周遵、柴拱極、田有立、陳映星、王加詔、胡鼎舜、聶順明、王興明、毛丹詔、何杞、劉榮、郭榮泰、王奇才、瞿登仕募軍得數千人，圍廣安。馬元利來爭，力戰，與妾王被執。元利禮之，誘降不屈，迫之以刃，兄弟延頸待命，遂繫獄。義民劫之出，自成一軍，與王應熊合，兵威甚振。弘光元年六月十六日，以深入被執，大罵死。王受數十創死，七子及親族死者三十餘人。事聞，贈兵部右侍郎。

儲乙，字元樞。崇禎三年舉於鄉，監紀推官。含乙殉，統其軍，擢監軍僉事，屢破寇死。邑人王樹極，諸生，含乙裨將。已潰圍出，見含乙被執，反戈斬數人，同死。妻劉水死。

鄭瀣，廣安人。歲貢。隆武元年十二月城破，與弟廩生湛、從子廩生開穎、湛子廩生開禧、渤子諸生應駘，郁子諸生憲，鼎子諸生宰、元子諸生金、珧子諸生瀚、富子諸生開明、湛子諸生開旦、渤子及騫密均、元子淮、璧子渭、駘子汲、駿子滙、禄子，均不屈死。

王蘋，大竹人。武生。聞寇入川，語父曰：「食國家水土，力不能報，畢命可耳。」寇至，父拔刀相迎，斬數人，力竭死。遂執蘋，罵不絕口死。

陳君寵，字簡之，寶慶新化人。萬曆四十六年鄉試第一。授羅川知縣，大興水利。遷潼川知州，寇至力守。城陷，馬科説降不屈，幽之五顯祠，從容賦絶命詩，自經死。子世轍、世軒從死。

從兄調元，歲貢。建寧教授。福京亡，隱潼川。崇禎十五年舉人何其輝歸君寵喪。

朱甲，崑山人。潼川知州。崇禎十七年十月，死守二十三日，城破一門死。

王干城，潼川人。遊擊。與大姓李氏，射洪趙維岳、趙思忠起兵十萬人，屯田自保，後不支死。

維岳，字伯圖，降清。

州人李永蓁，崇禎九年舉於鄉。稱病卧床，强畀至成都，張目不言死。

李錦中，廪生。迫試經死。

王奇秀，諸生。大駡死。

張瑞宿，射洪人。諸生。與妻劉斷舌死。

單之賓，平溪人。歲貢。中江教諭，轉劍州學正。未赴，城破，從容衣冠經死，贈國子學録。

牟景，中江人。崇禎三年舉於鄉。與金玉振、趙昶皆不應招死。

玉振，崇禎九年舉於鄉。昶，崇禎十五年舉於鄉。

楊正機，字以張，安義人。鹽亭典史。城破死。

馬紹曾，遂寧人。紹愉弟。歲貢。教諭。衣冠明倫堂死。

邑人羅璋，諸生。奉母入山，斬數人死。

楊淩雲，字臺真，酆都人。歲貢。蓬溪教諭，城破死。

譚文化，蓬溪人。天啟二年進士。車駕主事致仕。不應招死。

竇可進，安岳人。崇禎十三年進士。歷大同知府、陽和副使、雲南僉事致仕。城破，大罵剥皮死。

邑人王起峨，字如蘇。崇禎十三年進士。户部主事歸，起兵萬餘人，戰敗歿於陣。

周燕，字子翼。工文章，斫死。

戈愷，字安叔，樂至人。精騎射。起兵數百人，中矢死。

王喬棟，字弱侯，雄縣人。天啟五年進士。授朝邑知縣。邑人王之宷爲奄黨所惡，坐以贓，下喬棟嚴懲。喬棟不忍，封印於庫去。巡撫將劾之，士民擁署號呼，乃止。崇禎末，累遷湖廣參政。時楚地大亂，監司多不至，喬棟兼綰數篆。弘光元年六月，李自成棄秦入楚，破武昌。喬棟時駐興國。城破，自經城樓死。

子炘，字濟似。卜居六合，不見守令，弟子從遊者甚衆。

吳貞，字五臺，武昌興國人。官守備。洪天擢，命剿茅坪寇，力戰死。

邑人王日新，字玉齋。與鄭受明同戰死。

徐建熜、建煉兄弟，手刃渠魁，授都司，後戰死。

舒柏，字銀河。與子龍戰雙港橋死。

陳王廷，廩生。守城死。

劉興亮，武舉。負膂力，守寨死。

柯永亮，諸生。與子天潤、天生、天淑十八人兵敗投水死。

姜一俊，力拒死。

盧成茂，諸生。格鬭死。

吳國宇，字祁陽，黄安人。諸生。團保一方。後與子士愷，孫諸生之龍、之璋、之琰戰死。

操承勳，蘄州人。襲衛職。聞北變，經死。

吳士昌，武昌人。與兄如陵、弟士樸，以鄉兵保里，戰屢捷。寇自保安來，士昌偵知之，斷其橋，寇不得前。詰朝寇哨至，追之，士昌爲後援。及黄龍橋，寇大至，士昌力戰斬多。

久之矢盡，與如陵、士樸投水死。

邑人呂大奇，諸生。李自成在武昌，練兵保境，被執死。

邵邦琳，郎中珪孫。寇至結團保，追至大冶白雉山下死。

張堯臣，浙江人。嘉魚吏目，拒戰死。

黄惟言，嘉魚人。千户。從曹文詔、陳宏範軍歸，力戰中礮死。

陳瑞，字五玉，武昌咸寧人。諸生。弘光元年，與二女孫水死。

駱文節，字愛梧，蒲圻人。長興主簿，謫廣平典史。諭平白蓮寇，遷通判，調磁州判官歸。經死。妻不食死。

陳效源，崇陽人。戰方山死。

邑人蘇少男，力拒死，弟幼男走山中免。

程之藩，字鎮野，歙縣人。工騎射，力絶人。少隨父賈四川，至雅州宣慰司董僕家。奢崇明反，之藩告僕大義發兵，朱燮元留幕中。崇明敗，其黨宋榮最悍。一日諜知夜宴，率死士席上斬榮首，餘賊遂受撫。授遵義都司，遷遊擊，守承天，援黄德有功，調總練。崇禎十二年，方孔炤使守荆門，以千人出奇走張獻忠兵數十萬，陞香山參將。林鳴球誣奏其罪，罷居承天，五百人故所練，乃奉爲帥。安宗立，楚爲李自成所據，之藩率兵至漢川而南。會自成兵大至，兵少食匱，大戰，與五百人俱殁。

趙鳴時，錢塘人。吏員。漢陽司獄。崇禎十七年，被執不屈死。

熊祚延，字祈公，漢陽人。諸生。與白雲山義師，後兵敗執死。

蔣正元，漢川人。北京亡，起兵，與白旺戰敗，一門十三人死。

邑人林育祥，諸生。執死。

陳雲鵬，諸生。脅官不從死。

周正應，字思怙，黄陂人。天啟元年舉於鄉。霍丘知縣。弟昌應，崇禎三年舉於鄉。彰明知縣致仕。北京亡，破産招兵。弘光元年三月，李自成使來招，斬之。立水寨力拒。戰敗，正應、昌應引刀刎死。正應妻段，奉姑水死。弟康明有文武才，斬數百人死。

邑人李嘗先，字叔臣；李玠，字以聘；弟玉，字潤生，皆諸生。城破死。

王祚昌，字竽南，黄安人。諸生。寇亂，爲寨長力拒。圍久食盡，突圍當先，戰死。

施廷賢，浦江人。廣濟知縣。崇禎十七年城破，自刎死。

張楚璠，字伯瑜，廣濟人。崇禎十五年舉於鄉，爲徐汧所重。弘光元年不屈死。

張大經，字雲嶠，銅仁人。天啟七年舉於鄉。應山知縣。力守全城，累遷鄖陽監軍僉事。被執不屈，居二年死。

王業鞏，竹谿人。諸生。弘光元年二月，負父屍執死。

趙宏化，字弼玉，石首人。崇禎六年舉於鄉。誘官不從，脅之，指血書門，經死。妻鄭一門死。

邑人鄭以現，字季玉。選貢。招之，走安鄉。被執，哭不食，自刎死。妻王與子從死。

徐開元，字淑啟。諸生。執死。

閔文鼎，諸生。不受官死。

營孫翰，字羽長。諸生。知縣楊佐明孥在東山被掠，奪還之，被執罵死。

郭之樞，字象維，監利人。諸生。與諸生歐陽道輝傾家倡義攻寇死。

杜秀逸，嵩滋人。諸生。起兵保里，力竭執死。

鄧武溱，虹縣人。崇禎三年武舉。江西參將。遇寇戰死。

余紹高，武寧人。鄉民。弘光元年，李自成兵攻城，與族人尊大等拒牛頭峽死。

胡文光，字榮谷，瑞昌人。北京亡，散財招兵。寇至力拒，城破戰死。

同邑王、仙、聶氏家富族强，練兵數百保里，北京亡，勤王。弘光元年六月寇至，聶斬將五人、兵數十，次日戰死。有兄弟七人精花槍，且戰且走，衛家老幼出避。

贊曰〔一〕

〔一〕按原稿以下原闕。

南明史卷三十七

列傳第十三

無錫錢海岳撰

徐弘基 子胤爵 文爵 從子仁爵 漢 張國材等 張承志 李昇 族錫祚 錫貢 宏霈 邦鑄 蓮舫子 鄧文昌 宋裕祚 子國柱 鄭胤元 李承祚 子茂先 族象坤 常延齡 族正吾 元亮 湯南金 胡長庚等 趙茂之 吴漢 薛棨 劉永錫 劉文炤 王業泰 沐天波 弟天澤等 子忠亮等 李大贊 周宗德

徐弘基，字紹公，鳳陽人。中山王達十四孫。萬曆時，襲爵魏國公，協守南京，領後府，提督操江。北京陷，率諸大臣迎安宗江浦。安宗監國，奉寶以進。尋奉使祭告孝陵，言固民心、擇首輔、選名將、議戰守、嚴賞罰五事，薦熊明遇、張捷起用。晋左柱國，掌左府印，知經筵。與馬士英、阮大鋮忤。崇禎十七年十二月卒，贈太師，謚壯武。

子胤爵襲。南京亡，降於清。

文爵，南京亡，年十五。有族人復者，護其家人避地吴江袁嵩家。郡紳多從之，覩作恢復計。復即假弘基名樹幟，募練鄉兵，得千餘人，按户出貲助餉。邑人陸淳儒雄於貲，其弟偕客過莊舍。復邀致之，踞坐相見，抑之跪，勒書餉，堅弗承，乃縶諸暗陬，困苦之。客脱歸，以告淳儒。時黄蜚被執，部曲田勝嘉收合散亡，出入泖湖間，專事剽敚。淳儒具厚幣乞援，復得亡命三百人，乘夜發難，登嵩屋，劫其弟出。乃集衆進攻袁、徐二姓家，及避兵諸紳，長幼悉被殺，而沈屍於湖。復挺矛奪門出，投分湖葉氏。葉懼禍，縛而致諸陸，陸趣軍士叢槍擊殺之。文爵被圍，登屋頂，三矢殪三人，被執，亦叢箭死。

從子仁爵，初從監國魯王於台州，以功封定南伯。江上潰，扈入海。永曆八年，偕張名振復崇明。戰敗，歿於海。

漢，字雲槎，亦達裔。南京亡，隱宿遷，爲詩歌悲壯。

又張國材者，壽州人，安鄉伯興八世孫。弘光時襲伯。南京亡，不與迎降，隱居卒。弟伯材，勳衛。請察浙江催段錢糧，未幾撤回。

張承志，永城人，惠安伯昇七世孫。弘光時襲伯。糾陸康稷奉旨詰責。南京亡，居清江浦。紹宗命總督浙直。鄭成功兵至，坐通書死。

李昇，字東君，鳳陽人，岐陽王文忠十一世孫。短小精悍，耽吟詠，善騎射。崇禎十七年，年才十有四，襲都督同知。史可法檄召諸鎮兵北上勤王，昇請以五百人爲前鋒，可法壯其言，然以童子也，姑置之。翌日，大閱京營，昇彎勁弩，一發九矢皆破的，可法大喜。師未濟而凶問至，遂已。安宗立，劉孔昭與馬、阮朋奸。昇憤甚，遇孔昭於途，戟手毒駡。孔昭大恨，劾罷之。可法往揚州，招參軍事，尋積勞得嘔血疾歸。南京亡，走天台山爲僧。浙東不守，監國魯王航海，痛哭發狂死。

其族人錫祚與弟錫貢，以勇聞。永曆四年，偕謁舟山，授參將，命佐阮進守螺頭門。明年秋，清兵三路向舟山，進敗橫水洋。錫祚趨救被創，師熸力竭，同投水死。城陷，錫貢短兵巷戰，馬蹶被執，至寧波遇害。

又有宏霈者，金山守備，從王紹興。邦鑄守温州，歿於海上。蓮舫子，國亡，避地襄陽。風神古樸，熟古今典章。皆文忠裔。

鄧文昌，字汝言，虹縣人，寧河王愈十一世孫，徐弘基女夫。弘光時，官後軍都督。左良玉東下，馬士英盡撤防河諸軍以禦，文昌詣朝力爭之，反復陳説利害。士英語塞，厲聲曰：「公勳臣，無預國大事。」文昌嘆息出，遂棄官隱攝山。既聞紹宗立，航海赴闕，襲定遠侯，領中府，總督京營戎政。屢疏請駕出關，爲恢復計。上優旨答之。比幸建寧，命與曾櫻留守福京。清兵至，慷慨誓義，妻徐先仰藥死，文昌扼吭以卒，年僅十九。

同時宋裕祚，鳳陽定遠人，西寧侯晟十一世孫。弘光元年襲。永曆二年八月，掌左府，襄城伯李守榮掌右府。裕祚五年卒。

子國柱襲，從昭宗幸緬甸，死咒水之禍。

鄭胤元，歙縣人，漳國公亨八世孫。永曆二年三月，襲武安伯。死密敕之獄，贈太子太傅，中軍左都督，晋侯，謚武簡。

李承祚，鳳陽人，茂國公彬八世孫。萬曆時，襲爵豐城侯，請設海外督理内臣，予魏忠賢王號，如徐達兩公世爵之例。又請開采珠池銅礦，不許。崇禎初，以附忠賢，奪爵，戍烟瘴。安宗立，以錢謙益請，復爵。隆武時，賜杖出入朝班，未幾卒。

子茂先襲。永曆中，起兵柳、慶，屢破清兵。後兵敗融縣，被執死。

族人象坤，字致庵。通經史，以知兵從戎，官先鋒營都司。攻登、萊，忤主帥歸。南京亡，學道武寧瓜源山中卒。

常延齡，字喬若，鳳陽懷遠人，開平王遇春十二世孫。崇禎中，襲懷遠侯。疏陳時政，凡十二上，上嘉納之。熊開元、姜埰獄起，抗章請釋二臣罪；又致書周延儒，以文彦博救唐介故事相激勸，朝論韙之。十六年，全楚陷，請統京軍協守九江。又言江都有地名瞢家沙，族丁數千，皆其始祖遠裔，請鼓以忠義，練爲親兵，上是之而不能行。安宗立，加太子太傅。阮大鋮起，與廷臣交章劾之，不報，遂挂冠去。南京亡，與妻徐魏國公女偕隱，種菜湖孰爲生。殁，無以殮，友人醵金葬之雨花臺側。

族人正吾，失其名。國亡，與二子鍛鐵即墨，工射知兵。

元亮，字亦陶，與湯南金爲詩友。

南金，字廷獻，鳳陽人，東甌王和十三世孫。崇禎時，官南京錦衣指揮。馬阮亂政，乞放歸。後從昭宗奉天。緬甸信聞，絶粒卒。南金既卒之明年，元亮訣妻子，告墳墓，將航海説鄭成功大舉。之瀲浦、之乍浦、之舟山，覓渡不得，遂發憤蹈海死。

又胡長庚，字星卿，應天人，東川侯海裔。世襲孝陵衛都指揮，諸生。以爵讓弟君渥。南京亡，白衣冠，不入城市。當事者欲見之，避去，賣藥以終。

君渥，字二奇，亦隱。

趙茂之，鳳陽人。梁國公德勝裔。去家走江淮，草履麻巾竹杖，歌呼先帝。卒狂疾死。

吴漢，字仲纓，江陰人。海國公禎九世孫。便弓馬，兼能詩文。

薛榮，字孟弢，膠州人。陽武侯濂子。任前府都督。北京亡歸，清召不出。

劉永錫，字爾類，青田人。誠國公孔昭子。南京亡，孔昭以操江兵入海。永曆七八年間，張名振再以舟師入長江瓜洲，抵儀真，登金山，望祭孝陵。孔昭率永錫以其軍會，累功挂將軍印。十年八月，清兵復攻舟山，永錫隨阮駿禦之横水洋金塘，風發舟膠，投水死。論者謂其能幹蠱云。

劉文炤，字雪舫，海州人。新樂侯效祖子。歷都督同知、右都督。北京亡，文炤年十五，方侍母杜飯，家人報城陷，文炤甌脱地，遽起，從母登樓就罄，繯墮不死。兄新樂侯文炳牽其手曰：「汝幼可無死，留延劉氏祀也。」遂逃回故里。安宗立，襲伯。南京亡，流寓高郵，闢畦種菜以終。

同時王業泰，字士和，餘姚人。新建侯守仁四世孫。父先通死北京難。業泰，弘光時襲伯。南京亡，衰服赴難。至杭州，會清兵南下，被執，授爵，不從死。

沐天波，字星海，鳳陽定遠人，黔寧王英十二世孫。崇禎初，襲爵黔國公，挂鎮南將軍印。滇、黔歲貢方物，紓誠無間，上手詔褒美。家饒於資，遊士多出其門。弘光時，嶍峨酋陸培反，命王顯祖討平之。先張獻忠破四川，天波檄武定參將李大贊守會川。大贊狙獪，數侵元謀土司吾必奎地。隆武元年八月，必奎反，連陷武定、禄豐、楚雄。天波以日月營參將張甲爲總統，調兵及各土司會剿。十月，禽必奎。時阿迷土司沙定洲亦以奉檄領兵至。必奎誅而定洲未即歸，豔天波富，結羣不逞之徒，於十二月朔入會城，突起焚劫。天波與副總兵張龍自水竇逸楚雄，弟都司天澤、天潤巷戰死。母陳、妻焦走城北普吉村金井里，舉家自焚死。印券繇武弁施纘魯、李三元攜出。定洲引兵追天波，楊畏知請天波走永昌。定洲再犯楚雄不克，乃陷迤東諸府。是時獻忠死，孫可望、李定國、劉文秀等以餘衆繇遵義入黔，龍在田告急，可望因稱黔國妻弟引兵復仇。雲南苦定洲亂，久企踵望之，而不知其僞也。

永曆元年三月，定洲大敗革泥關，遁歸阿迷。可望亦受畏知約束，入楚雄，具書迎天波歸省。天波未之信，遣其子忠顯至營曰：「得守永昌足矣，不敢望故位。」文秀言於衆曰：「沐世子來，猶沐國公也。」請以國公禮禮世子。師以二十騎送之，悉返所得沐國世寶，天波則大喜過望。倏二十騎中有二人歷階上者，忠顯視之愕然，謂天波曰：「此即撫南劉將軍及王將軍也。」怱怱不知所爲，遂同至會城，仍命提土漢官兵。定洲黨余錫朋、阮韻嘉等先後伏誅。二年，定國禽定洲，天波具禮謝雪仇，滇人亦靡不稱快。上幸雲南，天波與周宗德迎蹕馬龍驛，晋柱國、少師，充班首官，寄心膂護從。十一年八月，可望犯闕，其將王尚禮將内應，天波以兵守朝房，不得發。又令王安戰城外。張勝知有備，不入，滇京以安。可望平，羣臣皆加爵，天波辭以世受國恩，無以報，不敢膺新秩。

明年冬，清兵入滇，或請上幸蜀，或請幸雲南蠻峒。天波曰：「自迤西達緬甸，糗糧可資，出邊則荒遠無際，萬一追勢少緩，據大理兩關之險，猶不失爲蒙段也。」十三年，上發滇京，以禁旅三千人扈，繇木邦入騰越。警至，乘夜走南甸，僅攜妾夏隨諸宫眷以行。及抵緬境，命趨銅壁關，以敕書諭之。緬人聞天波來，猶下馬羅拜。啟關至蠻莫，而緬以敕寶較殺，不之信。天波乃出黔國公鐵券較之，始具舟迎。及抵井亘，緬戒勿進。時定國兵駐孟艮，白文選兵駐木邦，祁三昇兵駐蠻莫，天波與王維恭、李崇貴謀奉太子入關，繇茶山出鶴麗，調度各營爲聲援，后不許。

又與蒲纓、王啟隆謀奉駕間走户臘、孟養不得。比入者梗，緬人乃編木爲城，築土爲臺，茅屋十餘楹爲行在。守兵百餘人，從臣自備竹木結宇。緬婦貿易者如市，從臣短衣跣足，踞地喧笑，呼盧縱酒。緬官熟視曰：「天朝大臣行止如此，天下安得不失乎！」初猶供給如禮，已而寖衰，天波乃盡出所有，分畀羣臣。潛與趙明鑑等謀奉太子出坎，并誅馬吉翔、李國泰，事洩不果。天波時欷歔言：「倉卒幸緬，本失計，所恃一定國，不得合。緬意日惡，恐禍發旦夕，君臣不復相見。臣三百年蒙國恩，死無憾。」上亦泣，監御莫能仰視。

緬俗八月十五日羣蠻贄見，緬酋張嘉會以享之，時將誇示諸蠻，來招天波渡河並索禮物。上欲爲好於酋，命天波往。至則脅令白衣，椎髻跣足，領諸海郡僰夷酋而拜。天波不得已從之，歸而泣曰：「井亘不用吾言，致有今日，國體何在？辱及吾祖。所以屈者，恐驚憂皇上耳。否則彼將無狀，罪滋大矣！」楊在、任國璽劾天波屈節於夷，疏留中不下。緬酋死，命龍出關，爲外攻內應之計，中道被執。十五年七月，咒水禍作，諸王、勳戚、文武、內監諸臣死者都四十二人。天波獨出袖中鎚擊緬兵，左右辟易，斬十餘人，疾出郭。門閉，城上矢礮如雨，中，仆死。妾夏，聞變亦自經。是年十二月，上遂爲緬人所劫。

子忠亮，贅那嵩女，先爲僧。元江陷，自火死。忠顯，從婦翁總兵龍世榮自石屏降清。明年四月，有梅道人者，與張琦、尹士鑣等謀恢復，假忠顯書與寧州禄昌賢。事發，琦等死，辭連忠顯，謂妻曰：「吾且履不測，汝任數月，脱生子，可無絕先人嗣。」令內官滕九德、僕白君愛送昆陽。忠顯以家人潘高明自承，免死，逮入北京。以侍婢夏蓮爲龍氏。龍氏走匿新興九德兄飛熊所。飛熊死，又匿其弟飛豹所。後生子神保。王耀祖起兵，命段尚賢迎龍氏母子入山。戰不利，遷法沖白乃家，又令君愛匿神保滕五家。耀祖敗，清得其聯絡土司書，有「今沐氏有子在滇」語。吴三桂名捕龍氏母子至京，戍寧古塔死。忠顯死北京，沐氏遂絶。九德、君愛、五、楊騰、龍、耀祖、沈應麟亦先後死。

大贇，字肖龍，昆明人。平必奎亂。定洲亂，起兵萬人討之，戰死。

宗德，昆明人。諸生。精騎射，官副總兵。

贊曰：中山、開平、岐陽、寧河、東甌、黔寧六王之後，三百年來，世襲公侯，所謂誓絶酎金，盟申帶礪，與國共休戚者也。然南京之亡，徐胤爵等相率崩角稽首，惟恐後期，六王有靈，能無恫乎！弘基等或仗義興師，或間關從主，或蹈海入山，始終一節，足爲門户湔其辱矣。文炤灌園自給，皭然不污，無愧故家喬木；而劉孔昭之有永錫，尤犖且角者焉。

南明史卷三十八

列傳第十四

無錫錢海岳撰

左良玉 毛顯文 賈一選 韓友 沈現龍 柳啟銘 戴九曜 陳廷璽 曲同徹 朱斗耀 郭之棟 孫勛 陶唐臣 申從周 孔尚節 張應祥 杜應金 吴學禮 郎啟貴 徐育賢 康時昇 王可太等 張挺 韓文 項謙等 王世忠 黄得功 義子飛 翁之琪 鄧林祖 楊彪 諸葛晉明 王東日 吴煌 曹臺望 錢二若 吕道泰 汪有勳 周朝瑞 湯之翰 高熙生 董玉蓮 徐準 于永綬 莊朝櫟 高傑 左勷 王定 高汝礪 鄭元勳 李朝雲 許鴻儀 郭虎 單長庚 潘一鳳 王之光 王天樞 朱運隆 常啟胤 幻闍黎 楊承祖 張惟一 折鳴鳳等 杜文焕 子弘域等 劉復生等 章世明 桂應菁 徐同貞 李敷榮等 朱之卿 卜從善等

左良玉，字崑山，臨清人。長身頳面，驍勇善左右射，目不知書而多智謀，以卒伍歷職至遼東車右營都司。

崇禎元年，寧遠兵變，削職，已坐法當斬，丘磊請以身代，得免，未幾復官。清兵入寇，總理馬世龍命援玉田、豐潤、遵化，以恢復功進秩，隸昌平督治侍郎侯恂麾下。大凌河急，有詔昌平兵赴援，總兵尤世威薦良玉可代，恂乃拔爲副總兵，戰嵩山、杏山下，功最，以是感恂。

陝西高迎祥、張獻忠、李自成等自河南入山西、畿輔、河北，五六年間，良玉奉命駐平陽，從總兵曹文詔屢捷涉縣西陂、修武、柳善口、官村、沁河、清化、萬善、武安八德，功爲多，署都督僉事，爲援剿總兵。已又捷濟源、河內、永寧，自葉縣追至小武當山。迎祥、獻忠、自成西奔者復東，良玉破之柳泉猛虎村。遂自鄖襄入川，折而略秦、隴，復出沒川中、湖北，入河南。七年，良玉扼新安、澠池自保。良玉在懷慶時，與督撫議不合，督撫檄調不時應命，漸自恣。是年十二月，大捷磁山。

八年，屯許州，扼内鄉、淅川，進援盧氏捷鄢陵、郟、密、靈寶，救雒陽，捷閿鄉。

九年，駐宜、永，防雒東，跞登封深入捷。

十年，獻忠、羅汝才、馬守應合諸部東下，安慶告警。良玉從河南救之，連戰捷六安。張國維三檄入山搜剿，不應。總理熊文燦至安慶，檄以其軍聽節制，良玉心輕之，不爲用。

十一年正月，大捷鄖西，獻忠假官軍旗號襲南陽，屯南關。良玉適至，疑而急召之，獻忠逸。追及，發兩矢，中其肩，復揮刀以擊，流血被面。其部救以免，逃穀城請降。良玉知爲僞，力請擊之，文燦不許。九月，大捷雙溝營，斬二千餘級。

十二年三月，破馬進忠鎮平關、李萬慶七里河，皆以衆來歸。七月，獻忠果畔，入鄖竹山中，文燦命追之，良玉以路險餉艱不可，文燦又不許。良玉遂大敗於房縣羅猴山，軍符印信盡失，棄軍資千萬餘，士卒死者萬人。

十三年春，楊嗣昌出督師，奏其有大將才，擢挂平賊將軍印。尋捷枸枰關，請從漢陰、西鄉追獻忠於蜀，嗣昌慮獻忠回趨房、竹，令良玉駐興平，遣偏將追剿。良玉謂：「蜀地肥衍，獻忠度險，任其奔軼，後難制。且獻忠入川，則有糧可因，回鄖則無地可掠，其復竄楚境也明矣。夫兵合則强，分則弱。今已留萬慶、劉國能守鄖，若再分三千人，兵力薄，獻忠折回，不能遏截。今當出其不意，一大創之，自然瓦解，縱使折回房、竹，人跡俱斷，無處得食。況鄖兵扼前，秦撫壓後，庸能狂逞。若寧昌、歸、巫險而且遠，汝才、獻忠兩不相下。倘獻忠窮而歸汝才，必有内相併者，可無慮也。」嗣昌從之。未幾，有太平瑪瑙山大捷，斬曹威、白馬鄧天王等三千六百二十級，追奔四十里，獻忠妻妾被禽，惠登相降，獻忠遁興、歸山中。是役良玉功第一。

初，良玉屢違節制，而總兵賀人龍戰數有功，嗣昌私許以人龍代良玉。及瑪瑙山捷，嗣昌語人龍須後命，人龍恨，具以前語告良玉，良玉亦怨。獻忠既窮，遣其黨操重寶啗之曰：「公所部多殺掠，而閣部猜且專，獻忠滅，公亦不久矣。」良玉心動，遂圍而不攻，獻忠得亡去。萬元吉審其跋扈，勸嗣昌制之，不聽。已獻忠入巴州，召合兵往擊，九檄皆不至，且撤興、房兵之漢中，如相避然。

十四年，獻忠竟席卷出川，破襄陽，害襄王。良玉用平𨂃責嗣昌玩寇，嗣昌憤死。詔良玉削職，戴罪自贖。獻忠屢勝而驕，良玉從南陽進兵，大破之於信陽，降其衆數萬，奪馬萬匹。獻忠入山，良玉軍大振，追至鄖陽。獻忠負重傷奔南陽，良玉大軍躡之。獻忠兵亡者過半，止數十騎走。良玉復官，時自成適至，圍良玉郾城，幾陷。得督師汪喬年兵救之，乃解。

十五年三月，自成圍開封急，上時肅清軍政，專倚良玉辦寇，乃釋恂於獄，起爲督師，發帑金十五萬犒軍，命會虎大威、楊德政、方國安師朱仙鎮。自成勢益張，良玉一夕拔營走，衆軍望之皆潰。自成於要道先穿巨塹，而從後大呼掩殺。良玉兵亂，下馬渡塹，僵仆溪谷中，跐其顛而度。自成更蹂之，遂大敗，棄馬騾萬匹，器械無算，走襄陽，尋開封卒以河決陷。

初，恂在請室，良玉三過其里，令曰：「侯公家在此，敢擾及草木者斬。」入城謁恂父執蒲，拜伏如家人禮。上知其故，故湔祓恂而用之。既聞敗，上怒罷恂，而不能罪良玉也。良玉壁樊城，大造戰艦，登相、常國安、進忠，馬士秀、杜應金、吴學禮皆附之，仍有衆二十萬。然時已多病，不能與自成角。自成復以十萬衆爭渡，拒以銃礮，不可遏。襄陽陷，引舟夜走承天、武昌。從楚王乞二十萬人餉，王嗇不能應，乃縱兵大掠，火炤江中。王揚基奪門出，畧其資斧。自十月二十四日抵武昌，至十六年正月中啟行，居人慶更生，良玉既東，自成遂破承天諸屬。

當是時，降將畔卒率假左軍號恣剽掠，蘄州守將王允成順流爲亂，都御史李邦華奉召出湖口，亟疏聞，并檄良玉。良玉招允成，以危詞懾之，少斂。告安慶巡撫發九江庫銀十五萬，給六月糧，軍心大定。南京解嚴，邦華入其營，良玉紅襪首韡袴握刀插矢，俯立鷁首，并請坐樓船，大閲士馬。邦華慰勞諸將，宣諭軍中，矢忠義殺賊。良玉令於軍，斬淫殺者四人以徇，釋被掠男婦四千餘人，還漕鹽船五百餘。臨别，誓以餘生效頂踵。邦華陛見，論良玉潰兵之罪，詔誅允成而奬良玉能定變，良玉竟留允成於軍中不誅。軍留安慶數月，始溯江西上。

初，獻忠襲廬下舒，治舟巢湖，聞良玉在安慶，遂去而破武昌，走岳州。良玉始提兵出湖口，以張應元、學禮守九江。八月，復武昌，立軍府，招流亡，郡邑多聞而應者，楚下流稍稍復安。獻忠既破湖南，而遣都督張其在趨江西，揚基聞之，以兵復岳州。獻忠從醴陵入萍鄉，分徇袁州，郡人納之。學禮復袁，斬將丘仰寰，巡撫郭都賢惡其淫掠，檄之歸，而自募兵置戍。獻忠聞良玉兵撤，突破吉、袁，而水軍方國安亦爲獻忠所敗，岳州復陷。良玉命盧光祖、登相、劉洪起步馬四萬自河南屯九江，進忠圍袁州萍鄉，斬級二千，士秀、方國安、郎啟貴敗獻忠臨湘，追及岳州，大破之，遂並復袁、岳、長沙、湘潭、湘陰、湘鄉，禽畔將尹先民，而江西湖南畧定。

初，上解恂官，逮下獄，來代者呂大器。良玉知因己故，心鞅鞅，輒與大器齟齬。獻忠連破建昌、撫州、南豐。有獻計取直浙者，獻忠憚良玉在，不從，乃決策入川。而其先驅艾四者屯嘉魚，鋭甚，進忠與之再戰皆敗，於是良玉亦不振。

初，許州之敗，良玉妻女爲自成所得，厚養之。至是遣之武昌，道其家無恙，欲因以致良玉，良玉不應。會獻忠入蜀，良玉遣兵追之沙陽，距荆州七十里，詗知自成西入關，荆、襄守薄，乃以光祖上隨、棗、承、德，登相自均、房，毛顯文、賈一選、洪起自南陽犄其後，復空虚地爲功。

十七年正月，封寧南伯，畀其子右都督夢庚以平賊將軍印，功成世守武昌，命左懋第便道督戰。無何，而北京陷，良玉縞素，率諸將旦夕臨，諸將前請曰：「天下事皆當屬我公，今南京立君，挾天子以坐詔我輩，宜乘其未定，引兵東下。」良玉拊膺而號曰：「不可，世守武昌，此非先帝旨乎！先帝甫棄天下而我背之，是幸國家之變，以自利也。封疆之臣，應守封疆。南中立君，我自以西藩爲效，有過此一步者，良玉誓之以死。」盡出所藏金銀綵物凡二三萬，散之諸將，曰：「此皆先帝賜也。受國厚恩，禍變至此，良玉何心獨有之乎！」於是良玉哭，諸將噭然皆哭，衆乃安定。

既安宗立，大封四鎮，晋良玉爲侯，委以上流之任，詔書頒而良玉賀表亦至。時自成敗關門，良玉以其間復荆州、承天、德安、華容，副總兵蘇薦、遊擊朱國强亦戰大獲，詔補給十六年缺餉四十萬，加太子太傅，而何騰蛟爲楚撫，袁繼咸爲江督，騰蛟共良玉收拾武昌，同心固守。繼咸爲邦華所推許，其客李猶龍又在良玉幕，故兩人交最合。

良玉兵八十萬，號百萬，前五營爲親軍，後五營爲降軍。楊國棟、張先璧、金聲桓、盧鼎等皆隸麾下，每春秋都肄武昌諸山，一山幟一色。良玉建大將旗鼓於射堂，周麾一呼，旆而立者，山谷爲滿。軍法用兩人夾馬馳，曰「過對」。馬足動地，殷如雷聲，聞數十里。諸鎮兵惟高傑最强，不及良玉遠甚，然良玉自朱仙鎮之敗，親兵良將大半死，其後歸者多烏合，法令不復相攝。

會馬士英、阮大鋮當國，以良玉出恂門，慮東林倚爲難，謾詞修好而陰忌之。黄澍入朝，挾良玉勢，面糾士英奸，士英惎甚，擬旨逮問，良玉留勿遣。已又嗾袁弘勳、黄耳鼎誣繼咸嘗與良玉謀立他宗，良玉不之許。意在搆繼咸而媚良玉，良玉則大懼。疏辨，且言三朝要典，治亂所關，勿聽邪言興大獄，繇是與士英成仇隙。時清兵入河南，肅王豪格書來招降，良玉不應。十二月，朝命良玉進襄陽，通鄭、宛。良玉上疏告急，以自成過襄、承，賊勢告崩，虜勢亦急，應剿賊，亦應防虜，臣兵合則多，分防則寡，乞刻發精兵，水陸會合，再速命繼咸應接。

弘光元年正月，復監利、石首。二月，復雲夢、公安，已自成自襄陽迫潛江，去武昌百里，遊擊韓友偵之，走仙桃鎮，斬將張宏承天。三月，北來太子事起，良玉疏言：「東宮之來，吴三桂實有符驗，史可法明知而不言，此豈大臣之道。滿朝諸臣但知逢君，罔惜大體，前者李賊逆亂，尚錫王封，何至一家視同仇敵，明知窮究並無别情，必欲展轉株求，使皇上忘屋烏之德，臣下絶委裘之義，普天同怨，皇上獨與二三奸臣保守天下，無是理也。」

初，澍被逮，陰諷將士譁，欲索餉南京。澍復日以清君側爲請，良玉不許。已而太子事中外歡譁，自成棄陝入楚，兵日逼，澍乃召三十六營大將與之盟。良玉方沈吟未決，中一將拂衣起曰：「疑事毋成，主帥必不動者，某等請自行之。」良玉不得已，乃稱奉太子密詔，馳檄具疏，聲士英七大罪，請寸斬以謝先帝，抒公憤。以兵二十萬東下，自漢口達蘄州二百里，舳艫相接，過九江，邀繼咸。繼咸責以大義，良玉約不破城，駐軍俟命。而繼咸部將郝效忠已與良玉兵通，入城縱火。時良玉疾革，見岸火起，報城已破，左右曰：「袁兵燒營，自破其城。」良玉罵曰：「此是我兵耳。」大悔恨，椎胸嘆曰：「吾負臨侯。」臨侯者，繼咸字也。次日升帳，將治亂兵之罪，怒罵裂眦，嘔血數升。遂召諸將謂曰：「吾不能報效朝廷，諸軍又不甚用吾法度，憤懣至此。自念二十年來，辛苦戮力，成就此軍。吾歿之後，出死力以捍封疆，上也；守一地以自效，次也。若散而走，不惟負國，且羞吾軍，良玉死不瞑目矣！」是夜即卒。

諸將遂推夢庚爲留後，良玉妻殉，部將池現龍、柳啟銘、戴九曜、陳廷璽先後死難。曲同徹、朱斗耀、郭之棟、孫勛、陶唐臣、申從周、孔尚節歸隱。中軍閻紫金爲僧，子鎮降清。良玉歿七日而夢庚以軍東下，焚掠湖口、建德、東流，屠安慶，爲黃斌卿、黃得功所敗。清英王阿濟格追自成至東流，夢庚乃與太僕少卿李猶龍、總兵張應祥常國安應金學禮光祖啟貴徐懋德徐勇徐育賢李國英徐恩盛高進庫胡有陞徐元仁常進功于自成段鳳翔秦天禄費三省及都督王復遠、副總兵康時昇王可太余世忠湯執中郭洪臣郭世隆、參將張挺曲大法、遊擊張坤友洪起元張勇以所部兵十萬舟數萬皆潰自九江降於清。總兵韓文自德安降，副總兵張啟明自嘗澧降，良玉壻項謙亦久之降。紹宗即位恩款，「良玉駐兵久在南陽，忠勇朕所素鑒，前日甲起晋陽有名，且非其意。先帝時，朕力薦其功，其男夢庚亦是故舊之子，着盡釋前罪，君臣相待如初」云。

顯文，桐柏人。以豪俠稱。中原亂，以兵數萬保險，與洪起相應。崇禎十五年，屯鄢陵，授副總兵。十六年，與常國安、啟貴、于自成、鳳翔、天祿連兵西上鴨蛋洲陽邏堡，復武昌。十七年正月，與登相復德安，逐白旺，陞都督僉事總兵。弘光元年二月，再復隨州、德安、雲夢，破旺，調守蘄黄。後以起兵死。

一選，南陽人。官副總兵。鄧玘死樊城，統其衆，拒守斗陽關，寇不得入。

友，字心吾，陝西人。

現龍，巴州人。參將。

啟銘，字開先，武昌人。武生。官都司。

九曜，字次碁，雲夢人。廩生。起兵從良玉，屢以遊兵設伏斬敵，官副總兵。隨至九江歸，悲歌死。

廷璽，武昌人。諸生。官守備，以老疾歸。南京亡，哭不食，曰：「前代遺老，不復能爲太平民矣。」不食死。

同徹，左都督。斗耀，副總兵。之棟，字青城，儒生從戎，精騎射，以征勦功，官蘄黄參將。

勛，字獎五，黄德遊擊。皆唐縣人。

唐臣，雲夢人。以守備守黄州道士洑。

從周，武陟人。通兵法。崇禎九年，從良玉大破寇㑂兆川，以功授贊畫。後避浙直十餘年乃歸。

尚節，臨川人。屯池州歸。妻江，城陷，支解死。

應祥，字奎庵，蓋州人。

應金，崑山人。

學禮，朝邑人。

啟貴，字云吾，巴縣人。

育賢，祁縣人。

時昇，字膠州人。崇禎十六年武進士。

可太，字履生，唐縣人。率民兵千人保守。

子一柱，字鼎臣，亦副總兵，從降。

挺，安義人。

文，鄜州人。隆武元年十二月，斬安陸知縣張翮反正。與賀珍屯漢中。二年二月，與劉體仁攻鄧州，復内鄉。終事不詳。

謙，字牧公，秀水人。尚書忠玄孫。父世芳，字蘭齋，任錦衣千户，保護善類。嘉興陷，一門二十三人死。謙任指揮同知。良玉封侯，命齎印往，陞左都督，挂征南將軍印。妻隨征。夢庚降，謙陷於兵，妻單騎突圍，救謙出，衆兵排矟攢向，妻力竭入水死。謙歸而家屬已盡，後降清，爲漳州知府。

又王世忠，海西女真人。本名揭力庫。先世部落分爲南朝關，南朝關併於清。世忠八九歲，家人負入朝，神宗留養宫中，衣冠舉止如中人。長以廣寧衛指揮加銜遊擊，王象乾薦中軍都府僉書撫夷總兵。世忠，猛骨孛羅子，其妹歸插漢。世忠久在邊，識虜情僞，王之臣調守宣雲，命終款事。款成，西鄙無警，後從孫承宗軍，晋左都督。崇禎時，坐墨敗，依良玉。良玉娶其女爲夢庚婦。自成命招良玉，勞金一萬、銀三萬，不應。世忠善虜語，夢庚習之，清兵入關，世忠北去，歷仕貴顯，其後夢庚之降，與有力焉。夢庚、猶龍、光祖、勇、國英、進庫、勇事，見清史。

黄得功，字滸山，開原衛人。早孤，從母徐居。負奇氣，膽畧過人。年十二，母釀酒熟，竊飲至盡。母怒之，笑曰：「償易耳。」時遼事方急，得功持刃雜行伍中，斬清兵二級，中賞率得白金五十兩，歸奉母曰：「兒以之償酒也。」

已而執鞭役屬人，值響馬，手提兩驢蹄禦賊，無不披靡，繇是勇名震遠近。年壯，投經略爲帳前親軍，授覺華島把總。匹馬裸身，揮雙刀，逐蒙古數十騎，殲其大半。入援薊門，戰大沙河，援撫寧，戰索羅嶺，追至雙望，復灤州永平。又戰馬頭山，積功至參將。自將援畿輔戰良鄉、涿州，累勝清兵，進黄花鎮副總兵，分管勇衛營，以把牌中軍從盧九德河南。得功臨陣，飲酒數斗，頭縛巾，目童突出，持鐵鞭入敵營，鞭血漬腕，以水濡之，久不脱，軍中呼爲黄闖子。嘗命小卒以金鑼戴額，射之百發中，而人不傷。

崇禎十年春，張獻忠、羅汝才等攻安慶，偪鳳陽，自請率師掃蕩。十一年，從熊文燦戰光山、固始，破馬進忠張莊、白廟、淮河，尋大捷舞陽，斬三千級。又大破汝才，唐縣遂平。十二年，至淅川，大破馬守應小黄河口，擣賀一龍、賀錦光山窟，斬千八百級。楊嗣昌調征河南，得功軍士畫虎頭於皂布以衣甲，寇見黑虎頭軍，多走避，其得力出京營上，擢總兵。京師警，以步兵勤王，大戰清兵吴橋卻敵。十三年，破一龍、錦黄岡蘄水，追至羅田三里坂白雲寨，寇入大山。十四年，再敗之霍山曉天口，已從九德捷板石畈，降一龍，移駐定遠護鳳泗陵，破獻忠守應霍山、六安，與劉良佐救桐城，大破獻忠鮑家嶺。追至潛山，斬六千級。

初，獻忠在巢湖，焚樅陽，奪舟百餘，謀南下。聞得功兵至，走而營於古城長嶺，灊山之險阨處也。得功夜半至，緣山背噪升，獻忠大擾，越崖澗奔，追擊之。自古山天井湖老鸛頭黃泥港六十里，横屍無算，斬郝希之、馬武、三鷂子、王興國。三鷂子，獻忠養子，最號驍悍者也。得功箭傷面，氣愈厲，轉戰十餘日，追及獻忠，距丈許，欲生致之，馬蹶，獻忠逸去，於是便道攻桐城。桐城北峽關，爲寇出没地，安廬道鄭二陽命部將廖應登自舒守桐，應登不敢入關，寇出山逆之，應登兵大潰，得功有驍將林報國，錦、守應、一龍等數憚之。寇趙虎者，設伏誘報國深入，殺之，羣正相賀，得功匹馬突入陣，斬虎，寇衆潰走。有號無敵將軍呼於陣曰：「吾爲汝曹禽黃將軍。」方大呼馳至，得功已禽之，横置馬上，寇大驚，於是應登潰兵，乃得會於桐。

十五年三月，清兵陷莒州，命勤王屯通州，尋移鳳陽。獻忠破六安，救之，敗於夾山。退定遠，破袁時中及潁上寇，桐城告急，得功兼程進，三日行六百餘里。寇有自北來者，呼走走，黃家兵至矣。及得功至，則寇已走數里，追獻忠又及之。獻忠呼曰：「黃將軍何相扼也。吾爲將軍取公侯，留余勿殺可乎？」得功曰：「吾欲得汝頭耳。」急擊之，獻忠以輜重牛馬遺民男女塞道逸去。得功乃收所掠男女萬餘人，令各回鄉，以甲仗輜重歸諸朝。十六年，移鎮廬州，討平畔將劉超。十七年，封靖南伯北京危，與陳洪範欲勤王不果。

安宗立，晉侯，與高傑、劉澤清、良佐爲四鎮，分守江北。得功轄滁、和等十一州縣，駐廬州，經理光、固。尋史可法慮傑跋扈，請移得功儀真，陰相牽制。傑素忌得功。黄蜚道出揚州，乞兵爲護，得功率輕騎三百出高郵，迎之三汊河。守備胡茂楨遽以報傑，傑疑圖己，伏精甲中途邀之，而别以千人間襲儀真。得功行至土橋，解鞍下馬作食，伏兵猝起，出不意，亟舉鞭上馬，而飛矢雨集。所乘馬值千金者，中矢踣，騰上他馬逸去。傑遣兵戒必生致得功，有梟騎十七，舞槊直前，得功大呼反鬭，奪其槊，人馬屏易，發腰間所餘七矢，殪七人，矢盡，揮長刀，復殪其三。躍頹垣中，哮聲如雷，追者不敢逼，乃及於大軍以免，惟從行三百騎皆歿。傑所遣千人襲儀真者夜至，守將馬岱、丘鉞偵知，相與謀曰：「高兵以主帥他出，姑以舊城委之，天明主帥至，内外夾擊，吾事濟矣。」令士卒飽食且休，於城外棋置炬火爲疑兵。傑兵疑不敢進，望見炬火，以爲營壘，礮矢齊發，夜半，與火藥俱盡，岱開門出擊殲之。得功還，聞知益大怒。自以於同事無纖芥嫌，一朝見侵，瞋目切齒，誓與傑決。可法命萬元吉解之百端，而訶者謂得功兵且至，傑大言曰：「日千人維揚猾少，吾故驅之假手黄君，吾之士卒詎至於敗。」會得功母喪，可法入弔，立而語之曰：「土橋之衅，無愚智知傑不義。今將軍以國故親故，蠲盛怒，使歸其曲於傑，而將軍收名於天下也。」得功色稍和，然以失亡三百騎爲憾。可法命應廷吉等如傑營曰：「靖南聽我矣。君何愛數百騎而害大事乎！」傑如命償馬。馬羸多斃，可法自出三千金代之償。又令傑以千金爲得功母賵，得功不得已聽焉。

是年秋，命移廬州，以防桐、皖，兼與良佐合堵潁、壽，復黄、汝。傑北伐，詔得功、良佐進邳徐爲後勁，得功憾傑，未即行。

弘光元年正月，傑死，改命良佐駐亳州，得功駐潁州，經理河南、陝西。旋命良佐駐歸德，得功仍駐廬州，得功引兵趨揚州，攘袂言曰：「固當以此州還我。」可法在徐州聞之，馳返揚州，遣曲從直、馬應魁入營問故。得功曰：「吾爲大將，功最多，僻處瀕江小邑，傑有何勞績而食數城？姑念其死，割以高郵、寶應、江都三州縣，養其妻子足矣，餘非傑有也。」可法曰：「吾非不知將軍功，又非愛傑而右之，徒以士馬多，令不一。今日驟奪，明日必亂，是將軍首難也。其異於興平者幾何！」得功揮其衆少卻。會上遣九德持諭來，不得已復罷去，移鎮廬州。北來太子之獄，得功疏言：「東宮未必假冒，不知何人逢迎，定爲奸僞。先帝之子，即陛下之子，不明不白，付之刑獄，將人臣之義謂何？恐諸臣諂徇者多，抗顔者少，即明白識認，亦誰敢出首取禍乎！乞多方保留，若驟處死，即果詐僞，天下必以爲真矣。」

四月，清兵南下，命渡淮防禦，以總兵黄世杰扼儀真，都督王振宇守巢縣，方整甲北拒清兵。左夢庚順流東下，詔得功禦之荻港三山，馬士英、阮大鋮躬迎之。至下拜投地曰：

「將軍救我。」詞哀甚。乃出師破夢庚銅陵，晉靖國公，加左柱國，移鎮太平。而清兵已連陷揚州、鎮江，上倉卒出幸，得功令士卒蓐食，還救南京。過太平，聞清兵已入京，不得已返蕪湖。見上驀然入，泣曰：「陛下死守京城，臣等猶可盡力，奈何聽奸人言至此。」上親酌三爵飲之曰：「敬仗將軍威力。」曰：「敢不效死。」時蕪湖諸營猶二十萬。五月十二日，上至太平，與大鋮、朱大典欲入城，不納，攻破之。十三日，至蕪湖。十四日，諸文武議奉駕幸浙，大典、方國安先發，杜弘域扈駕，得功殿。得功不可，曰：「堂堂天子，豈有奔竄，以河山拱手退讓之理。」命兵屯岸，身奉上舟中。諸軍未行，而良佐以兵萬人至，來書誘降。得功斬使焚書，貝勒屯齊追兵至荻港。得功戰銅陵時，傷臂未愈，衣葛衣，以帛絡臂，佩刀坐小舟，督麾下八總兵迎敵，連敗清兵。過赭山，斬良佐兵過半，忽前鋒將岱降，斷浮橋，良佐大呼岸上，誘出話。得功欲貫甲，左軍副總兵田雄曰：「咱家交好，何疑爲。」得功出，裂眦罵曰：「汝巾幗，我丈夫也，安能效汝狗彘！」匹馬登岸，清見其拒降，箭雨發，得功四面遮格不及，身中數十矢，直立不仆。已張天禄從良佐後，射得功中喉，得功創甚，知不可爲，奮前斬數十人。刀缺，乃口啣其髯，大呼士曰：「汝等各宜努力，以報大明。」擲刀拾所拔箭刺喉死。妻楊沈軍資於江，與女及婢妾水死。楊，大興人，東廠太監某妹，好書。子錦衣指揮僉事雷被執死。雄與右軍副總兵馬得功劫駕出降，中軍翁之琪救之不得，望哭，與總兵鄧林祖、楊彪皆自剄死。總兵諸葛晉明戰采石，守備王東日戰太平死。參將吴煌後謀起兵蘇州事洩死，兵部司務曹臺望、監紀推官錢二若、贊畫吕道泰、參將汪有勳周朝瑞、遊擊湯之翰高熙生、諸生董玉蓮歸隱。監軍徐凖、總兵于永綬鉞張杰黄名、副總兵林中瑜蘇養性李豹何九成王國柱、遊擊卜虎李鐸楊名樊金李養京孫永良張安明盧鋏衆尚八萬人，聞得功死皆降。兵惶怖，自陷首泥中而露其體，清騎任意斫之，殺二萬人。將王權、李霞、杜衡潛謀起兵誅雄，事洩死。清恐兵變，誘降兵至四合山犒師，殺三萬人乃去。雄入清封侯，當劫駕時，負上赴清營，上囓其背，傳肉潰成人面形，十餘年卒不治死。與馬得功事皆見清史。

得功短小矯捷，龘猛不識文義。時詔書多出羣小，得功見詔紙，或對使罵裂之。然忠義出天性，聞以國事相規戒，輒改不旋踵。朝議款清，力言不可示弱，恐長覬覦，恣要挾，辱國匪小。舊制，宰相閱邊，雖總兵封侯，戎服庭參。可法督師，四鎮私議見禮，曰：「吾輩已封侯伯矣。」得功曰：「有舊制，在吾先下拜，如有不從者，吾兵擊之。」戎服先入。傑、澤清、良佐不得已，亦戎服繼之。微時出蔣德璟門，貴後，雖入後堂，仍用跪禮。嘗受飯肆媪恩，事之如母。早年戰河北，馬驚幾蹶，有小卒任姓者持之，得不墮。得功見其嚴冬無袴，因名之曰有庫。及得功駐儀真，任已爲守備，後至副總兵。軍行紀律嚴，所過無犯。廬州、桐城、定遠生爲立祠，殁葬儀真方山母墓側。隆武時，贈泗水王，謚忠烈。魯王監國，贈和陽王，諡忠武。

義子飛，字沖霄。勇武絶倫，率壯士二百人，每戰先出敵後奮擊。得功將大軍乘之，輒勝，累功官總兵。得功死，降清。屯漳州，歸鄭成功，後復降清。

之琪，字元倩，錢塘人。崇禎十二年武舉。上親簡將才，奇之曰：「神骨森挺，忠孝人也。」擢第一，授舟山守備，平海寇陳虎，移守衢州，遷參將。北京陷，以舟師勤王至鎮江，擢左都督總兵。夢庚反，伏大礟葦中，誘之荻港，斬獲多。挂鎮南將軍印，加太子少保。

林祖，南昌人。武舉。官都督同知。

彪，字旦文，合肥人。

晋明，字中宜，丹陽人。天啟七年武舉。右府都督，加太子太傅，挂鎮海將軍印。

東日，會稽人。

煌，字公蕃，歙縣人。負奇力。瑞昌王議瀝擢總兵。

臺望，當塗人。恩貢。輸千金修城，得功欲屠城，説止之。

二若，字次倩，桐城人。諸生。隱龍山。

道泰，字伯交，儀真人。與參軍陳師黄力勸得功和傑。

有勳，字希大，英山人。以條戰守，忤歸。

朝瑞，字子玉，桐城人。武生。清聘不出。

之翰，潁上人。

熙生，潁上人。諸生。從征板子磯，晋都督同知。

玉蓮，霍山人。入得功幕，勸不殺一人。歸教授終。

準，字式平，會稽人。少入遼撫寧前幕，轉從嗣昌、丁啟睿軍。爲李自成所執，詭任職襄陽。會自成敗，絜蘭山知縣來儀遁歸德，見啟睿，計禽通許康太令。啟睿命其子獻俘南京，而使準上寇情疏及用間十二策。會保寧王紹炬至，言準不屈狀，授開封同知贊畫軍前，請聯絡河上土寨。後從可法軍，調停傑、得功之爭，移廬州，聯絡西江，陞工部員外郎。降清，招撫衢州，爲張鵬翼所誅。

永綏，寧遠衛人。自山海總兵擢右都督提督神機、巡捕二營。

又莊朝樑，字棟如，遼東人。副總兵崇禎十七年四月，爲得功所害。

高傑，字英吾，米脂人。初與李自成同起兵，號翻山鷂，以善戰稱。崇禎七年秋，參將賀人龍以救隴州被圍，自成令傑遺書人龍，勸之降。不報，使者歸，先見傑而後見自成。比圍城兩月不下，自成心疑之，遣他將代傑，令歸守老營。自成妻邢氏趫武多智，掌軍資，傑每日支餉仗過邢營，分合符驗。邢偉傑貌，與之私，懼誅；明年八月，遂偕邢來歸。隸人龍麾下，令立功爲信。未幾，捷關山鎮，逐北三十餘里。十三年，大破張獻忠興安寒溪寺鹽井，斬千五百級。獻忠入興房山中。

十五年，人龍死，授遊擊。十月，孫傳庭至南陽，自成、羅汝才西行逆之。傳庭以傑爲先鋒，捷於冢頭，逐北六十里。汝才見自成敗，來救，遶出官軍後。後軍左勷怖而奔，衆軍從之，遂大潰，傑所亡失獨少。

十六年，遷副總兵，簡三邊勁騎三萬人，分爲前後二十營。拔甥李本深爲參將，傑與總兵白廣恩爲軍鋒，兩人皆降將，不奉約束，而傑尤凶暴。朝廷以其爲自成所切齒，故命隸傳庭辦寇。九月，傳庭再出師，傑以中軍復寶豐，禽果毅將軍謝君友，斫寇坐纛，幾獲自成。自成奔襄城，進復郟縣。時官軍深入乏食，李際遇通自成，自成率精騎大至。傳庭問計於諸將，傑請戰，廣恩不可，傳庭謂廣恩怯，廣恩不懌，引所部遁去。已接戰，陷伏中，傑登高望之，曰：「不可支矣。」亦麾衆退，軍遂大崩，死者數萬。廣恩不救，走汝州，傑隨傳庭退河北。已而自成渡河，轉入潼關，廣恩已先至。十一月，自成攻關，廣恩力戰，而傑怨廣恩之不救，亦擁衆作壁上觀。廣恩戰敗，關遂陷，傳庭遇害，傑、王定敗渭南。自成據西安，别遣李錦追傑，傑自延安走宜川，河冰適合，遂渡蒲津以守。寇至，冰泮不得渡，乃免，而廣恩以固原畔。十七年，晋總兵，中軍高汝礪爲副總兵，命隸總督李化熙馳救山西，而蒲州、平陽久陷，不可進，傑退澤州大掠。

北京陷，遂自懷慶渡河而南，馬士英命莊朝樑迎於徐州。傑衆號四十萬，邳、泗之間，驚呼高兵至，居者喪失魂魄，過揚州，士民登陴拒守。安宗立，封興平伯，轄徐、豐十四州縣，命駐泗州，經理開歸。甲馬器械，極一時之選，而未即赴鎮，固欲駐揚州。有鄭元勳者，鋭然出爲遊説，傑置酒款之，斬淫掠副總兵楊成，具陳無他意。元勳以語衆，大譁，殺之城上。傑怒，攻城剽奪厢村，日殺人以百數。鄉官王傳龍疏陳其狀，會史可法渡江誓師，疏請爲前鋒，傑稍戢，可法奏以瓜洲予之，乃罷。無何，與黄得功鬩土橋，可法又親往解之。傑感可法恩，頗心動，邢亦言史公出至誠，背之不祥。傑因請可法調得功、劉良佐屯潁、亳，自率所部先趨開、歸，且復宛、雒、荆、襄爲根本，何便入秦，奪寇巢窟。疏言：「今日大勢，守江北以保江南，人能言之，然從曹、單渡則黄河無險，自潁、歸入則鳳、泗可虞，猶曰有長江天塹在耳。若何而據上遊，若何而防海道，豈止瓜、儀、浦、采爲江南門户已耶！伏乞通籌全局，定議速行，中興大業，庶幾可規。」又云：「得功與臣猶介介前事，臣知報君雪恥而已，肯與同列較短長哉。」遂北伐出師，命右協總兵胡茂楨、總兵本深分布沿河，總兵李朝雲赴泗州，參將蔣應雄、許占魁、郭茂榮、李玉及山西撫標都司王奮朔先赴徐州防守，奏留衛胤文、王相業爲監軍，安塞知縣宗室統錝爲監紀同知，許鴻儀爲監紀通判。傑抵徐州，與張縉彦議大舉，土寇程繼孔渡河來迎，斬以徇。營將袁誠縱兵截餉，予降秩。忠義邵珊起兵十二寨，軍容可觀，傑誘酒會，並十二帥殺之。

時豫王多鐸已分兵從孟縣渡河，傑乃致書劉澤清曰：「虜號二十萬，實七八千，齊駐濟寧。近日河南鎮撫告警，一日數至；開封北岸，虜問渡甚急，恐一越渡，則天塹失恃。長江迤北盡爲戰場，時事如此，應接不暇，惟有殫心竭力，直前無貳。於萬難之中，求其可濟，以報國恩。」澤清以聞。

先是清副將唐起龍父虞時與傑有舊，攜肅王豪格書來招，有「大者王、小者侯、世世茅土」之語，傑不爲動。身先士卒，沿河築牆，專力備禦。復書豪格曰：

逆闖犯闕，危及君父，痛憤於心。大仇未復，山川俱蒙羞色，豈獨臣子義不共天。關東大兵，能復我神州，葬我先帝，雪我深冤，救我黎民，前者朝使謹齎金帛，稍抒微忱，獨念區區一介，未足答高厚於萬一。茲逆成跳梁西秦，未及授首，凡係臣子及一時豪傑忠義之士，無不西望泣血，欲食其肉而寢其皮，晝夜卧薪嘗膽，惟以殺闖逆報國仇爲亟。貴國原有莫大之恩，銘佩不暇，豈敢苟萌異念，自干負義之愆。傑猥以菲劣，奉旨堵河，不揣綿力。亟欲會合勁旅，分道入秦，殲逆成之首，哭奠先帝，則傑之忠血已盡，能事已畢，便當披髮入山，不與世間事。一腔積憤，無繇面質，若傑本念，千言萬語，總欲會師剿闖，以成貴國邺鄰之名。且逆成凶悖，貴國所惡也。本朝欲報大仇，貴國念其忠義，所必許也。本朝列聖相承，原無失德，正朔承統，天意有在。三百年豢養士民，淪肌浹髓，忠君報國，未盡泯滅，亦祈貴國之垂鑒也。弘光元年正月，次睢州，前軍至開封、虎牢，疏請重兵駐歸德，東西兼顧，聯絡許定國以定中原。

初，定國起草澤，乘亂爲雄，肆掠河内，一門爲傑所殺。陳潛夫招徠之，疏宜以爵縻之，此必反側，然後圖其後。朝擢定國太子少師、左都督總兵挂鎮虜將軍印，鎮守開封。定國負功不封，上書詆傑爲賊。傑曰：「吾見定國，必手刃之。」崇禎十七年七月，定國攻寧陵，典史富平劉大才力守。十月，鹿邑武舉黄甲通定國陷城，殺大才。弘光元年正月，甲又復寧陵，向惡縉彦，殺其子而納其女。傑北伐，潛夫密約傑曰：「足下向潼關，道出睢州，定國必遮道迎，一力士縛之，以其衆并而西，吾已疏入言其狀矣。」傑唯唯，及過徐州，誅繼孔。又以縉彦言斬甲，定國懼見討，既遣其子參將爾安、爾吉渡河款清，而又上書可法，求自全計。傑至睢州，定國負弩矢，先數十里拜於馬下。傑扶之起曰：「若總兵，奈何行此禮，顧爾衆安在。」定國故毁其軍以羸見。明日，傑召定國而詢之曰：「若豈不知我之將殺汝而顧不去何耶！」定國頓首曰：「固知公之怒也，然不知其罪。」傑曰：「若累疏名我爲賊，安得無罪！」曰：「此余之所以不去也。余目不知書，倉皇中假手記室，誤入公名，實不知疏中爲何語。以此殺余，不亦冤乎！」傑問記室姓名，曰：「彼知公之怒也，先期遁，跡之不獲。彼先去而余不去，以明向之名公者，非余意也。」傑謀淺，見其屈伏，憐而信之，負潛夫約。潛夫諫曰：「吾觀定國爲人奸詐，公勿入城爲彼算。」傑不聽，有千户鹿馬投牒云：「定國謀汝。」傑故示以不貳，馬前笞六十，送定國殺之。遂刑牲約爲兄弟，且遺定國銀千兩緞百疋，定國飾美姝進，傑屏不御，笑謂之曰：「軍中無所事此，弟蓄之，俟我成功後，以娱老也。」定國曰：「謹如命。」時傑大營去城二十里，懸王命旗於闉曰：「非有令不得入，從入者左右驍健三百」。傑語定國北行，曰：「山妻偶恙。」傑曰：「弟，人傑也。何無丈夫氣！兒女子願去則去，否則殺之，以絶他念，弟不忍，吾爲除之。」定國驚曰：「此結髮婦，非他比。」當即隨行。十三日，定國燒燈張宴具樂，侍傑、縉彦、潛夫、李昇飲，而令其弟許四者，飲諸將於别所，婦女賓客相雜坐。酒半，會邸報至，潛夫付傑自啟，定國從旁窺見，則前所上疏令傑共縛定國者，已得請，定國愕然變色，離席請命，傑意輕之。又已諾定國無他，不欲自食其言，則曰：「毋乞憐，不勇，吾已許生若。」潛夫起而耳語傑曰：「今夕請必還軍中。」傑又不肯，曰：「吾必示以信。」縉彦、潛夫、昇遂出，於是三百人皆醉。

傑所居爲睢中甲第，高垣而周以重廊複室，將佐就別所擁妓臥，傑榻畔惟二三治文書者與傳事小兒，漏將殘，屋瓦歷然有聲，傑驚視，則壯士數十踰垣入。傑索所備身鐵杖，則已烏有，倉卒奪他人刀，步鬪格殺猶數十人，傷脅被執。定國蹀血南面坐曰：「三日來被汝挫辱已盡，今何如？」傑大笑曰：「吾乃爲豎子所算，呼酒來，當痛飲死。」三百人者聞礮聲欲起，則爲妓所嬲，無脱者。惟贊畫袁廓宇伏床下免。明日日中，城不啟，本深及蕩虜將軍王之綱、左協總兵郭虎攻南門，單長庚、潘一鳳力戰死。入則定國、劉方興已渡河降清，圍之考城不克，一時副總兵王之光、遊擊王天樞、都司朱運隆常啟胤、睢陳中軍李世培及幻閽黎皆棄官去。

初，傑誓師祭旗，風折大纛，西洋礮無故裂。傑曰：「偶然耳。」遂於十月十四日登舟，已而竟敗。傑性淫毒，揚之人聞其死，至酹酒相賀，然感可法恩，鋭意進取。兵多自成舊部，所過殘殺，血流數里。自出師北伐，號令肅然，不許取民間寸芻粒粟，於是人人嘆羡，謂其改行，爲良將也。

又頗識大義，澤清訐劉宗周、姜曰廣，以疏稿示傑。傑驚曰：「我輩武人，乃預朝事耶！」澤清、良佐薦逆案及諸降臣，而傑薦黄道周、王志道、解學龍、劉同升、趙士春、章正宸爲衆正，吴甡、鄭三俊爲萬世瞻仰，金光辰、熊開元、姜埰無愧社稷臣，金聲、沈正宗夙儲經濟。陳洪範北使還，言澤清、良佐已降狀，傑曰：「虜欲得河南耶？請以北京與我互居之。」洪範夜亡去。

傑死事聞，上震悼輟朝。可法聞其死，亦大哭，知中原之不可復也。倉卒間，請以傑子元爵爲世子，本深晋太子少保、左都督提督軍馬，鎮歸德，中權總兵楊承祖屯夏邑，副總兵唐應虎屯虞城，苗順甫屯碭山，後勁總兵李翔雲屯雙溝，茂楨、虎屯泗州，一軍始安。而詔書久不下，張惟一南走，翔雲誤以爲縉彦，殺之。得功、澤清、良佐爭欲分傑軍將之，上不許。尋左良玉疏言忠胤將同壓卵，袁繼咸亦言興平有可念之勞，詔贈傑太子太保，許子襲爵。從子通之與婢住子於揚州陷水死。清兵入泗州，總兵李登雲、朝雲降，之綱、李遇春潰走，總兵張士元、茂楨、張天禄入揚州，夜走泰州。揚州陷後，本深與監軍僉事張建柯、起鳳，總兵承祖、翔雲、茂楨、虎、折鳴鳳等三十三人，副總兵李芝蘭、張鵬程、唐應鳳、順甫、許漢鼎、楊守壯、張思達、賀國相、依士延、楊文啟、馬希珍、王信、梁大用、許得功、栗養志等七十二人，參將李仲興、白賀朝、雷應春、劉秉月、張瑞祥、賀國柱、于思明、楊翥鳳、黄家棟、馬騰驤、馬應彪、折桂年、張徹、李之珍、趙亮、喬增遷、任進才、劉善政，遊擊蘇昇、李耀春、楊應豹、馬化麒、李雲龍、楊鳴鳳、拓虎、南汝益、張斌，都司顧廷璋、趙龍、柳文忠、聶文臣、劉進忠、張佐玉、李復年、郭成虎、劉俊年、陳彪，守備白受職、馮可全、李承恩、張國瑁、賈賢、左德、高成龍、蹇光玉、牛宗禮、郝龍，千總祁堯年等八十六人，馬步兵二十三萬八千三百人降於清，惟都司程秀夫死揚州云。

勷，府谷人。降清。

定，榆林人。總兵威子。從傳庭軍，官左都督總兵，挂征西將軍印，守延綏。渭南敗後，回榆林，拒敵多殺傷，城垂陷，斬妾，聲言出塞借西虜兵，後依馬國柱終。

汝礪，葭州人。

元勳，字超宗，歙縣人。崇禎十六年進士。以詩畫名。安宗立，出財募兵，授職方主事。命未至而已遇禍，僕殷報亦以身護主死。事聞，贈元勳郎中。

朝雲，延安人。

廓宇，字綏甫，富平人。恩貢。降清。事見清史。

鴻儀，陝西人。選貢。揚州通判。

虎，榆林人。

長庚，字西朗，宿州人。諸生。守備。

一鳳，宿州人。千總。

之光，字用賓，豐縣人。諸生。起兵拒寇。

天樞，字清宇，睢寧人。武勇。與傑犄角。

運隆，字順川，祥符人。守開封有功。

啟胤，字似之，鄢陵人。分守西門，定國招之，許以淮滁道，不應。

幻閣黎，咸陽人。諸生。姓名不傳。有膂力，善射擊，鐵棒重二百四十斤，舞動如枯葦，日行三百里不憊。中原亂，糾諸俠數千人，從灊夫大捷三水壩。國變，以棒走淮南，與傑遥聯屬。傑死，爲僧六安、武當、粵、越、吴、楚，入雞足山。永曆十六年，抱棒死點蒼山下。既死，手握不可解，徒並舉與葬。題曰「鐵棒和尚埋骨處」。

承祖，字文宗，宜川人。

惟一，字允之，睢州人。萬曆四十一年進士。累官工科給事中。天啟中，上言闕門事宜并及登撫文武不和，恐誤事，登撫或裁或調，乞早處分。又陳闕門六弊。上曰：「切中時要。」轉禮科右。與大理左寺正許志吉互訐，改吏科。威宗立，陞太僕少卿、太嘗卿。尋以曹欽程薦典試浙江并預修三朝要典罷。與定國爲兒女親，定國殺傑，士英起惟一以招定國。惟一欲令定國上疏認罪，不果。

鳴鳳，榆林人。爲清攻鎮江死。

芝蘭，字遇廷，榆林人。以千户從傳庭軍，迎鄒太后。晋中府僉書。

鵬程，字雲圖，榆林人。漢鼎、守壯、思達，榆林人。國相，丹陽人。士延，綏德人。文啟，瀋陽人。希珍，綏德人。信，榆林人。大用，延安人。仲興，榆林人。

崇禎時，以都司率秦兵力戰夔州開縣，殲羅汝才精騎，陞參將。傑卒，護興平伯印回揚州。賀朝，固原人。應春，榆林人。秉月，慶陽人。瑞祥，榆林人。國柱，燕山前衛人。思明，寧遠衛人。翥鳳，清澗人。家棟、騰驤寧夏人。應彪，鳳陽人。桂年，榆林人。鳴鳳子。徹、之珍、亮，榆林人。增遷，清澗人。進才，延安人。善政，靈州人。昇，莊浪人。耀春，三河人。應豹，寧夏人。崇禎九年武舉。化麒，寧夏人。雲龍，寧遠衛人。鳴鳳、拓虎，榆林人。汝益，清澗人。廷璋、龍，陝西人。文忠，蓋州人。文臣，寧夏人。進忠，復州人。佐玉，延川人。復年，環縣人。成虎，榆林人。俊年，固原人。彪，山海衛人。受職，陳留人。武生。可全，榆林人。承恩，鳳陽人。國琯，靖虜衛人。賢，綏德人。德，大同人。成龍，榆林人。光玉、宗禮、龍，安邊人。堯年，府谷人。本深、茂楨事見清史。

杜文焕，字日章，崑山人。都督桐子。博通文史，能吟詠。萬曆中，以任子歷寧夏總兵，延綏被寇，赴救大破之，調鎮延綏，屢敗套寇猛克、什力等安邊、保寧、長樂。火落赤、卜言大懼，相率降。沙里數寇邊，屢破之。遂納款，延綏乃少事，尋以疾歸。

天啟元年，再鎮延綏，奉詔援遼，出兵搗河套，坐寇深入大掠，解職候勘。奢崇明反，率師大破之佛圖關，復重慶。崇明遁永寧，命總理川、黔、湖廣軍，以罪遣戍。七年，起鎮寧夏。錦州急，移鎮寧遠，遷右都督，守關門，以疾去。

崇禎二年，陝西告警，再起鎮延綏兼督固原軍，數奏捷，寇亦日益多。總兵王國樑擊王嘉胤河曲大敗，部議設一大將兼統山、陝軍協剿，乃令文煥爲提督，偕曹文詔馳至河曲，絶餉道以困之。又敗寇府谷，大破張獻忠清澗。四年春，神一魁圍慶陽，解其圍，以事下獄。十五年，再起剿寇，無功，乃告病歸。安宗立，起督巡邏、巡捕二營，與劉復生並命，加左柱國、太子太傅、掌中軍都府，薦韋世明、桂應菁爲總兵。南京亡，走金山卒。

子弘域，字開之。天啟初，歷延綏副總兵。七年，文煥援遼，即擢總兵代鎮，積資至左都督。崇禎中，督池河、浦口二營，遏寇南渡有功。十三年，移浙江。安宗立，改京營爲五軍、神樞、神機三大營，以弘域、楊御蕃、牟文綬補三大營總兵，各統一營至五營。卞啟光、竇國寧、胡文若補三大營總兵，各統六營至十營，詹世勳等各補正副號首。弘域以右軍都府僉書提督大教場，請徵酒税助餉，尋命提督池、太。上幸黄得功營，將自蕪湖趨浙，以弘域扈從，封崇明伯。同時卜從善亦封城固伯。清兵猝至，弘域兵潰，乃與徐同貞、李敷榮、朱之卿各散衆，後侍文煥歸里。紹宗即位，晉侯，未赴，久之卒。

弟弘墇、廷埸，右府僉書、都督、同知，總兵從善與副總兵劉榮、陳獻策，參將馬成豹、梅應選、何九成、孫喜策、李必、張一倫，遊擊曹應宗、陳國棟、常守才、王顯柱、卜世龍，都司熊北鼎、劉士毅、蘇祥、趙大捷、趙丕明、張國英、李明忠、曹維宗、朱承印、蘇天才、王善教、楊玉，守備湯自新、李成角、鄭文舉、姜開周、陳希明、吴存忠等降於清。

復生，字長卿，壽州人。天啟四年武舉第一，世襲百户，累遷狼山都司督標副總兵，禽永城畔將劉超。安宗立，擢閣部中軍左都督，再晋上柱國、太子太傅、掌中府事、提督九門軍務，劉良佐兵在壽州虐民，復生撻之，良佐降清過江，遇復生江中，招同降。復生怒，擲以座椅，良佐將曹虎從旁刺之死。母方、妻梁與復生弟婦范赴水死。

子之治，字彦叔。諸生。陽狂死。

世明，字茂國，武進人。天啟二年武進士。以燕山守備屯靖江防海，出入大洋，發矢殪賊數人，賊驚走。倭寇恣甚，出奇計殲之。陞南京巡捕營都督同知總兵，南京亡。衰服謁孝陵哭曰：「戎馬生郊，何以見先帝於地下也。」後爲劉澤清逼死石城橋下。

應菁，字雪潭，石埭人。武生。上封事，出關入白廣恩幕，累功官京營左翼遊擊，陞都督同知總兵。南京亡歸，詩酒終。

同貞，字伯固，海鹽人。尚書從治子。選貢。任錦衣百户。歷西司房理刑千户都指揮僉事。時屢興大獄，救護善類，多所保全。調南京錦衣堂上僉書，加都指同知，不阿馬、阮。歸召不出。

敷榮，字純甫，鄞縣人。父正道，萬曆三十八年武進士。河南都司。敷榮諸生，授親軍衛參將，護孝陵，遷都指揮使。安宗駕至，以兵六千人清宮，領火器軍守新江口。南京亡，投江獲救，侍父歸里，不食卒。

之卿，字藎甫，上元人。官池河營守備，歸隱。

從善，固原人。開封陷，以舟師迎周王出，從王漢復城，追寇朱仙鎮。北變，自衛輝走宿遷，自都督同知河北總兵調戎政提督營。

成豹，遼東人。應選，寧遠衛人。九成，廣寧衛人。喜策，榆林人。

應宗，字贊元，台州太平人。國棟，廣寧衛人。武舉。守才，榆林人。顯杜，寧塞人。世龍，固原人。兆鼎，金谿人。武生。士毅，貴池人。武生。祥，固原人。大捷，鐵嶺人。丕明、國英，固原人。明忠，鳳陽定遠人。維宗，廣寧衛人。承印、天才，固原人。善教，大同人。玉，固原人。自新，安邊人。成角，大同人。文舉，宣府人。開國，蕪湖人。武生。希明，祁門人。功貢。程世昌標將。存忠，字敬生，蕭縣人。官京衛指揮。嘗單騎招降寇數千人。

贊曰：方清兵入關，山東、河南義旅並起，日瞻王師。良玉等一時驍猛，毳帳雲連，使荆、襄、河、淮諸道齊出，豪傑望風嚮應，中原可指揮定矣。顧廟堂以畫淮爲計，無一人一官之遺，人心解體。濟南西北遂皆降清，不知門庭撤而堂奧必不固也。傑有其志矣，獨罹横凶，此堪控腕者已。糾糾武夫，公侯干城，得功有焉。良玉劾馬士英，有疏斬檜頭之氣，興晉陽之甲，效鷹鸇之職，驕恣則有之，非有蘇峻、侯景之畔也。以視劉澤清、劉良佐之頑嚚比周天壤矣。而舊史謂爲逆臣，尚論之難，於兹益信。

南明史卷三十九

無錫錢海岳撰

列傳第十五

劉肇基 劉永昌 李世春 黃學虎 吳羽侯 朱賢政 李一龍 徐允芳 芮珂 侯方巖 阮應兆 陳熠卿 賀應昌 張文昌 劉世昌 丘磊 丘石嘗 沈通明 熊文昌 章國武 翁萬裕 蔡崇國等 孫秉法 夏有光等 張應龍 汪之斌 孫弘 史惟華 翟天葵 方端章 詹大刀 徐太寰 乙邦才 莊子固 馬應魁 劉應國 徐尚廉 唐良贊 汪思誠等 張宗堯 樓挺 江雲龍等 張涵 李大忠 孫開忠等 周廷柱 冷懋炎 解學曾等 王之謨 樊大綱 孫光先 保薦等 江行芳 張應元 彭清典 楊御蕃 弟御莊 韓璽 張道濬 張思濬 惠登相 張成福 弟成禄等 趙光遠 楊振宗 曹友義 趙民懷 徐大受 吳先攀 趙光大 齊陞等 何以培 吳以幻 張以備 魯之璵 弟之域 張仲玉 李伯含 張韜 趙汝璧 許箕山 韋志斌 葛瑞甫 俞綸煒等 智介 項釭 蔡佩甫 劉應璵 顧時興 徐雲龍等 蔡象坤 袁碩 朱旦 隆樹等 大麼等 殷三 劉翁 莊雅 陳鏞 法樹 周

蕃　韋武韜　季寧　楊名世　李國楨　蔣世烈　吳熙伯等　潘衡南等　惠有名　朱電　陳情　劉斅等

蘇夢儀　子國瑋　國瓚　國珍　秦良弼　黃正陞　李金祿　彭性述　徐樞　丁有琢　王國啟　眭明

瓛　沈率祖等　陳文章　何爲霖　梅春　洪一新　宋印晟　程周祜　施英　陳有遴　劉安　尹君舜

徐遂東　程大倫　楊守志　陳文運　焦續後　倪鸞等　周明　劉德　宋光庭　方懋昌　徐宗麟　樊明琅

喬焯　吳洪　馬騰　何汝賓　項起漢等　張應錫　黃大賓　吳爾愿　蔣溶　金鼎臣　杜瑞芝　祝鷗侶

褚士寶　王元初　施曆欽　張映室　盛世　郎大徵　方應曜　陳學泰　黃養紘　高學元　何定遠　馮

亮工　張尚武　楊志榮　朱士鼎　曹禹芳　樊明英　萬邦憲　胡明臣　毛欽明　陸韜　唐時明　任桂芳

吳星燦　戚仁師　阮可教　陳心　李謙　鄧林　汝爲善　張汝棟　蕭時榮　何大　章其元　杜維城

黃位中　徐觀光　馬偲　黃萬爵　汪懷廉　郭天育　吳伯默　史讜等　劉洪起　沈萬登　李際遇　金

高　楊四　李好　韓甲第　韓焜　伍三秀　李爾育　蕭應訓　秦大鵬　于登俊　范世增　袁耀宗　李

奮文等　劉馨　趙仕賢　金闕望　王玉璣　楊鳳起　王心升　黃啟明　王之屏等　劉定國　馬沖霄　劉

格　楊可前　張問明　胡養蒙　涂可登　申宗耿　曹鳳鳥　兄鳳禎等　楊士珂　李琳　吳汝謙　楊大功

鄭時舉　樊瑞　劉魯地　謝皇恩　李攀桂　王心熙　韓蔚　王世維　劉孔和　兄孔中　范永昌　潘

起鱗　虞紹勳　馬壯基　滕紹宗等　李宗儀　黃扉佶　周篤昌　蘇成宇　韓忠一　歐陽春元　陳王信

劉扁子等　莊鼐　從兄整等　蘇芳　李景隆　王奇謀　宋璜等　徐春龍　張茂才　康玉環　趙慎寬等

徐偉　楊威等　王禎　劉珙　高珍等　張輿　張廣　武恩等　楊三元等　丁耀亢等　宮文彩等　郭爾標　徐小野　董其成　韓敬止　韋祚興　王運晟　李顯華　齊廷輔　王兆哲　畢維地　王光恩　苗時化　楊友賢　楊光甫　胡廷聘　楊明起　馬之服　楊文富

劉肇基，字鼎維，遼東人。嗣世職指揮僉事，遷都司僉書，隸山海總兵尤世威麾下。崇禎七年，拒清兵宣府，移剿中原寇，授遊擊。八年，追寇永寧盧氏，戰蘭草隘，失利傷臂。未幾，世威罷，肇基分領其衆，累陞副總兵。是年十月，大破張獻忠汝州圪料鎮，斬千六百級，伏屍二十餘里，爲當時戰功第一。而所部皆邊軍，久戍思歸，噪而走。總理盧象昇遣之入秦，畿輔告警，始還山海，竟坐前罪罷，俄以固守永平功，復職。

十二年冬，總督洪承疇命練寧遠兵，擢都督僉事。十三年，清兵圍錦州，偕總兵吳三桂赴嵩山爲聲援。三桂困嵩、杏間，肇基與劉永昌救出之。七月，與曹變蛟破清兵黃土臺、嵩山、杏山。九月，復戰杏山，以兵少卻罷。

十七年春，晋都督同知，提督南京大教場。及安宗立，史可法督師淮、揚，肇基請從征自效。再晋太子太保、左都督總兵，與李世春、黃學虎、吳羽侯、朱賢政、李一龍、徐允芳、芮珂、侯方巖、阮應兆、陳熠卿皆從可法軍。可法分佈諸將，令肇基駐高家集，李棲鳳駐睢寧，以防河。棲鳳者，故甘肅總兵，以地失而留淮揚者也。督師前鋒則用總兵張天禄，駐瓜洲。十月，清兵陷宿遷。十一月八日，肇基與棲鳳復之，越數月，清將夏成德陷贛榆，圍邳州，軍城北，肇基軍城南，相持半月始解去。

弘光元年三月，清兵迫揚州，可法召諸將赴援。棲鳳、天禄不至，尋與總兵賀應昌、張文昌、劉世昌、張天福，副總兵高謙、薛光胤、許占魁，參將張其業趙印等降於清。獨肇基自白洋河以兵四千趨赴，過高郵不見妻子。已入城，請乘清兵未集，背城一戰。可法持重不可，肇基乃分守北門，發礮斃參領金應、騎都尉色勒布、雲騎尉祖應元，清兵死者無算。城陷，率所部死士四百人巷戰，格殺數百人。兵來益衆，力不支，流矢貫額死，一軍皆覆，妻聞訃自經死。

永昌，字肇熙，安東人。武舉。孔有德反山東，以參將屯昌邑，復登州，遷山海關威武參將。寧前之捷功爲多，歷車中營副總兵、江淮援剿總兵。父居應州，爲李自成所執，招降不應。可法命北上勤王，次揚州九龍橋，北變聞，望闕投水死。

世春，榆林人。以都司從孫傳庭拒寇澄城、三水，歷功官總兵，鎮泗州，廉而有威。弘光元年三月卒。弟遇春，副總兵，代領其衆。清兵迫，與參將李玉任得昌、遊擊李遇景劉春啟降。

學虎，新建人。都督龍弟。扼壽州，與子佐戰死。

羽侯，失其名，上虞人。猿臂善射，武舉。官六安千總，防霍山。迭卻大敵，全危城，後從可法，積功至副總兵。揚州亡，不知所終。

賢政，字良牧，蕭縣人。官守備。以後勁營分防徐、邳河口。崇禎末，屯虞城，有安撫功，擢高傑標前探營先鋒，分防泗、盱遊擊。泗州陷，遇春招降不從，退天長。多鐸招降，斬使，力戰死。

一龍，字卓先，上元人。有孝行。范景文參軍，李應宗軍參將，守白洋河死。

允芳，吴縣人。崇禎中武舉。官守備。賜名人龍，守淮歿於陣。

珂，高淳人。崇禎九年武舉。六安守備。城陷死。

方巖，字叔岱，商丘人。祭酒恪子。諸生。有武畧。起兵保鄉里，累功官都督副總兵。

應兆，濟寧人。崇禎七年武進士，工騎射，歷山東都司遊擊。從劉澤清守江、淮，澤清清兵至天長，可法命援盱眙，力戰師覆。歸隱，卒年七十二。

熠卿，嘗熟人。弘光元年恩貢。鳳陽推官，自泗州降清，後伏誅。

降後，保安東，痛哭死。

應昌，字錫之，榆林人。武舉。官蘭州守備。大小數十戰有功，累遷山東都司總兵。

文昌，字含海，南昌人。左都督、濟寧防漕、剿寇總兵。北變，劫廣東寄餉二十萬。世昌，遼東前屯衛人。官副總兵。自成兵至沛，與傑、副總兵李有成走淮安。天祿事見清史。

丘磊，字問石，鄒平人。少以諸生走遼東。詣軍門上書，嘗與左良玉從軍摽掠，坐法論斬，磊願以身獨任罪，而免良玉於死。磊繫刑部獄。崇禎十三年，良玉捐萬金救之。侯恂再出督師，奏以磊爲都督同知山東總兵，挂鎮東將軍印。所將多遼人，勁鋭善戰，以不戢擾民，所向閉城。

十七年，合諸城丘子瀛、丘元復、范四復靈山衛，遷左都督。與劉澤清不相能，澤清南過安東，磊奪其輜重，澤清慮爲儕輩笑，匿不以聞。會安宗立，因請命磊渡海收登、萊，磊於白沙祭海，將以眷屬輜重北發，尚書張鳳翔止其行，不省。澤清搆之於史可法，謂其有異謀。一日，磊以百餘騎至安東，總兵柏承馥紿磊入署，突兵執之，下淮安獄。澤清自往唁之，置酒把臂嗚咽，諭獄吏謹視。會當疏請，無何，得旨賜自盡，議者多冤之。良玉東下，蓋亦因磊死云。

丘石嘗，字海石，諸城人。歲貢。文章岳立，好奇計。鳳翔薦江防同知，降清。

沈通明，字克赤，淮安衞人。萬曆四十四年武進士，以勇力聞。嘗與寇戰，寇射之洞腹，通明急拔矢裂其裳，裹創往逐射者，立殺其人而還，繇是一軍壯之。積功至都督同知總兵。史可法督師揚州，命與守備程大猷守白洋河。揚州陷，家居，田仰入浙，以妻子託之。清購之急，捕者十餘及門，通明牽騎手弓矢以出，大呼曰：「若輩亦知沈將軍耶！」遂注矢擬捕者，皆逡巡引卻，疾馳得脫。僦居蘇州，賣卜以生。尋爲僧鄧州，久之，事解得出。

時同在可法麾下者：有熊文昌、章國武、翁萬裕、蔡崇國、孫秉法、夏有光、張應龍、汪之斌、孫弘、史惟華、翟天葵、方端章、詹大刀、徐太寰、厲三善云。

文昌，字克昌，奉新人。崇禎十年武進士。歷浙江守備、廣東都指揮使，巡視海防，修城練兵，陞裏海總兵。流寇至，大破之，加柱國、太子少保、右都督入援，甫行而北京亡。將自刎，間投可法。揚州陷，至廣西，嘔血歸。清起故官，固辭，卒。

國武，字文叔，會稽人。天啟四年武舉。入范景文幕，轉輸治河有功。寇攻六合，以兵五千火其舟，斬獲多。以勤王陞都督，加太子少保。時可法招劇盜幾譁變，國武治桀黠者，斬以徇，一軍帖然。後以亢直罷，病革日，喟然曰：「某死可以見先帝矣。」乃卒。

萬裕，字雄卿，臨清人。崇禎十年武進士。自南京大教場中營遊擊累遷總兵，從守揚州，城陷歸隱。

崇國，字若弼，台州太平人。參可法軍，官都督僉事。

弟一鼎，字天生。上書，授中書舍人。

一鼒，字文明。官遊擊。均不知所終。

秉法，陝西人。副總兵。

有光，字玉如，太倉人。崇禎十二年武舉，從軍荆、襄，可法薦淮、揚都司，轉參將，命覘清臺兒莊，以副總兵從左懋第北使。揚州亡歸。謁福京，爲僧巴湖。

兄靈仲，負武技，守天津有功。後隱終。

應龍，字明雨，淮安山陽人。平海寇，招顧容，官參將。弘光時，陞京口中營副總兵隱。

之斌，字翕武，婺源人。崇禎四年武進士。官南京兵部中軍守備。以兵八百當江浦寇數萬，後爲可法標遊擊，陞水師參將。歸。

弘，字懷遠，鹽城人。諸生。父敏求，爲叔所害。弘年十九，爲可法中軍，率師防淮，歸縛叔祭父殺之。薙髮令下，爲僧靈隱。

惟華，字祝聖，高淳人。武生。征寇有功，授參將。入山。

天葵，字向日，江寧人。猿臂善射，積功官都司。可法死，爲其家守門以終。

端章，字完魯，上元人。孝孺裔。可法守備，爲僧。

大刀，桐城人。負奇力，善大刀，爲可法親較。揚州危，可法袒臂，命以濃墨書己姓名於背，書畢上馬，大刀持刀隨之。可法左股受創，麾之去。後吴三桂招之，不出。

太寰，泗州人。可法裨將。隱。

乙邦才，益都人。莊子固，遼東人。馬應魁，廬江人。俱從史可法軍前，官副總兵。邦才，字奇山。初以隊長擊流寇於河南、江北間。黄得功戰霍山，單騎陷淖中。寇圍而射之，馬斃，得功徒鬭。天將暮，僅餘二矢。邦才大呼衝寇走，得功乃得出。邦才授以己馬，分與矢，且走且射，連殪追騎十餘人，始得及其軍。得功自是知其能。六安圍急，馬士英命與副總兵張衡往取知州狀。二人簡精騎二百，夜衝寇陣，逵州城呼曰：「大軍至矣。」城中恃之，守益堅，得狀後，復突圍出，不損一騎。在潁、壽、六、霍間，大小十餘戰，咸有功。可法鎮揚州，命分徇江北，聞揚州急，率所部趨援，與衡及總兵劉應國分門守禦，城陷，力戰自刎死。

子固，字憲伯。年十三，殺人亡命，後從軍積功至參將。可法命興屯徐州、歸德間。募壯士七百人，立旗幟，以赤心報國爲號。率衆馳救揚州，三日而至。城垂陷，可法自刎不殊，子固與左營參將許瑾共抱持之，將擁以出。遇清兵，皆格鬭力竭中矢死。

應魁，字守卿。初爲小將，巡行村落，寇至，從者懼而奔。應魁呼曰：「無怖。死，亦命也。」連發二矢殪二人，寇即退。可法拔之，俾領旗鼓，每戰披白甲，大書「盡忠報國」四字於背。城陷，巷戰死。

應國，遼東中前所人。官都督。爲僧金山寺，有子爲清侍衛，勸歸不從。明日去，不知所終。

同時副總兵徐尚廉、唐良贊、汪思誠、張宗堯、樓挺、江雲龍、李豫，副旗鼓參將陶國祚、陶光明，右營參將馮國用，前營參將陳光玉、徐純仁、李隆、張涵，遊擊李大忠、孫開宗、焦甲、顧似真，都司姚懷龍、曹登元、吴魁、孟容、張小山、郭倉、范泗、王東樓、徐應承、范海、馮士富、馮以仁、張應舉、段元范倉、范應奉、周廷柱、冷懋炎、解學曾、戚世嵩、戚世奇、顧似真、王之謨、樊大綱及守備孫光先，揚州指揮同知保薦等二百餘人，皆以巷戰死。鄭鳴鹿守城燃巨礮死，遊擊江行芳爲僧玄墓山。

尚廉，字潔人，太倉人。左夢庚東下，敗之。還守揚州，妻沈鶯娘聞變，自刎家中死。

良贊，字育元，金谿人。精騎射。滇苗亂，王伉假遊擊，七戰皆捷。從傅宗龍薊遼，以參將防羅文峪。楊嗣昌在襄陽，留爲副總兵，請防蜀，不從。嗣昌死，依可法。

思誠，字純一，貴池人。

子興國，字元起。官參將，加都指揮使。揚州受圍，奉檄淮上，返而城陷，求可法及父屍不得，痛哭歸隱。

宗堯，字岐寧，義州衛人。

挺字鎮揚，義烏人。自千户官都督同知。

雲龍，江都人。

國祚，興化人。

純仁隆，江都人。

涵，字凝之，嘉定人。諸生。官都司。上可法七事，可法用其四事：一曰軍淮上爲犄角，一曰擇禁軍衛陵寢，一曰募勇靖海濱，一曰勸捐裕軍餉。歷内營遊擊，授鎮國將軍，守揚州北門，命引兵接應高郵餉舟。至則揚州陷，脅降不從死。

大忠，應天人。

開忠，高郵人。

甲，上元人。負奇力。

似真，興化人。

廷柱，字道生，吴江人。諸生。

懋炎，字我榮，丹陽人。一門死。

學曾，字省齋，與世嵩、世奇、似真皆興化人。

之謨，字日都，江都人。禮部儒士。鎮標中軍。

大綱，江都人。與母觸石死。

光先，字興宗，黟縣人。崇禎三年武舉。儀真守備。

薦，字君聘，揚州通州人。與族人萬安、胤元、鳳鳴、景暉皆死。

鳴鹿，寶應人。

行芳，字大歙，崇明人。顧養謙外孫。諸生。領水師防淮。

張應元，字占魁，鄖縣人。以義勇累功官副總兵。崇禎十年，與黃得功以騎兵三千至固始，破武自强、亂世王張莊白廟淮河，斬百級，水死者無算。十二年，張獻忠欲入秦，從總督鄭崇儉扼之興安，遷都督同知總兵。

十三年二月，會左良玉戰瑪瑙山，乘勝逐北，及水石壩，禽寇軍師，斬九百級。總兵張令追獻忠深入柯家坪被圍，應元自八臺山進，與令内外夾攻，先登解圍，捷木瓜溪黃墩，斬四千五百級。獻忠走興、房深山中。

五月，守夔州尖山寨，羅汝才、惠登相欲奪山西走。應元直入其陣，斷之爲二，斬首千級，擒自來虎等七十餘人。會川將張奏凱大捷水口仙寺嶺陡溝子，斬千級，登相屢敗欲走楚，應元進七箐坎，出雲陽大道邀之。

六月，追至觀音閣，斬千餘級，擒掠山虎十餘人。窮追至寶山，斬千七百級。汝才、獻忠兵多解甲，托天王請降。托天王者，常國安也。降將高守達追寇新寧，斬二千級，擒流金鐘等，登相竄達州，又斬七百級。竄大昌，應元自風烈鋪進石橋，國安先驅斬二百級，寇走長壩驛，力追斬八百級，擒滚地狼，再捷大寧、開縣。

七月，獻忠至巫山，謀向川西。應元自達州邀之夔門，營土地嶺，遲賀人龍不至。獻忠知無後繼，悉鋭搏戰。應元以安民廠勁弓四射，殺數百人，獻忠中矢，又射殺禿尾狼、小閼索。晨戰日中不決，獻忠分兵繞後山，馳下突營，應元軍亂，死鬭中矢，突圍出。獻忠已渡巴霧河，應元馳至河上，登舟燃滅虜礮，殺緋衣將，弩射殺寇數十。至暮，寇不得渡，軍列河上。萬元吉來犒師，獻忠趨漢中不克，改道巴西，應元合川、楚兵遮之梓潼失利。

十一月，元吉享士保寧，楊嗣昌命副猛如虎爲總統。至綿州，嗣昌亦遣孔貞會與總兵陳可立至潼川，獻忠走大足、内江。應元與元吉屯安岳，扼其歸路。獻忠入瀘州，可立擁兵牛頭山宴樂，元吉命擊寇，不從走。

十六年，應元與吴學禮、盧鼎守九江，馬士秀以師向長沙，晋右都督。安宗立，挂平蠻將軍印。

弘光元年二月，命與後部總兵徐國楹鎮承天，加太子太保、左都督。南京亡後，與監軍彭清典降於清。

清典，字疇五，孝感人。與白雲山義師，以通判署景陵知縣。

楊御蕃，字漢威，沂州人。都督肇基子。任沂州鎮撫。從平妖寇鄒、滕，禽夏太師，遷曹州守備。州有黄步雲引衆數百劫城，御蕃偵知，以二十騎掩擊，斬百級，生禽之。歷遊擊、靈州參將，以副總兵鎮通州，范景文倚重之。

崇禎二年，清兵攻北京，統京營防堵。七年，與朱大典護祖陵。八年，張獻忠攻鳳陽，與盧九德統川兵三千人援剿，護皇陵。九年，劉國能自滁州潰犯陵，以銃拒之，寇解去。孔有德反登州，擢總兵，盡將山東兵，與保定總兵劉國柱、天津總兵王洪兼程進，遇賊新城。洪先走，御蕃力拒不勝，突圍入萊州，與韓璽助巡撫徐從治、謝璉城守。賊輦西洋大礮日穴城，城多頹。御蕃投火灌水，穴者死無算，使死士時出掩擊，毀其礮臺，斬獲多。凡堅守五十餘日不下，從治中礮死，有德僞降，璉主撫，令同出城。御蕃不可，曰：「將家子知殺賊，何知撫事！」璉出果見執，御蕃益固守。七月圍解，加都督同知，改鎮登、萊。

九年，獻忠復攻鳳陽，同大典列陣陵下，寇不敢犯。獻忠將順流東下，烽火通淮、揚、南京，隨景文守禦，留都以安。十二年，調山東。十三年，寇攻濮州，與參將馬岱合斬五千級。十四年，剿曹濮寇，屯臨清，與張汝行駐通州、天津。東阿降寇李青山殺掠東平，以萬人至東平，詰責賠償，已誘降之，而執以獻俘。

十五年，清兵南牧，逆擊沂州破之。安宗立，晉太子太傅、左都督，領京營。南京亡被執，降於清。

弟御莊，字敬君，任錦衣指揮。授沂州衛屯田僉事。國亡，隱居不仕。

璽，字獻之，掖縣人。諸生。通兵法。李九成圍城，助餉協守。從御蕃解登州圍，以守備屯德州、寶坻，剿崆峒、廣鹿諸島有功，調守黃河。禽李自成前鋒于武陽，平虎喇喇於滎澤，破李際遇、高傑於虎牢木蘭店。開封陷，護周王高名衡出。懷慶陷，護潞王、崇王南下。馬士英命防白露橋遏寇，川卒亂，剿平之。後與卜從善自蕪湖降於清。

張道濬，字深之，沁水人。尚書銓子。任錦衣指揮僉事，用忠臣子，加都指揮僉事僉書衛所，遷南鎮撫掌印指揮同知。顧與楊維垣善，受王永光指，訐劉鴻訓、錢龍錫、成靖之等，排斥東林，爲公論不予。以納賄事，爲梁廷棟劾敗，戍雁門。延、綏兵起，巡撫宋統殷檄充軍前贊畫，道濬故知兵。家多壯丁，備火器，能禦寇。

崇禎五年四月，王尚義攻沁水，寧武守備猛忠死。道濬命遊擊張道法、張瓚谿浮山間出其前截之乃退。八月，紫金樑、馬光玉、八金剛以三萬人圍竇莊，謀執道濬，以脅統殷。道濬屢敗寇，寇乃欲因求撫。紫金樑請見，免胄前曰：「我王自用也，誤從王嘉胤至此。」又一人跽致辭曰：「我宜川廩生韓廷憲，爲嘉胤獲，請誓死奉約束。」道濬勞遣之，而陰使使啗廷憲圖寇。寇至舊縣，守約不動，廷憲日忌自用就款，未決。官兵襲之，寇怒尤廷憲，遂敗約，南突濟源，破温陽。

九月，廷憲知自用疑己，思殺之以歸，約道濬伏兵沁河以待。道濬遣所部劉偉佐之。是夕，寇攻諸生蓋汝璋樓，掘地丈許，樓不毁。寇怒，誓必拔。雞鳴不得，廷憲知事且洩，偕偉倉卒奔。寇追之，及河伏起，殺追者滚山虎等六人，皆寇腹心也。寇臨沁河，索廷憲竇莊東面河，道濬潛渡上流，繞寇後大噪，寇駭遁去。未幾，官兵扼寇陵川，師潰，道濬據九仙臺以免。十二月，廷憲知自用、亂世王有隙，縱諜遺書間之。亂世王果疑，遣其弟武自强就道濬乞降。時統殷以失寇罷，許鼎臣來代，主進討。道濬權詞難曰：「斬自用來，乃得請。」自强怏怏去，寇衆乃分部掠諸郡縣。

明年三月，官兵躡寇自陽城而北。道濬設伏三纏凹，禽周清等，鼎臣奏道濬功第一。

八月，寇陷沁水。沁水當寇衝，去來無時，道濬倡鄉人築堡五十四以守，寇五犯皆卻去，至是乃陷。道濬率家丁三百人馳擊寇，寇退十五里。收散亡，捕寇衆，傾家囷以餉。道濬故得罪清議，幾用軍功湔祓，言者劾其離伍冒功。御史馮明玠復劾沁城失，不可言功，乃戍海寧衛。弘光時，起都督同知。南京亡，不知所終。

張思濬，字孟深，潁州人。尚書鶴鳴孫。任錦衣千户南鎮撫。南京亡，許定國薦，不應。

惠登相，字良弼，清澗人。從張獻忠起兵，驍悍善戰，號過天星。崇禎四年，就張福臻榆林乞撫，散歸屯掠如故。五年，攻沁州武鄉，破遼州，爲曹文詔所敗，奔高澤，自河南入陝。七年，趨商州、澠池、靈寶，破盧氏。八年，合李自成破真寧，掠三原，敗於高陵，走閿鄉，再乞撫。九年，入真寧、合水山中，就撫於巡撫甘學闊，安置延安，未幾又畔。掠同州、宜君、中部、宜川、雒川、鄜州。又再乞撫，再畔，執總兵俞翀霄，破延川、綏德、米脂，入汧隴山中。十年，自漢中回階成，向廣元，殺總兵侯良柱，破昭化、劍州、梓潼，攻成都。十一年，隨獻忠受撫，爲均州五營之一。獻忠畔，從入鄖竹山中。十三年，獻忠大敗於瑪瑙山，登相亦敗於鄭山寨，走雲陽。馬士秀擊登相急，常國安招之，乃以七千人降於七里坪，授副總兵，遂始終爲左良玉用。十五年，自成破襄陽，累招登相不應，走興安。十六年，復隨州棗陽。高斗樞命復穀城，攻襄陽不克，尋與盧光祖、劉洪起步騎四萬守九江。十七年正月，復德安。安宗立，晋都督僉事總兵。

弘光元年正月，命與王光恩收襄樊。二月，破寇石牌，移屯武昌。三月，從良玉東下，良玉病革，登相刑牲盟諸將曰：「公百年後，有不奉副元帥令者，齒此劍。」副元帥者，良玉子夢庚也。首殿而東，兵用黑旗，一軍獨戢。夢庚犯闕，前鋒敗於池州，以書譲曰：「特留池州，以待後軍。」登相見書大駡曰：「我若爲此，何不終作流寇。」知夢庚不臣，亟以軍退。夢庚輕舟自追之，登相哭拜辭，絶江而去。未幾，卒。夢庚竟降於清。

張成福，字天益，長垣人。沈毅偉岸，多智畧。孔有德反，集曹、濮壯士數千人，鼓行東解登、萊圍。復黄縣，授守備。復平度，遷都司僉書，禽九營十八寨盜首秦老章、張三胖等。寇破開歸，窺渡急，成福沿汛設防，不敢渡。又濟河南士民之河北，悉得其所。

崇禎十三年，大饑，民多附寇，所在殘破。成福以壯士千餘，破寇數萬紙坊集。寇復以衆十五萬屯孟大夫集，成福乘夜進斬渠陳德等萬人，餘衆皆散，河北平。劉澤清命屠曹州，力持不可，以禽李青山功，陞曹營遊擊，擢參將，鎮曹、濮，晋報國營副總兵。北京陷，令李伯元至，諸生李如琮内應，與道士宋朝相皆授都尉，成福合中軍張畧與鄀獻珂倡義斬朝相，禽伯元，盡俘山東置吏，拓地千里。

安宗立，奉命迎鄒太后，累晋右柱國、左都督援剿河北、山東總兵。後屯徐州，與弟成禄、成祚降於清。如琮亦爲清執死。成福降後，引清兵平滿家洞、郭家樓、牛王廟、莊子祠義師。

成禄，字乾益。從解登、萊圍，防河，官都司。降後，抗義師河干，中矢死。

成祚，字天錫。遊擊。弘光時，同爲鎮將者，趙光遠鎮四川提督川、陝；楊振宗鎮安慶提督江南北；曹友義領黄河水師，防邳州以西；及趙民懷、徐大受、吴先攀等。

光遠，靖遠衛人。世襲指揮，以山海都司僉書遷紅水河遊擊。崇禎四年，平平涼、固原回玁及臨鞏、延慶寇。黄友才遁，陞慶陽參將，寇畧慶陽，以五百人拒之，斬獲多，攻槐安堡，斬四百人。五年，扼寧塞，餘黨欲突平涼，不得逞。曹文詔解莊浪圍，命回守慶陽。八年，洪承疇命會攻興安、漢中寇，寇趨西安，扼之渭南。河南急，玄默請出潼關，以三千人截靈寶大峪口，兵譁，陳必謙命救盧氏，不應，擅歸。寇攻潼關，敗之，擢副總兵。九年，從承疇自邠乾南攻寇。十年，自徽州畧陽救漢中，剿城固寇。十一年，剿陽平關寇。十三年，張獻忠、羅汝才入川，趨廣元。間出百丈關，欲襲漢中，光遠固守陽平，獻忠乃入保寧，走綿州。光遠屯昭化。十四年，獻忠復折東行，截之西鄉，以防入秦。十六年，調鎮漢中。瑞王南下，與趙光大以二萬人護入保寧索餉，陳士奇諭之，退屯陽平。累晋右軍都督僉事同知漢羌總兵，如恢復陝西，即與世守，命未至，而已與左營守備齊陞、右營守備王明德、前營守備張德俊降李自成。

振宗，濟寧人。世襲指揮。歷安慶都司遊擊。崇禎十年，監軍同知楊正苾、督同都司張士儀擊寇陶城鎮沙河，遷副總兵。十四年，賀一龍、賀錦略固鎮，以兵守五河。十五年，獻忠合一龍、錦攻霍丘，與參將徐彦琦、遊擊丁啟宗合劉良佐、士儀前後攻之，斬千級，擢左都督剿寇總兵。左夢庚兵至，妻王一門水死。南京亡，振宗與副總兵楊衍馬進寶韓可桂、參將簡任、守備許國泰崔名世降於清。

友義，四川人。領登州火攻營。後以總兵鎮天津，敗清兵楊村。自成兵至，副使原毓宗劫與總兵婁光先、副總兵金斌、指揮楊維翰降。已而南下，授左都督，從牟文綬拒夢庚兵江上，降清。

民懷，字應選，不知何許人。崇禎六年，以守備攻臨縣寇克之。八年，遷都司，兵弱能持重，擢平陽參將。轉戰有功，累晋太子太保、左都督神樞營總兵。蕪湖敗，以三千人繇徽州之建昌。益王慈炲起兵，命爲副元帥，從保寧王紹炟戰旴山北，迭捷。尋與副總兵李天祐降清。

大受，不知何許人。都府僉書提督小教場，與劉伊盛皆以前軍都督同知領勇衛營。右軍都府僉書楊國、成都督僉事總兵袁弘樹統陸軍、都督僉事孫茂英署水營，從鄭鴻逵守鎮江，鴻逵走，大受萬人不敢戰，與副總兵劉忠亦走。

先攀，字恂庵，桐城人。官安慶總兵。進寶肆虐，民憤，集衆三百人，進寶以畔聞，力白其冤，乃免。終事皆不詳。

光大，延安人。

陞，慶陽人。

明德，河州人。

衍，沂州人。

可桂，榆林人。

任，江寧人。武舉。

國泰，無爲人。

名世，徐州人。

何以培，字曰垕，無錫人。太僕少卿棟如孫。少負氣節，日講擊刺戰陣之法。安宗立，從軍。太監喬尚自兩淮鹽漕參將遷副總兵。南京亡，藏馬械湖濱，拔劍起舞，慷慨不自勝。已聞義陽王朝墠在海上，謀起兵應之。時南直皆下，邑人先歸附者，欲除異己以自效。以以培名聞，清守命其人檄致之。吴以幻詷得之，夜半告邀俱亡，嘆曰：「吾世受國恩，焉用逃死。」天明檄至，持檄者即以培戚也。從容留飲，談笑如平生，請少須，持檄者難之。笑曰：「以培男子豈懼死哉！」遂偕至郡，守陳衛卒露刃。以培白衣冠束帶入，軀長八尺餘，豐頤白晳，儀觀甚偉。守叱跪不應，異之，爲好語曰：「速降，不失富貴。」曰：「世臣無降理。」曰：「不降且不得生。」曰：「願即死。」再問，指守大罵，守目左右喻意，或引以培耳語，厲聲叱曰：「斫即斫耳，何效兒女子爲。」解衣就縛，神色不少動，遂斬於市。妻黄，知縣廣女，以培死，竭資購其元。以培以弘光元年六月十二日死，至十月而元始得，面如生，黄爲櫛髮啟棺納之，屍亦不腐，黄手縫紉如全屍狀，因練衣素食二十六年始終。以培死後，都督王春及張一龍、徐義起兵攻嘗州西門，不克死。

以幻，銅仁人。棟如家將，勇力絶人。南京亡，同以培隱三山，以培遺二妾，奴謝陞欲逼妻之，以幻數奴罪，揮刃斬之。黄蜚攻無錫南門，以幻適遇其地，倉卒無所得兵器，乃入民居，得切麵刀及板扉各一，大呼突陣。清兵披靡入城，後以僧終。

又張以備，無錫人。弘光中，官守備。歸。或薦之清將，召之，以備諷妻令自盡，見清將曰：「聞君有奇才，可出矣。」以備正色曰：「余有奇才，而安得渡江？」清將怒，遂殺之。

魯之璵，字瑟若，蘇州衛人。世襲千户，授崇明守備。顧容之亂，戒備周密，軍民倚重，累遷指揮同知、劉河參將、福山副總兵。

弘光元年閏六月十日，蘇州薙髮令下，城鄉義兵四起，皆白布帕首。陸世鑰、十將官繞城呼號，民間柴斧婦女裙幅悉爲干戈旌旗，相望於道，清招之不已。十三日，之璵力請吴志葵合吴易、世鑰、張守智等攻蘇州，自以家丁數百人爲前鋒。會義師有入獄者，世鑰伏力士劫之，火盤門、閶門城樓，城内士民應之。張仲玉自葑門入城，斬蘇州通判李麟長、吴縣知縣薛應瑜、巡簡羅楚珍、鄉官嵩江通判顧廼猷燔撫按府縣公署，火光接天。志葵所將海上軍怯不任戰，戰不利，義師李伯含、張韜、趙汝璧、許箕山、韋志斌、葛瑞甫、俞綸煒、綸炫兄弟、智介、項釭、蔡佩甫、劉應旟、顧時興、徐雲龍、蔡象坤、袁碩、朱旦、隆樹、大麼、殷三、劉翁等皆敗死，惟莊雅、陳鏞、法樹得脱。

之璵領周蕃等四百人突齊門入，自報恩寺向護龍街。清侍郎李延齡、巡撫土國寶以騎千餘屯城東南隅，登瑞光塔以望，曰：「兵雖衆，烏合耳，其氣必索。」選騎蹂之，破其前鋒，餘自潰散，不足慮也。」乃匿其騎府學中，良久，以兵百餘張旗幟徇城，揚言南京援至。而之璵入城行四五里至飲馬橋，不見敵，亦内自疑，清騎猝起，矢發如雨，遂大潰。之璵突陣，斬副都統濟三等十餘人，與副總兵王伯牙、遊擊韋武韜、都司丁有光、守備季寧及周天直、吳中傑三百人皆力戰中數矢，死橋下，餘衆出齊門。

是夜清兵自望亭分畧滸墅關、楓橋、木瀆、胥口、東渚。楊名世、李國楨、蔣世烈、吳熙伯、章敬孚、潘衡南、朱五、惠有名、朱電、陳情亦戰死。同時嚴閉六門，内應者劉斅等皆執死。

之璵弟之域，字統卿，崇明守備。與守備魏虎臣攻太倉。

仲玉本姓程，字君肅，休寧人。負奇力，精槍法，爲張國維守備。解濳山圍，陞太湖遊擊。雷繽祚薦德州參將，未赴。居崑山，清兵迫，命赴嘉、湖調兵食，道蘇州，會之璵兵起，與壯士六十人入城，敗走吳漵，易今名。後隱嘗熟，以青烏術自給。

伯含，吳江人。以武勇稱，率衆力戰盤門，墮水死。

韜，字猶甫，長洲人。諸生。

汝璧，嘉善人。諸生。戰盤門下死。

箕山，吳縣人。以毘村人攻盤門被執，掠不屈，自經木瀆巡司死。

志斌，長洲人。家陳湖，力戰南園死。

瑞甫，吴縣人。從戰南園死。

綸煒，字吉哉；綸炫，字襄哉，長洲人。綸煒，諸生。綸炫，武舉。執死。

智介，字端虚，太倉人。閶門海寧寺僧。好酒善鬬，自奮從軍，命僧生奠酒數斗。與徒慧僧出陣，斬敵二十餘人。兵大至，中叢矢力戰死。

項缸，吴縣人。爲僧。負膂力，戰南園，手斬敵數十人，兵潰死。

佩甫，吴江人。以金家莊兵戰葑門下死。

應旟，字庶徵；時興，字與階，皆吴縣人。起兵婁門外，攻城死。

雲龍，吴江人。與旦、隆樹、大麽、法樹薄胥門，清騎突出，雲龍斷甲走。尋與象坤被執西山，不屈死。

弟君達，諸生。攻胥門執死。

象坤，字茂貞，吴縣人。居洞庭山。宗室盛澂授監紀推官。

碩，字德輿，吴縣人。諸生。起兵閶門，中矢死。

旦，字爾赤，長洲人。名著復社隱西華山。詩工整，有氣骨。拜母訣别起兵，授監紀。與僧景嗤戰盤門死。

隆樹，字景賢，太倉人。故參將。爲僧東山。善舞大刀，與徐克先以東山民重甲先驅攻城，城中騎兵出，兵潰盤門。與江西僧了悟、明了皆戰死。

大麽，一名炤徹，江都人。東山高峯僧。起兵千餘人，戰屢勝，與僧玄珠、玄規、雲白戰靈巖山死。

殷三，長洲人。學役。戰長洲學前，中矢死。

劉翁，長洲人。賣藥爲生。揮黄旗集衆，戰長洲學前死。

雅，字晏如，崑山人。以雞鳴塘兵攻盤門，敗入太湖，乞師黄蜚，後依陳子龍，野服賣卜終。

鏞，字元聲，長洲人。材武從軍。兵敗大哭，晦跡以歿。

法樹，一名德樹，太倉人。兵敗，隱獅子林，日以鐵杖隨身。

蕃，蘇州衛人。世襲百户，力戰郡廟前死。

武韜，長洲人。志斌弟。奮射殺三人，奪馬又斫四人，援絶死。

寧，蘇州衛人。身中四矢，猶斬二將，死於陣。

名世，字德驥，吴縣人。諸生。拒戰滸墅關，中矢水死。

國楨，字茂初，吴縣人。起兵楓橋被執，逼供其衆，矢死不言死。

世烈、熙伯、敬孚，皆吴縣人。以木瀆民力戰死。衡南、朱五，皆吴縣人。以胥口民力戰死。有名，字孩初，吴縣人。以東渚民戰金芝嶺死。電，字君望，吴縣人。以東渚民起兵執陽山死。情，字公密，吴縣人。結壯士九人斬黄家鼐，兵潰執曰：「死則死耳。」極刑不屈，投屍於河。

斅，字典生，長洲人。諸生。有文名。起義事洩死。子洪席，字爲城，自火死。

洪膺，字一柱，歲貢。亦執死。之璵敗歿，國寶惡蘇民附義，欲屠城，以延齡不從而止。然自盤門至飲馬橋民死者猶萬人，吴縣諸生張悌迎降，官通判，修怨肆螫，日戮人民，後坐事係獄。一夕，用翦自斷喉舌死。之璵，監國魯王贈都督同知，謚忠武。

蘇夢儀，字羽若，晋江人。天啟二年武進士。初授嘉興守備，再遷温、台遊擊，會海門兵譁，夢儀誅首亂楊鳳、金龍，復協剿海寇劉香有功，擢黎靖參將。黎隸黔而靖隸楚，古五溪蠻地也。苗民畔服靡嘗，夢儀一夕提師至老虎塘，戮其渠兇，苗人始懼。永順、保靖二宣尉彭象乾等仇殺二十餘年，黔、楚督撫檄夢儀平之，夢儀往，諭以利害禍福，一宣慰感悟輸誠而去，陞貴州總兵。未幾，朝廷以安慶爲南京上游，進夢儀都督同知提督水陸營衛鎮之，時經寇亂，饑疫頻仍，餉既匱，而戰船類滲壞不可用。夢儀曰：「安慶爲南京要地，無安慶，是無南京也。」立移駐於城西北演武場。時張獻忠兵至，夢儀招流亡，儲糗糧，設壘修艦，子國瑋備兵江口，大破之。獻忠勢卻，遂北渡，不敢窺安慶，民賴以安。

弘光元年，左夢庚東下，舳艫銜尾數十百里，九江、湖口望風靡，夢儀曰：「吾世受國恩，敢不盡力。力不支，抱忠入地耳，無何！」守將馬進寶、楊振宗、謝寬開城畔附，夢儀巷戰，被執不屈，遇害於南鍾嶺。

夢儀長身修髯，有籌略，官至專閫。身安淡素，公暇披吟揮灑不輟云。隆武中，贈太子太保、左都督，謚武愍。

子國瑋，字燦卿，善弓馬，能於馬上手持雙槍，刺人輒中。以軍功授安慶撫標戎旗營參將，嘗備兵江口。獻忠重兵猝至，國瑋率五百人禦之，自晨至食，斬三十二人，俘獲無數，寇潰走，號爲雙槍將軍。從夢儀分守安慶，遷副總兵。城陷，聞夢儀被執，率餘兵血戰突圍救之，部下皆創。國瑋獨單騎死戰，抵暮力竭，亦被執。夢庚惜其驍勇，啗以官爵，不屈，與夢儀同日死，贈龍虎將軍。妻葉題絶命詞，與妾畹梅、婢僕應瑞十六人水死。

國璵，字瑜公，以貴州籍成崇禎十六年進士。時貴州甲科惟國璵一人，例改庶吉士。中官用事，意其必先謁己，國璵不往，授山東道御史。上言視朝宜早、閣票宜復、絲綸宜重、召對宜節四事，並見嘉納。國亡，清屢徵辟，隱居。卒年七十三。

國珍，字席人。性孝友。補敷勇衛諸生，任錦衣千户。及父兄死難，中原洶洶，國珍數千里徒跣舁櫬歸。尋隱霞莊，土寇至，出資築堡禦之，遠近咸受其庇。又濬渠溉田千餘頃，鄉人尤賴焉。卒年八十一。

秦良弼，字景明，晋江人。萬曆四十七年武進士。天啟中，累功官廣西都司。崇禎四年，從總兵王承恩討張存孟，追斬三百餘級，存孟逃之關山嶺，復窮追之，盡殲其騎。又與曹變蛟追李自成毛山，四戰皆捷。六年，遷參將。十年，從左良玉破張獻忠舒、六。十二年，大破飛虎劉國能許州。十五年，偕弟良佐卻獻忠安慶，陞左都督南京總兵。南京亡，與黄正陞並死於難。

正陞，字淑彦，南安人。弘光初，以功授左都督，加太子太保，封同安侯。奉命保南閩。南京亡，統舟師入援，轉戰千里，兵盡矢絶，誓以死殉。侍僕五人，使逸去，五人同拜泣曰：「吾不負主也。」正陞自沈於江，年三十六，五人亦從死。

時武弁南京亡後殉者，有李金禄、彭性述、徐樞、丁有琢、王國啟、眭明㪚、沈率祖、陳文章、何爲霖、梅春云。

金禄，字右白，四川人。水師副總兵，以三千人從劉孔昭守鎮江，失風爲清兵所執。以金帛繫妻身沈之，自束玉帶投水死。

性述，九江德化人。以操江都司出哨。弘光元年五月十九日，與妾周一門投江死。

樞，字仲發，吴縣人。從方一藻遼東，官都督同知。

有琢，字如玉，長洲人。勇敢善戰，官南京遊擊。

國啟，龍遊人。南京水師都司。

明㪚，字君辨，丹陽人。應天守備，皆不屈死。

率祖，字行叔，嘉定人。南京備倭營守備，自沈死。

弟懷祖，字公述。諸生。嘉定陷死。

文章，象山人。南京留守屬，戰死。

爲霖，字商説，上海人。萬曆三十二年武進士。南京鎮撫，不屈死。妻葉經死。

春，孝陵衛人。駙馬殷裔，世襲指揮。弘光元年五月十四日，清十餘騎窺陵，率衛卒數百人拒之，皆戰死。

洪一新，字瑞符，歙縣人。便弓馬，少走遼陽，隸山海巡撫馮任，後從楊嗣昌。以崇禎十三年武進士授淮安守備，調河南防禦。與黄得功、劉良佐戰南直、湖廣功多，陞參將。討袁時中，擢副總兵。安宗立，南歸，晋都督僉事。南京亡，張天禄薦不出，隱三十餘年卒。

同時武弁之可紀者。

宋印晟，字燦明，滋陽人。崇禎十年武進士。處州副總兵，練兵成重鎮。安宗立，升温、處總兵，挂援剿將軍印。以諸鎮不力，成疾。南京亡，歸隱，清召不出。

程周祜，字孟雄，長洲人。天啟七年武舉。張國維薦授守備，敗寇江浦、六合，累遷鎮江參將、崇明總兵。南京亡，爲僧。

施英，嘉定人。天啟元年武舉。龍江關總兵。南京亡後，義師事連，獲免。

陳有遴，蕭山人。崇禎十六年武進士。潯州參將，累遷狼山總兵。

劉安，江西人。任上護國都指揮使，陞都督總兵。流寓霍山。隆武二年卒。

尹君舜，巢縣人。前軍都督。

徐遂東，太倉人。總兵。

程大倫，無爲人。南京金吾總兵。

楊守志，鄖縣人。總兵。隱南陽。

陳文運，無爲人。中府都督僉事。

焦續後，字嗣之，上元人。總兵。

倪鸞，字和鳴，臨清人。以參將從路振飛守宿遷，有戰功，陞總兵。南京亡，隱淮上。子之煌，字天章。詩豪壯，與杜濬唱和。晚爲僧，死雲龍山。

周明，字鏡懸，耒陽人。韶南守備。北京危勤王，陞總兵，至荆州，聞國變潰歸。後降洪承疇，卒年九十。

劉德，同安人。守備。以討劉香功，累陞南京總理，都督軍務。

宋光庭，莆田人。功貢。江西都指揮僉事。

方懋昌，貴池人。萬曆四十七年武進士。官安順副總兵。撫蠻有方畧，陞都督同知。崇禎十六年護祖陵，道武昌，遇張獻忠，且戰且走，至泗州甫一月，禽劉超以獻。會裁缺，巡撫留本郡，領鄉兵五百，助程世昌防守，鄉里德之。

徐宗麟，字慧庵，江都人。崇禎十三年武進士。杭州副總兵。能詩文。清徵不應。子石麒，見文苑傳。

樊明琅，字德佩，崇明人。武生。壽州伏波營副總兵。

喬焯，上海人。都督同知。一琦子。任百户，累陞安慶副總兵。

吴洪，字拱之，高淳人。水師標副總兵。巡江墮水。歸。

馬騰，嵊縣人。以材勇歷徐州中軍參將副總兵。

何汝賓，字寅之，蘇州衛人。世襲指揮，歷昌國參將、廣東副總兵，加都督僉事。

項起漢，字仲佐，歙縣人。父國輝，字慎初，歷靜海典史、南河主簿、嘗德經歷、龍陽知縣。以城守功，遷兵部司務，監盧九德軍，陞職方主事，參嗣昌軍歸。起漢以都司征杏山，救開封、鄧州，馳驅山、陝，大小數十戰，陞參將。力勸史可法斬驕將北伐，守圖山永生洲。南京亡，從父隱揚州，清辟不應。

張應錫，字兼庵，淮安山陽人。崇禎十六年武進士。南日、潮州參將。

黄大賓，字有玉，臨川人。上書安宗，歷寧州銅鼓營遊擊參將。

吴爾愿，字伯涵，吴縣人。崇禎十五年武舉。廬州參將。

蔣溶，字見洲，睢陽人。參將。以爭童妃事，忤旨削籍，賣藥北京。

金鼎臣，字日昇，吴縣人。參將。隱東山。

杜瑞芝，字不凋，貴池人。諸生。通兵法，李國楨薦參將。歸卒。

祝鷗侶，丹陽人。參將，守神策門。南京亡，爲醫。

褚士寶，字伏生，嘉定人。有膂力，精槍法，數百人不敢近。弘光初，何剛薦伏波營遊擊，歸老於家。

王元初，字紫崖，太倉人。武舉。以材武定州亂，授遊擊。爲僧。

施曆欽，代州人。蘇嵩撫標遊擊。清辟不出。

張映室，虹縣人。武生。拒寇。官遊擊。

盛世，字周伯，宣城人。崇禎九年武舉。廟灣遊擊。

郎大徵，貴池人。遊擊。世昌命説左良玉兵出境。

方應曜，字汝翼，桐城人。副貢。遊擊。

陳學泰，字位素，望江人。以城守功歷守備遊擊。

黄養絃，永城人。太學生。鳳陽遊擊。

高學元，字明吾，茌平人。從劉澤清援登，授守備。澤清有異志，改從總兵楊武軍，屢立戰功陞大同左衛遊擊，國亡不出。

何定遠，字景懷，南昌寧州人。有武畧，爲解學龍中軍。靖安寇起，殲其渠，陞遊擊。

馮亮工，吴縣人。諸生。爲鄭瑄標將，授福建遊擊，隱於家。鄭成功圍南京，胥人訐吴人反且屠，亮工泣血以百口保之，清將感悟，一城獲全。

張尚武，寶慶新化人。崇禎九年武舉。蘇州遊擊，歸隱潮源山中。

楊志榮，大興人。周遇吉提塘都司，從守寧武。畔將熊通説降，斬之。命函首北京并乞師，未至而北京亡，南下。上遇吉死事狀，得賜卹。

朱士鼎，字玉節，休寧人。崇禎元年武進士。湖廣都司僉書巡江，獻忠入城被執，愛其勇，欲用之。戟手罵，斷右手，以左手染血拒，又斷之不死。縛筆於手，能作楷書，招故部訓練如初。

曹禹芳，字時若，貴池人。熟形勢，佐劉開文上江防十策，破萝庚殲渠，一城得全。署池陽四營都司，未幾，瘡裂死。

樊明英，字君培，儀真人。副貢。授七省制府標官，率鳳陽鐵騎營，守壽州，遷中都留守司僉書。寇見麾蓋即走，調掘港水師守備。南京亡，年三十，角巾草服，年八十三卒。

萬邦憲，字元古，宿嵩人。崇禎三年武舉。歷陳洪範參謀、昌平都司，上剿寇方略，張國維題用，隱。

胡明臣，字衡與，貴池人。負奇力。可法考技勇第一，授右營守備，防青陽。南京亡，病歸不出。

毛欽明，武昌人。崇禎初武舉，登、萊守備。年老歸。

陸韜，宜興人。崇禎十二年武舉。南京守備。

唐時明，字虹澗，丹陽人。莒國公勝裔。前府守備。工畫。馬士英招不赴。

任桂芳，字鴻儒，儀真人。崇禎十五年武舉。狼山守備，禦寇有功。清三薦力辭。卒年八十一。

吴星燦，字維斗，吉安永豐人。蘇嵩把總，拒寇禽渠，北警，從程峋入援，堵宿遷，陞福山守備。歸，隱大仙巖。

戚仁師，壽州人。守備，兼工書畫。歸家賣藥。卒年八十四。

阮可教，南鷹揚衛人。武進士。守備。隱於醫。

陳心，字粹甫，崇明人。崇禎六年武舉。靖江守備。

李謙，字中房，昌平人。世襲千户。崇禎十年武進士。泰州守備。清靜不擾，布袍隱東亭浴室，鬻温湯自給。

鄧林，豐城人。都督子龍子任武寧守備。

汝爲善，字樂侯，吴江人。武勇。隸南京金吾衛，從國維禦寇，官守備。

張汝棟，武岡人。守備。

蕭時榮，無爲人。游兵後營總管。

何大，字愚公，鄞縣人。夙將，戰南北有功，入山。

章其元，字蘊之，杭州新城人。崇禎十二年武舉。從軍廣東，北遊，國變歸。弘光初，起故官，向爲洪承疇所知，招不赴。

杜維城，字成之，蘄州衛人。世襲百户，爲黄澍中軍，澍降遁去。

黄位中，字宛生，泰州人。任指揮。

徐觀光，字素民，吴江人。任指揮。野服。

馬偲，江浦人。任指揮。爲道士裝，詩酒痛哭，足不履地者三十年。

黄萬爵，字儀藩，儀真人。任指揮。鄭瑜命督城，工剋期成，寇張，防守無恐。

汪懷廉，字介夫，虎賁衛人。任千户。爲人孝謙。南京亡，隱於賈，結怡老社。卒年八十四。

郭天育，江浦人。世襲千户。爲道士。箬帽布衣，日大醉，畫古嵩。

吴伯默，字志訥，泰順人。安宗立。傾家餉士，官太倉千總。祁彪佳命教各營戰法，後不知所終。

史讜，閩縣人。弘光元年六月，以守備鎮增城，號令嚴。龍門賊高招手攻南山，禽斬之。

又浙江指揮使孫洪泰、紹興參將范正斗、台州參將林國棟等，事皆不傳。

劉洪起，字東橋，西平人。販鹽爲業，號一把沙。崇禎間，河南亂，與弟洪超、洪道、從兄弟洪勳、洪禮及陳見剛、劉際會、李懋芳、馮有儀結寨自保。嘗夜遣人入寇營取馬，寇憚之，呼劉扁頭官，權授西平都司。

先是楊四斬張四天王黨舞陽北關渡，與舞陽張顯明、泌陽郭三海、遂平侯馭民秦至剛、裕州張五平、魯山何孟魁皆據險聚衆，四先歸，三海、馭民、至剛皆降寇，四據郾城，命陳百谷獻俘三百，與淅川諸生李宗理負殺寇名，至是巡撫楊繩武檄洪起捕殺三海、馭民、五平，復信陽、羅山、光山、固始，與沈萬登、李際遇並雄河南羣寨間。

萬登，真陽人。任俠好義。崇禎七年，盛之友起兵岳城，萬登在汝寧應之，稱順義王。之友等尋破滅，萬登乃乞撫。

際遇，郟縣人。幼讀書，不應童子試，而以飲食結交礦徒。有陳金斗者，自以受天書，能占望氣候，際遇信之。乘歲祲起兵，有衆五萬，官兵禽金斗並際遇妻子殺之。際遇走脱，與于大忠等各結土寨，際遇據登封御寨，大忠據嵩縣屏風寨，結申靖邦、申三任、申三榮爲羽翼，王升以五千人應之。知縣宋文瑞、諸生張乾一討之不克。大忠兇慘而際遇差平善，故鄰寨多歸之。

十五年，李自成破汝寧，授萬登威武大將軍。萬登斬威武將軍馬尚志，而與洪起等謀恢復，馬士英承制命爲副總兵，自成既連破河南州郡，際遇等欲降，而洪起兄弟獨不可。洪超、洪道留守寨，洪起一日夜走七百里，求救於左良玉，棘刺破足不知痛。十五年，拒自成於郾城，與方國安屯城西，敗走。

十六年二月，回西平，數與馬守應戰，汝州土寇趙發吾來歸，進兵南陽，有衆十萬，以忠勇稱。而際遇亦斬牧令自效，上下詔褒美。自成在襄陽，命李錦出河南，殺袁時中，大置官吏。防禦使金有章虐於汝寧，萬登計縛之，並汝寧尹鄧璉等磔於市。再復真陽，斬朱師亶、李胤祥、盧九德以聞，得旨優叙。當是時，自成圍際遇御寨急，會孫傳庭兵出潼關，圍乃解，諸將亦莫能出兵助傳庭，而以其間完土入保。

十七年春，命王國祚屯息縣，萬登中軍王民表殺左協副總兵洪禮，洪起稱兵復仇。四月，合發吾、郭黃臉、金高圍萬登汝寧，城中人相食，陳潛夫解之，萬登顧不從。五月朔，城破，洪起執萬登并其部孫玉成、陳四等磔之，威武將軍韓華美來歸，復令守城。洪起乃自稱良玉麾下副將軍，副總兵劉鉉、郭從寬、李奎、鄭乾。伏應魁各有衆數萬。李好、武山、翟榮、孫學禮、周嘉禮、周道玄、徐良臣等衆多者萬人，少者亦千人，皆相率歸之，與河北張成福、睢州許定國相犄角。於是南至楚、潁，北抵太行，無不受約束。清在北京，遥授洪起、際遇、好、韓甲第各總兵，不受。黄現麟、李嗣民受劄屯息縣，假招兵禍民。知縣宗室藴鍦逮之，現麟走，蘊鏣去光山。現麟復引參謀汝陽牛國寶、西平吴天慶至息，復仇殺千人。王國定屯息。

六月，自成將袁宗第聞洪起復汝，自德安馳至，洪起棄城，復走良玉軍。際遇亦與韓煋、伍三秀走固始。宗第據城五日，移衆入陝。洪起乃自楚歸，禽汝陽令祝永齡、上蔡令馮安遇及南陽、開封諸牧令百餘人送南京，華美降而復畔，詔晋洪起太子少保、後府左都督援勦河南總兵，劉洪俊領兵副總兵，王良謨參將杜全、遊擊李毓新鎮標領兵副總兵，管舞陽縣事。際遇亦都督總兵。潛夫先後命李爾育、王真卿宣諭聯絡土寨，以諸將中惟洪起最效忠，請予挂將軍印，不許。洪起自稱受敕書，州縣以下皆聽其署用，以光州吏目閻煖署上蔡知縣，旋以西平諸生吴三朴代之。李若星孫紹輝結左部滿營攻息不克。魔天王張鵬振在項城執死。九月，洪起即汝寧按署，設棨戟旌旗爲帥府，在舞陽建關廟，立碑紀事。

十月，蕭應訓與子三傑、南陽知縣仇寧以四千人復南陽、泌陽、舞陽、桐柏。洪起率良謨、洪俊攻劉忠於郾城，斬三百七十級，城未下，回西平，集兵十萬，再圍郾城，四日克之。忠走襄城，洪起軍乏糧而歸，旋命分汛防河。王之綱自永城至寧陵，許定國自寧陵至蘭陽，曹友義邳西，張士儀邳東，而際遇河南一府，洪起自祥符至汜水。又命際遇西當潼關，扼自成，際遇聲言備清招自成。自成出關，際遇破之密縣，而陰與清通。十二月，清兵至孟津，與總兵李定國及忠、武岡許昌胤、尚近禮、張其倫降清，際遇致北京。

永曆元年，與王道士等歃血謀反正，會義師復河間，期於三月十五日攻北京。預置楄柎，中貯甲胄箭鏃，於十一日命數百人僞爲送喪者入京。際遇奴上變，京師戒嚴，屆期衆悉被逮，清名捕千餘人，知名故將三十餘人事連死，際遇族。

弘光元年正月，洪起敗自成襄城，斬五百級，忠再破。二月，出師新息，諸營寨皆附。三月，清兵陷西平，洪起撤兵入楚，已復，入守之。與李本深拒清兵儀封，斬其先鋒劉道行，加太子太保。無何，劉良佐部秦大鵬、馮甲棄歸德，副總兵李聯元、李希皋降清，潁州、太和相繼陷。洪起奏清兵勢如破竹，恐爲南京憂，士英以方禦良玉，置不問，命洪起提督開、汝。南京亡，高戰死西華北柳城，偃師裴時茂、永寧段卓、嵩縣李茂華、寶豐宋養氣先後戰死。四自裕州總兵韓可桂自内鄉降清，好與周家禮自南召降清，洪起猶支持光、黄間不下。六月，清兵再攻西平，不敵，走平頭垛。和雒渾、孔希貴圍之，洪起中流矢死。贊畫同知桂繼攀降清。閏六月，國定自息縣降清，其衆遂散。洪起死後，陳蛟再起兵新野。隆武二年八月，自郾陽朱家寨降於清。

高，西華人。捕役。與李省入陳州禽牧，官副總兵。

四，裕州人。鐵工，負奇力。屯葉、裕、舞陽間，授副總兵。爲人殘暴，降清，後執死。

好，裕州人。屯南陽拐河，授副總兵，尋移南召，衆至十餘萬。永曆六年，吴家寬、于七謀起兵拐河死。

甲第，許州人。倡義許、襄傾財振飢，禽吏十餘人。開封一帶資保障。

煋，字心垣，寶雞人。選貢。歷順義知縣、汝寧同知知府。復城，調洪禮、萬登守之。出崇府錢給難民，有章至，入山，旋斬有章。孫玉成焚香迎之，陞汝南僉事，合鳳兵河南鄉兵復信陽、沈丘，士民獻令周維新乞師，因復息等十六州縣。義兵帥申友志亦復上蔡斬令。洪禮死，與三秀入山自保，洪起敗歿，痛哭杜門。

三秀，梁山人。崇禎六年舉於鄉。汝寧推官。

爾育，字咸若，武安人。崇禎十年進士。户部主事改職方，後爲南直參議。

應訓，泌陽人。參將。

大鵬，字古塘，禹城人。以材武從軍，官潁州總兵，晋右都督。

于登俊，西華人。貌奇偉，工騎射，勇而多智，以豪傑自命，然好負氣，以此致忌。崇禎中，寇渡河，大掠郡邑，登俊欲起兵，有以蜚語中之者，巡撫逮至陳州，睢陳副使張甲識其爲非常人，白其冤釋之，授練總。值楊四、王三亂，大擾鄖城，登俊率兵直搗巢穴，禽三斬之，餘黨悉平。已而中原麋沸，陳、許以南多殘破，死者枕籍。

范世增、袁耀宗、李奮文、劉馨、趙仕賢、金闕望、王玉璣、楊鳳起、王心升、黄啟明、王之屏、劉定國、馬沖霓、劉格、楊可前、張問明、胡養蒙、涂可登、申宗耿、曹鳳鳴、楊士珂、李琳、吴汝謙、楊大功、鄭時舉、樊瑞、劉魯地、謝皇恩、李攀桂、王心熙、韓蔚、王世維等皆立寨自保，登俊亦修寨招流亡，大集民兵，以告於衆曰：「吾倡義保鄉里，敢有燬舍發墓掠子女財帛者，以軍法從事。」一時旌旗壁壘，號令森嚴。時劉國能、一斗穀各有衆數萬，畏之不敢犯，土寇咸歸焉。遠近紳民聞風至者數萬家，於是禮賢周貧，拯疾疫，營喪葬，興農桑，自邑以西數百里，家室安堵，春耕秋穫，熙熙然民不知兵。累擢都督僉事護農總兵，登俊告其鄉人曰：「吾非爲榮名，夙以保吾桑梓農業耳。」河南亡，清薦大用，乃歸杜門，蒔竹吟嘯。卒之日，民巷哭如喪所親。

世增，字奎光，杞縣人。精槍法，知縣李經署練總。弘光元年正月，寇至，出戰斬渠，固守月許。經馬蹶，世增授以己馬，力戰，與李友京陣死。

耀宗，尉氏人。佐副總兵立功南汝、荆、襄。歸。

奮文，扶溝人。與張篤祜、萬八、單可民、張雲山、張孔傳、張鳳、張巨之白瑚立寨，父子乘權縣事，嘗拒卻袁時中，修城置守。後爲劉洪起所殺。篤祜等皆死於清兵。賈令宜時文登得脱。

馨，扶溝人。劉澤深家奴，洪起命管扶溝縣事。永曆五年執死。

仕賢，字俊宇，商水人。有武畧，拒寇多保全。卒年九十。

闞望，字輸恒，西華人。諸生。保提城寨。歸而講學，從遊者甚多。

玉璣，字標五，長葛人。去諸生。卒年一百。

鳳起，偃師人。諸生。保口子寨。

心升，字既起，鹿邑人。功貢拒寇，寨陷走。清舉遺逸不應，完髮閱三十年卒。

啟明，字潁台，許州人。立折衝寨。從洪起復舞陽、葉縣、南陽、泌陽，累功官義兵營副總兵。洪起死歸，以壽終。

之屏，鹿邑人。與弟之股及胡培之保安平寨。弘光元年六月，爲降將孔希貴、睢陳副使王鏞所害。其衆固守不下，至永曆元年二月乃定。

定國，睢州人。都司。弘光元年，野雞岡寧珍、嘗岡王文焕、郟縣武崗王承選執死，定國以壽終。

沖霓，潁州人。自參將陞河南撫按副總兵。時中攻潁，截下流使不北渡，而陰期黄得功至，大破之，一方以安。

格，上蔡人。結鄉人堅守東岸鎮。

可前，字季子，新蔡人。諸生。强毅。守城得全。官參將。

問明，字鑑空，密縣人。廩生。力絶人。立超化寨，萬人歸之。李際遇百攻不下。官參將。

養蒙，信陽人。廩生。有才畧。建平昌關磚城，民賴保障。

可登，光州人。崇禎十七年五月五日，突入州城，逐牧方遂，無何戰死。

宗耿，南陽人。鎮潁州，爲治嚴明，招亡有功，入山。

鳳鳴，唐縣人。總督文衡子。文衡籍没，亡命改姓魯。安宗立，官遊擊，戰死。

兄鳳禎，字翔千。崇禎十年進士。有文武才，參文衡薊遼幕，以策干左良玉，不用。後死難。

士珂，泌陽人。傾財濟衆，多所保全。

琳，泌陽人。歲貢。立寨石阜河。

汝謙，泌陽人。破産輸軍。歲大饑，粥振活千人。

大功，泌陽人。守父子嶺得全。

時舉，字子待，内鄉人。萬曆二十八年舉於鄉。授阜城知縣，平妖亂。歷朔州知州、刑部主事、嘗德知府，致仕。力守保全一方。

瑞，舞陽人。凶荒振活者不下萬人，詔旌其名。

魯地，葉縣人。諸生。城陷，老幼數千人將屠，冒死説時中禁止，盡釋所俘。

皇恩，郟縣人。官參將。弘光元年三月，降清。

攀桂，伊陽人。諸生。力守土門寨，活者千人。卒年九十七。

心熙，字惺止，項城人。廩生。立寨。清招不出。

蔚，字燦霞，項城人。諸生。招百人立寨蘇家嶺，十餘年不下。

世維，字二摩，項城人。有膽略立寨，敗馬守應，全數萬人。白旺至，以大義責之。清招力辭。

劉孔和，字節之，長山人。大學士鴻訓子。長八尺，目炯炯如雷。平居論天下事，輒憤激，鬚髯怒張。寇至，傾家起兵長白山，衆三千人，斬令霍甲，與范永昌、潘起鱗、虞紹勳、馬壯基、滕紹宗、李宗儀、黄扉佶、周篤昌、蘇成宇、韓忠一相應北次滄州而北京亡，遂與尚寶卿程正揆舉白旗，大書曰：「十六帝德澤在人，可卜中興於再造。三百年臣節掃地，願抒下士之孤忠。」命參將王楨、守備紹興陳捷復城，諸生王立賢復興濟、東光、青、獻，已率衆南下，劉澤清使客說之，乃與歐陽春元以兵屬焉。駐桃源，澤清故武人，不知書，既貴，好爲詩，嘗大會詫示坐客，衆交口譽之。孔和仰望不語，强問之，則大言曰：「國家舉淮東千里付足下，未聞北向發一矢，詩即工，何與國事，况未必工耶！」澤清怒，罷酒，坐客惶懼，孔和拂衣徐出。澤清益不平，遣壯士追及舟中，拉殺之。部將陳王信及兵二千人不服，皆爲澤清所阬。時朝命孔和爲副總兵，命下而孔和死數日矣。妻王氏，鄒平人。善騎射。南渡時，與孔和各將一軍。孔和死，投河獲救免，間關北歸長白山爲尼。

孔和兄孔中，字蘂生。副貢。任中書舍人。降於清。

永昌，字際明，堂邑人。崇禎十年武進士。嫻弓馬，授宿州守備。力拒寇，遷廖角都司。以討劉超功，轉靈宿副總兵，晋都督僉事。國亡，以義師連，幾遇禍，杜門終。

起鱗，字浦樹，濟寧人。諸生。平李青山亂，官都司僉書。

紹勳，沂州人。自指揮僉事陞參將，守江、淮。

壯基，字幼畜，章丘人。歷登州遊擊、萊州參將，彈壓一方，磔畔僕張博學。

紹宗，江浦人。諸生。都督同知、登州陸左營遊擊，紀律明。國變，民資保障。

子元鼎。副貢。兵部員外郎。

宗儀，字友陶，掖縣人。自萊州指揮官、長沙遊擊。

扉佶，文登人。歲貢。歷無極知縣、兩淮運判。曾櫻薦中營遊擊，行防撫大廳。

篤昌，字開也，即墨人。太學生。負武畧，歷女姑營守備、遊擊，救膠西，平勞山王紹先亂。

成宇，字成功，濟寧人。負擔爲生，寇登城，人多走避。成宇抛磚石拒之，兵繼至，城得保全，超擢守備。

忠一，登州人。歲貢。襲衛指揮使。

春元，沂州人。以軍功官淮王守備。扈安宗南渡，不知所終。

王信，濟南新城人。結義勇。孔和壯之，從南下，同死。

當孔和復滄州北直，山西義師響應。北直於崇禎十七年五月，長垣劉扁子、高陽張鳳臺、曲陽冉材美與高進孝、夏克符敗死，李本吾起兵南宫，吴甲起兵攻東明，圍清豐，與王鼎鉉、蘇自興、鄧名揚復内黄。鼎鉉稱總督大元帥，至開州，聯合山東、河南兵。劉致和執隆平死。總兵劉守汾執鉅鹿死。紫金梁、草上飛、一頂盔起兵贊皇西山，千户張光逐牧復開州，河間李聯考復易州死。康文斗、郭壯畿、李開早起兵饒陽，應尚書田維嘉，爲安平呂甲所害。邵次宅、飛虎將軍馬魁起兵數千，元氏西山封龍山死。郭世先起兵冀州，斬牧盧傳第。吴雙堂復衡水，總兵張誠自密雲降清。六月，守備張治邦起兵攻曲周死。莽塞起兵天津唐家屯，斬副將周天命，義民起兵涿州。七月，李茂根稱武昌王，與將軍吴星戰獲鹿死。自興、名揚再攻清豐死。八月，清兵至開州，光敗走。吴甲與光弟及高基死。十月，武邑于弘稱總督，李如琮、宋朝相復長垣，趙崇陽自真定降於清，韓國賢力戰寧晉死，世先及香爐營錢子亮、喬家寨趙建英、深州于永安、晋州馬肅敬、保定李庫、内黄李君相、順德袁三才先後死。

弘光元年，蠡縣馬顛、定興張克亮死。李耀門、劉文明執清豐死。四月，劉自什起兵滄州死。天津李聯芳張成軒以千人起南皮鹽山敗績，欲入海不克死。五月，劉伯泗起兵宣府死。山西於十七年五月，李自成走陝，清兵入北京。九月，侯五守潞安死。十月，清兵至太原，自成將劉忠攻陽城，邑人潘貞以火礮拒之走。十一月，山西全陷，平陽推官張吉士、興縣知縣袁士美、裨將楊捷降清，武鄉韓所德八人起截清兵死。李虎、侯應、任國啟起兵平遥死。其他如交城祁三及榆次、太谷、定襄、忻州、祁縣聚衆尤盛。

弘光元年，山西總兵高勳、潞安通判馮聖兆降清。五月，高九英起兵嵩嵐攻嵐縣死。六月，崔氏倡善友會偏關寧武，稱都掌教，岢嵐黑草嘴、白于侯運庫、朔州武大寬、蔣家峪邢四應之。崔氏、于四、丘道尋執死。吕斗、崔思亨、韓嗣昌起兵盂縣山寨攻平山，閻汝龍起兵陽曲，梁士雨起兵交城，李俊起兵河曲，皆死。諸師或係故將義民，或係自成遺衆，不甘屈辱，相繼起兵，以地迫清畿。世目寇盜，遺老不敢紀述，事跡皆失考云。

莊鼐，字調之，莒州人。崇禎中，從軍，累功官雒口守備歸。十七年九月，與曹武生倡義，衆數萬人，徇日炤。所部與蘇京、李汝榮搆惡，京綀兵安東衛，要丁胤元邀擊之，殲其將。鼐乃進兵濤雒，將甘心焉。會丁耀亢道出其地，耳其豪俠，夜入其軍，與邑人安賓王説止之。許罷兵，鼐屯諸城九仙山，號召恢復。

弘光元年二月，攻日炤、沂水、諸城、沂州，衆號二十萬，命武弁四人謁南京求劄付。馬士英索賄不應，四人大慟去。五月，鼐至海州，攻贛榆，兵勢甚盛。時清已下山東，柯永盛自膠州至，九仙山泉忽涸，衆潰。鼐跳免，其子被執，不屈死。靈山衛土石山義兵亦散，未幾，劉澤清降清，山東義師失援，無所歸，皆爲清兵所殲。

鼐素嫻騎射，發無不中，陰入北京圖一逞。會多爾衮郊天，鼐狙擊之，誤落其衣紐，左右驚起大索。鼐善騰趠，所乘白馬日馳千里，故得從容去。遺矢鎸「大明將軍莊鼐」字，清名捕急，族人匈懼，以譜無鼐名，始免禍。鼐以一擊不中，圖再舉，往來畿甸，伺隙而動。又避緹騎耳目，日輒塗易馬色，行蹤益祕。

其從子永齡應試北上，遇之直、魯間大林中，投以一篋，戒毋進取，旋上馬去，胠其篋中崇禎甲申曆書及斷金數兩而已。其後音耗頓絶，或曰入楚，或云爲僧浙江中山。

從兄整、從弟復均與義師，整故遼東守備，後皆不知所終。當安宗即位，山東所在義師屯集。崇禎十七年四月，蘇芳起兵高苑，李景隆起兵安丘，王奇謀起兵新泰。五月，宋璜起兵萊陽，徐春龍起兵東平，張茂才起兵嶧縣。六月，康玉環起兵濟陽，趙慎寬起兵昌樂，與諸生陳二、三兄弟，合葛東方、秦仰攻城，爲清知縣賈甲所拒，東方等戰死，慎寬降清。七月，徐偉起兵登州，楊威起兵招遠，趙承運起兵攻安丘，毛苞起兵臨朐，蘇邦德起兵昌邑死。陶成仙執死。王禎起兵淄川。沂水劉珙高珍高璆、高密張輿、濰縣張廣受澤清劄付起兵。八月，武恩等起兵鄒縣，楊三元等起兵嶧山，馬應試起兵濮州。九月，耀亢起兵日炤，宮文彩等起兵嘉祥。

弘光元年二月，郭爾標起兵即墨。五月，徐小野起兵攻東平，清命王鼇永、衛周胤、沈文奎招撫山東，義師或死或降。董其成、韓敬止、韋祚興、王運晟、李顯華、齊廷輔、王兆哲散兵歸隱。副總兵畢維地自萊蕪、遊擊劉應田自平度、總兵閻芳譽自沂州、賈從龍自曹、濮間降於清。

芳，南鄭人。恩貢。負智畧。在陜二戰李自成，矢中其肋，授高苑知縣。養死士二百人，請南渡，疏寇不足有爲。後降於清。

景隆，字東岡，安丘人。任俠。護餉東萊破敵，歷守備都司。崇禎十五年，死守拒清全城。十七年，斬令劉憲卿。後爲清所殺。

奇謀，新泰人。武舉。禽令張先聲，復城，後赴肥城，爲仇誘害。

璜，字玉仲，萊陽人。侍郎應亨子。崇禎十三年進士，斬令邢甲南渡，自杭州推官遷職方主事。南京亡，與兄璠、弟琬、王崇簡、謝德修依葉紹袁吴江。後降於清。

春龍，東平人。

茂才，嶧縣人。練總。國變，設威宗位發喪，斬令薛承宣，境内皆附。南通史可法，沂州以數萬金餉軍。七月，命兵取金沂州，麾下降丁掠。沂州人怖，執茂才遇害。十一月，清兵至嶧，殺帥數人，兵無主，乃散。

玉環，濟陽人。有衆萬人，戰死。

慎寬，昌樂人。兵用紅幟，降清，爲吴勝兆都司，通舟山歸。五年十月，與弟楝起兵蒙陰水泉崮山，又降清。十二月，閻思勤起兵昌樂死。慎寬再謀起兵，與李成、王一相被執。六年三月，死於獄。

東方，壽光人。兵白幟。

仰，臨朐人。

偉，蓬萊人。終事不詳。

威，字武予，招遠人。諸生。官都司。拒清兵復萊州救棲霞有功。北京亡，靈山張大雅千出兄弟、韓繼本、高密單之賞、昌邑李好賢、即墨黄宗賢周鴻訓趙業隆袁長年爲亂。五月，好賢降清，官遊擊。執大雅，千出、之賞、宗賢、鴻訓皆戰死。六月，繼本攻膠州，曾化龍走。七月，清兵至，繼本屯扶臺甬力拒死。膠州袁子國、楊九、薛莊、黄樹、辛味各擁兵攜貳殺樹。清至兵散，威部秦尚行、張武烈、張廣、王嘉忠、僧翟五攻圍登、萊。八月，命姜楷復萊陽福山，斬令李振綱，受澤清命，遷副總兵。後降陳錦，死。

禎，淄川人。後戰死。

珙，沂水人。通政應賓子。後南依澤清死。珍等攻濰縣、平度死。

輿，高密人。總兵，稱元帥。大雅死，擁張握玉爲亂。

廣，濰縣人。弘光元年六月，以數千人攻萊州，倪思齊、趙明春戰死。廣攻濰縣平度敗，與輿入山死。

恩，鄒縣人。土汪首領，與孟開仕戰死。

三元，嶧縣人。與王珠起兵，聯合開仕及桃園村吴士貴房通薛好禮、未亭村徐招桑之英之全、獻莊村張輔堂傅化吾、戴莊村李明宇姜雲阿、寨山崔應楨時夫康、紀王城許祥宇潘方榮黄淮、野店村葛振元邵古桐、洪溝山李四李守强、老毛洞孫奉所、灰阜村莊士英、匡莊村黄要、東葦村王君輔、大東村李振杜承光、果莊村劉夢堯劉觀魯、羅頭集任景化、後峪村左崇敬、新莊村邵茂實、大呂村劉貴高尋、田黄村馮國柱馮應召、黄土崖張德、東家村周連泉、官莊村王思登、嘗座村劉進泉、牟莊村馮應禮、龍泉集田奇方鄭見文、曾元村王麟趾王應時、魚村劉士虎張應約、白村趙宗理、南信集王信劉東海，各有衆四五百六七十不一，後皆戰死。

耀亢，字西生，諸城人。御史惟寧子。選貢。崇禎十五年，清兵至，兄耀心從子大穀死難。十七年五月，義兵斬令，清兵至。七月，丘凝休、王玉山、徐南柳、李德齊攻城，高密劉廷選工射，爲百夫長，拒南柳死。閔真鄉兵施礮執死。王遵坦以淮兵二萬謀恢復，耀亢亦起兵應之，合四千人，解安丘圍，授監紀推官，屯海州。南京亡，散兵。入清，起惠安知縣。

耀心，崇禎三年舉於鄉。

兄耀斗，字虹野。恩貢。中書舍人。

文彩，嘉祥人。稱擎天王。屯滿家洞，衆二萬人。聯合許家樓沖天王李文盛衆數千人，與韓家營掃地王宋二烟、楊家樓混世王楊鴻升楊之華、桑科集插翅虎閻清宇、傅家樓馬應試、徐家樓于光斗先後敗死。

爾標，即墨人。黄宗昌僕。衆數萬，圍即墨，諸生楊遇吉引清兵至，與丘上佐死難。

小野，東平人。衆十萬，爲清副將李朝賓所敗。終事不詳。

其成，字欽鄰，寧陽人。負武畧。與子靜修、濬修練兵拒寇。崇禎十三年，與朱克配捷石梁口，斬渠馬良、秦景。清假官不受，克配後降清。

敬止，字德淵，淄川人。天啟七年武舉。團鄉兵守備，平王懋德亂。

祚興，字宴虹，沂州人。世襲指揮同知。與指揮王九皋石天禄、千總魏邦俊閔廷侯化從訓姜思明以鄉兵保里，陞遊擊。國亡，飲酒賦詩四十餘年，卒。

運晟，沂州人。諸生。有將畧，寇亂保鄉里。

顯華，字大雅，章丘人。武勇多智。以征白蓮功，授守備，拒寇多保全。

廷輔，字槐泉，費縣人。自省祭官遷吏目，歸拒寇保里。

兆哲，字敬基，費縣人。好義，立石樓南石溝，鄉人依以保障。

維地，萊蕪人。諸生。姊德王妃，爲儀衛司都指揮使。寇起，傾財招兵，卻顔嵩亭、田茂德。又與毛邦貴破寇衆數萬，斬史東明，左佩玹上其功，授副總兵。國變，禽斬令劉復炎、李開芳，王銘盤圍淄川，馳救走之，後爲清招，下新泰諸邑。

王光恩，字守宇，安定人。初，與張獻忠同起兵，號花關索。崇禎五年，攻沁水、武鄉，破遼州，大擾四川。後與苗時化在均州受撫。獻忠復起，十三家一時從之，惟光恩奮曰：「丈夫自立門户耳。今獻忠反，我輩亦反，是下之也。即公等能，我恥不爲。」嚙指出血，歃牲盟焉。遂與王國寧、惠登相、常國安、楊友賢、武自强斂衆據險居，王夢尹命同守襄陽，上書請并力擊寇，並説舊黨八營來歸。楊嗣昌不決，皆颺去。

十三年，光恩與羅汝才、楊光甫、登相走雲陽。七月，與光甫以三千人謁嗣昌巫山，頓首泣請死。時李自成困峭、函山中，光恩招降，不從。高斗樞察光恩忠勇，招之與荆西道徐起元同守鄖陽，授總兵。衆七千人，其中五百人，戰皆以一當百，尤驍勇。十四年六月，獻忠自陝而東，光恩及弟光興、副總兵胡廷聘、楊明起、余啟凡、馬之服分扼之，戰頻捷。

十五年冬，自成破襄陽、均州，逼鄖陽，使來招降，光恩手刃之，擇要口築寨，自成逼寨而營，積木與寨平，光恩火焚之，自成不得近。礮裂寨，光恩塗泥板護之，且守且築。夜縋壯士斫其營，自成驚遁，計圍四日而解。

十六年春，劉宗敏復來攻，與鄧林堅守十餘日不克，乃退楊溪。五月，光恩收汝才餘衆，召遊擊劉調元入城助守。旬日間，用西洋礮殺敵三千餘。自成大怒，自將來攻，卒不克而去。會時化、高傑以衆自南漳至，光恩同復均州、鄧州，調元、時化、遊擊劉源潔韓原餘張文富王蜀良强新之服吴葆和進復光化，光興明起復穀城、南漳，光恩、光泰、時化、啟凡、許九德、杜元貴圍襄陽，以糧盡而還，均州尋陷。

十七年正月，自成將路應標以三萬人來，大舟載礮泝流上，光恩與孫守法設水寨漢江深處，而以輕舟往來遊擊，因風縱火，守四十七日，斬應標，寇棄礮奪路走。光恩令明起循江鼓噪，寇擠入江，江水爲赤。又遣人入均州，燒其蓄積，寇乃退。

弘光元年正月，復襄陽、樊城。二月，自成棄陜入楚，衆二十萬，水陸並進。光恩遣別將禦之江渚，自率明起、廷聘、調元、時化、啟凡及參將李開泰六營驍騎，營城外，伏步卒榛莽間。自成至，苦路險不得馳突，而步卒出没如神，薄暮，縛荻樹杪，火光參差上下，親帥死士衝營，伏兵四起，喊聲震天。自成衆大潰，乃循江回搗水營，與別將之營江渚者，前後夾擊。自成棄舟從北岸遁，盡獲其精騎飛艦，命明起再復均州。光恩爲人澹泊，布衣糲食，與士卒同甘苦，人樂爲用。故自成前後五至皆大創兵，自是不敢窺鄖矣。

旋吴三桂以清兵追自成，繇漢中東出荆西，馳檄召光恩會師。光恩困圍中二年，猝得三桂檄，猶意爲朝廷興復，欣然舉兵赴之。及見三桂，循髮示之曰：「已改服矣。」乃知北京已陷，顧不能前卻，已而英王阿濟格至襄陽，起元降。光恩不得已與時化廷聘開元及鄭四維慟哭從之，而完髮仍爲國用。嘗密語斗樞曰：「下官不敢忘息壤也。」隆武二年四月，殺王斌、應守法、賀珍、劉體仁，以陳蛟義師事連，命逮入京。弟光興、光泰遂以襄、鄖反正，光恩爲楊文富誘執於安陸，不屈死。光興自有傳。

時化，字有才，中部人。勇武善戰，稱上天王，歸附官薊、密遊擊。崇禎九年，以邊兵捷蒙城陳摶橋，寇走亳州。十年，以五千人隸熊文燦，敗於真陽，後官總兵。

友賢，延川人。稱十反王。歸附官副總兵。

光甫，鄖縣人。號一連鷹。官副總兵。

廷聘，紹興，山陰人。副總兵。

明起，本名承社，宜君人。故汝才將，驃悍絶倫。汝才死，以衆歸孫傳庭，改今名。單騎諭寇龍門，招都尉李養純降。力戰汝州，斬自成坐纛，幾獲之。禽果毅將軍謝君友，復郟縣。傳庭死，歸光恩。光恩降清，守竹山先鋒寨不下，光興反正，應之。永曆四年，兼屯泥灣寨。七年八月，自先鋒寨走合劉體仁、郝永忠復虎伏寨。後戰死。

之服，葭州人。

文富，本名么兒，左良玉副總兵。皆降清。

贊曰：語云「四郊多壘，拔士爲將」。使史可法不死，肇基、通明、邦才等足以建功名矣。應元、御蕃、道濬、成福、一新，皆先朝夙將，而安宗用之，壯武未聞，一任韜鈐，輒縮朒者，何歟？洪起、登俊、光恩起家擾攘，健閉豫、楚，汗馬推蕩，比堯君素之在蒲州，張孝純之守太原，事難功大。光恩雖降，終爲國用，志可諒焉。磊、登相、孔和、鼐盡瘁危疆，而未究其用。以培、之璵、夢儀、良弼之死，君子稱之，此古人之所以貴忠烈致命也。

南明史卷四十

列傳第十六

無錫錢海岳撰

黄道周子中等　從子淵等　趙士超　賴繼謹　蔡春溶　毛至潔　陳雄飛　應士鍈等　王加封等　張天維　魏渠斌等　俞墨華　鄭大倫　鄭祚遠　王家望　鄭守書　呂繼望等　張瑞鐘等　董壽庚　龔瑞林伯麟　徐經世　黄名世　胡朝臣　鄭塤　吴杰　吴士琇等　武彪　陸自巖等　莊起儔　倪會鼎等　陸鳴烇　洪京榜　何瑞圖　呂叔倫　余泒

路振飛子澤溥　澤淳　太平　萬濯　張壽祺　王化藹　駱舉　王定國　王政純　韓雄都　孫可久

黄道周，字幼玄，漳浦人。天啟二年進士。改庶吉士，歷編修、經筵講官。故事，展書必跪，膝行數武。道周謂膝行非禮，平步進。魏忠賢連目懾之，不爲動。以母憂歸。崇禎初，起原官，遷右中允。會錢龍錫以袁崇焕事下獄，周延儒等必欲殺之，廷臣無敢訟冤者。道周上三疏，畧言：

今東疆之圖，未有定算，恢復之計，上下持疑，未有一男子據鞍而斫騎牆之見者。獨斷然快意於一纍輔，纍輔既無斂棋引杯之致，廷臣又無蹴芻齒馬之嫌，遂使三台灰溺於貫城，斗柄銷光於理勢。每見衣冠，相語以目，不曰安敢言，則曰那得歸。天下人心衰颯如此，誰復挺脊梁擔安攘之畧者乎！陛下御極以來，輔臣坐重譴者九人矣。一代之中，有幾宰輔，而三年每降愈下至此。

疏入，龍錫竟得出。

五年，溫體仁當國，專輔上以法律，益爲廉謹取媚，凡事蒙蔽。道周遘疾求去，瀕行，上疏曰：「皇上御極之元，當師卦上九，開國承家，小人勿用。」翌日，上命明切更奏。道周復疏言：

邇年來，諸臣日營心計，不過推求報復而已。爲逆黨而翻邊疆，爲釁隙而翻科場，至邊疆之要塞利害，科場之源流清濁，實無一言及之。萬曆末年，林下諸臣如鄒元標、趙南星等二十餘人，廢棄廿年，釀成門户之禍。今又無故取諸搢紳稍有意識者，舉網投穽，而緩急何所得士乎！夫絕餌而去者，必非鮨魚；戀棧而來者，必非駿馬。以利禄豢士，則所豢者必市利之臣；以箠楚驅人，則就驅者必駑駘之骨。陛下必欲振作人才，當敦尚風節，表章仁義，勿使猥瑣小人，挫辱文章廉隅之士。昔太祖品隲人才，以執古而不知變者爲最下，蓋指庸碌學究而言，非謂崇尚聖賢規模先正之士。因論馬如蛟、毛羽健、任贊化等被譴，而薦惠世揚、李邦華、梁廷棟可大用。末云：「昔蘇軾臨行，求陛辭不得，上書言極泰之世，小民皆得上通；極否之世，近臣不得自達。臣今雖乞枯骸，猶荷明問，死且不朽。」語皆刺延儒、體仁，上益怒。坐削籍歸。廬墓三年，以原官召，轉左中允。時五日内繫兩尚書。道周上書請慎喜怒以回天，體仁方招奸人，搆東林、復社之獄，再應詔言：「陛下詔求直言而直言者輒斥，清刑獄而下獄者旋聞。」上不懌。顧心重道周，累陞諭德，掌司經局。疏辭，因言「已有三罪四恥七不如，有文章意氣，不如鄭鄤」語。鄤方以杖母被訴，上得疏駭異，責以顛倒是非。道周疏辨，上嚴旨切責。

十一年二月，再陞日講官詹事、侍讀學士，上御經筵，問羣臣以用人理財。道周言：今人才遠不如古，矧屢經摧折，如樹木然，須養之數十年，方得其用。世宗皇帝時，臣下救過不暇，然或朝行譴逐，暮即追還，上感動呼先生者三。已更召詢，言立朝之才，存乎心術；治邊之才，存乎形勢。曩來督撫未揆形勢，隨寇奔走，事既不效，輒謂兵餉不足，其實新舊餉約千二百萬，可供四十萬師。今寧、錦三協，僅十六萬，不須別求增餉。至撫寇之法，令捕斬自贖，使望風解，還收其衆，分隸諸將，以實塞下。倘令自擇散地，一入鄖陽山中，終爲腹心之患。

上深是之而未能行。後張獻忠反穀城，卒如道周言。

楊嗣昌爲本兵，主棄義州，且引漢和親宋納幣，稱爲樂天，而援孟子善戰服上刑，傅會其説。嗾遼撫方一藻奏言：「滿洲鐵騎十萬，并三十六家之衆十餘萬，西併插部及順義又十萬，八城之衆不過六七萬人，何以禦之。請如俺答故事行款，皆受成中樞與宣督盧象昇密商。」幸上獨斷。道周聞之，頓足曰：「果爾，不爲趙氏續乎！」乃上言：

俺答之事，與今日不同。俺答故漢匈奴地，非若遼東衣冠之國，在我版章，一也；河套采阻，距三輔四千里，非如遼左近我肘腋，猝不及制，二也；答誘我降人，不過教以擾邊盜馬，今諸畔將動引契丹、蒙古爲雅談，不可稍示以隙，三也；答制於胡婦，老且倦兵，今滿人狂稺，初無撫意，我又未得其要領，四也；答與吉囊爭長，恐己死囊并其衆，欲及生時借名封，收諸邊撫賞，非如滿人盡吞順義、朝鮮，桀驁盤踞，五也；答受撫雖不出套，王庭猶在漠北，滿人必不肯棄遼、瀋還滿，與魚皮諸夷爲鄰，六也；答稱外藩七十年，一旦爲滿洲侵犯，我邊臣若罔聞知，無繇復侈東封，使還順義，七也；我雖不築東勝，答亦不犯慶、延，滿人即晝坌河，而神京左臂，猶未安復，八也；答既據套，不能斷我屬夷，滿洲既割遼左，必不肯吐諸驛，還我朝鮮，九也。」答馬市在陽和、天城，即東犯紫荊，尚六七百里，滿人馬市，必尋遼西舊市，屯據寧、錦，以蠶食八城，窺我左協，十也。款必不可成，即幸而獲成，寧、錦、遵、薊、宣、大之師，何處可撤。不悔罪臣貢，不可撤。不卻地還巢，不可撤。不北盡威遠清揚，南盡靉陽寬奠，不可撤。不盡東諸部落，不侵不畔，不可撤。不西還我順義金印名王之封，不可撤。不盡捉江東諸島孔、耿、尚、沈四酋，以謝登、萊，靖旅順，不可撤。中原畔帥，江南流人，未還成籍，得出入狡獪其間，不可撤。馬市數徙，出撫順，又出廣寧，求宣口，又求中協，故例可循而邊隙不塞，不可撤。元凶猶在，蛇豕無懲，德明之外，別有元昊，不可撤。兀堂再誅，京觀屢築，而安樂自在之民，未還冠帶詩書之舊，飄搖風雨，其來無方，此乘塞關外者，可撤乎，不可撤乎？宋祖欺人孤寡，取天下，得於契丹噱噉之餘，不二十五年而爭盟，欣然封禪。我太祖、成祖光還日月，誰敢爲不潔之談。穆宗不動一旅而收順義，神祖不憚大師以復朝鮮之宇。今西喪卜部，東陷朝鮮，中外諸臣恬不爲意，臣非謂寧、錦六七萬，便可犁滿洲。彼既據瀋陽，西面攻畧，必渡坌河，出臨潢之外，北歷興寧千七百里，始至宣口，即中折而回三協諸口，亦已七八百里。今從錦義至靜寧堡，彼所必經一二百里，距瀋陽五六百里耳。靜以觀其衅，逸以待其歸，彼之有虞於寧、錦，猶寧、錦之有虜於彼也。彼兵雖盛，散於各部，不能長聚六七萬人，以待引弓。彼以一州之衆，馳千七百里，何必有餘。我以天下之力，應五六百里，何必不足。度邊臣之意，以久戍之卒，當猝至之敵，無衆不摧，不如以不戰之飽與彼，以有生之安與我。是不言款而款已久，猶恐以一朝之戰，敗其終年之款，思以其不款之款，文其不戰之戰。光考在御，旬日間，發帑二十餘萬，未底厥成，今可以苟簡終之。但請立爲搗虚斷後之令，敵以數萬騎出千里之外，我不能以數千騎搗五百里之內者誅無赦；敵以十餘萬騎出千里之外，我不能以數萬騎搗五百里之內者誅無赦。又爲之令曰：敵以萬騎出千里歸，我不能以二萬騎邀其輜重者誅無赦。如此，彼必不敢遠出，必憤而與我持於堅城之下，我始得斂兵，專以老之撓之，設伏以致之，多方以誤之，以八九萬人全力，與遵、薊相犄角，即錦、義之間，固已可伏而笞其背矣。今聽敵入平，今日曰出宣府，明日曰出大同，今日曰駐馬肺山，明日曰駐青澗口，經春涉夏，逍遥不歸，絶不聞遣一卒，擾其虎穴，又烏用是遼撫爲者。遼撫既無成謀，内受算於樞臣。樞臣又無成謀，外受算於錦帥。款事成，則逃眚旦夕之間，貽衅三年之後。不成，則謂外有王、田之智，内無高、張之忠，委過朝端，安受禍敗。昔唐憲宗獨斷而平淮、蔡，然遇藩鎮大事，皆咨策杜黄裳，謀於李絳，詢於裴洎，納諫於白居易，後乃委心於裴度。方今上天告災，星象示儆，宜以實示羣情，無以文稽衆論。惟陛下發樞臣前後諸疏，衆正其罪。未及上，而嗣昌以奪情入閣，陳新甲亦以奪情爲宣大總督。

道周謂馮元飈曰：「嗣昌誤國，當率同列爭之。」乃抗疏言奪情并論新甲。道周自起用，中夜讀史，至真德秀傳，撫几嘆曰：「古人立朝一月三十六封事，而吾儕默然已乎！」每見詔書有不便，輒屏人削牘。一字未安，即曰：「此誠不足以格主。」屏弗奏。會命部院推閣臣，元飈謂枚卜無出道周右者，獨苦其好言事，疏入或觸忤，即推且弗用，遣所知日守之，曰：「公得政，所挽回者大，奈何必以口舌爭，即輕宰相，獨不爲天下計乎！」以此久不發，已而竟相嗣昌等五人。道周自恨爲同列誤，竟執三疏上，上召對羣臣於平臺，問道周曰：「無所爲而爲之謂天理，有所爲而爲之謂人欲。爾疏當枚卜不用之時，果無所爲乎！」道周曰：「臣爲國事，自信其無所爲。」

又極詆嗣昌。嗣昌曰：「臣不生於空桑，豈遂不知父母。臣再辭，而明旨迫切，始入京，仰道周學行，以爲必有持正之言，可使臣終制而去。不謂其疏中自稱不如鄭鄤，臣始嘆息絕望。」上斥道周邪說。道周曰：「臣生平恥言人過，今與嗣昌爭論上前，實爲天下後世，留此綱嘗名教，不得不然。」上曰：「對君有體，狂詈何也？」道周曰：「遭遇聖世，故敢直言。夫立言甚難，綱嘗名教者，朝廷之綱嘗名教；禮義廉恥者，國家之禮義廉恥。假以臣爲一人之私，緘默取富貴可矣。」上曰：「爾借題汙詆大臣，别有所爲耳。」道周曰：「司馬光有言：『臣若有專司，則有所不言，如爲論思，則無不可言者。』臣受論思之職，與嗣昌比肩，當言而言，不得云詆毁大臣。讀書五十年，無一言一事不可對君親，告妻子，躬耕二十年，手足胼胝。四十喪親，負土作墓，畚鍤皆臣自操。故奪情之事，所不忍見。」上曰：「爾如是云不如鄭鄤何耶？」道周曰：「匡章棄於通國，孟子不失禮貌，孔子自云辭命不如宰予，臣謂文章不如鄭鄤。」上曰：「鄤自絶人倫，許曦小臣猶知公論，爾曾曦之不如。」道周曰：「宋人惡李定不持母服，擬賜孝子徐積粟帛以諷之。臣奉彈嗣昌，則非救鄤矣。」上曰：「少正卯亦稱聞人，徒以言僞而辨，行堅而僻，記醜而博，順非而澤，不免孔子之誅。今之人多類此者。」道周曰：「少正卯在欺世盗名，臣心在明倫篤行。」上以褊激恣口，叱之去。道周曰：「臣今日不盡言，則臣負陛下。陛下今日殺臣，則陛下負臣。」上曰：「爾讀書多年，適爲佞口。」道周猶不起，復奏：「忠佞二字，臣不敢不辨，獨立敢言爲佞，讒諂面諛爲忠乎！」上怒甚。然終以儒者，優容之，謫江西按察炤磨。

十三年，解學龍薦閩中人才，首道周，上怒爲黨，併逮詣北寺對簿。是日黄霧四塞，日眚無光，各杖八十，詞連黄文焕、陳天定、文震亨、孫嘉績、楊廷麟、劉履丁、董養河，因詔使鎮撫司雜治，道周下詔獄，入白雲庫。獄卒曰：「此周順昌、周宗建畢命所也。」視北鎮撫司事滕胤玉給藉草餽槖饘，葉廷秀、涂仲吉疏救，俱下獄廷杖。道周下獄，同獄者多就問學，獄吏日奉紙筆乞書，爲書孝經百二十本。感明夷事，著易象正、方草十二圖。錦衣較促行，道周恬然謂曰：「俟吾畫一圖成，就逮耳。」爰書具，擬瘴戍，嚴旨斥駁。刑部尚書劉澤深言：「道周以建言誅，非皇上覆載之量也。」遂戍辰州，道出餘杭大滌山，與諸生極論朱、陸同異。

已而嗣昌敗，延儒、蔣德璟、陳演、吴甡交言其冤。道周復故官，都下人民中外相慶，遂移病歸。以學龍、廷秀等尚在戍所，席藁請命，亦得釋。

十六年冬，漳、泉寇亂，居民爭入道周廬避難，寇過門不入。安宗立，起吏部左侍郎、翰林侍讀學士，差官敦促入朝，陳進取九策：曰先復燕京而後可以都鍾陵；曰先召勤王而後可以言討賊；曰先討闖賊而後可以平羣盜；曰先理山左而後可以起山右；曰先靖河、淮而後可以定江、漢；曰先復承天而後可以收全楚；曰先鎮滁州而後可以圖江、淮；曰先定進取而後可以議鎮守；曰先樹儒臣而後可以用武將。

九月，擢禮部尚書協理詹事府、翰林學士。弘光元年正月至京。三月，奉命祭告禹陵，臨行上言：

今欲東收兖濟，北畧漳河，西取應安，然後問雒陽之鐘簴，掃成德之嵩楸。上規天壽，此曠日持久，其道誠難。臣愚計得一沈鷙之將，簡士三萬，齎糧百日，出贛榆韋橋，東踰破車，度臨朐，歷博興，直上鹽山，抵滄州，此間千四百里，皆荒曠如升虛邑。惟臨朐、安丘、樂安、陽信之間，稍有屯聚，可因糧而食，晝七晝夜至武清，渡白溝，出其不意，從天而降。然後致陛下哀痛之意，祭告灑掃於十二陵，與長安士民拭淚而覲九廟。還則分兵兩道，一下臨清以收兗、濟，一下邯鄲以收彰、衛，其用力甚少，奏功甚鉅，此耿弇所發憤於祝阿，劉裕所歡呼於大峴也。

南京亡，連章勸潞王常淓監國，召用劉宗周、姜曰廣、高弘圖、廷麟、劉同升以收人心，不應。馬士英東奔錢塘，道周逢之江上，責其誤國賣君。會鄭鴻逵護紹宗至，道周謁於桐廬舟中，時諸將爭欲入閩。道周請「暫駐衢州，以通兩路。西約虔臺，以爲犄角；北立信州之鎮，以通大關；東治三寨之舟，以通海道；而西北塞五虎杉關，以斷建昌；北塞清湖江山，以扼小關。閩中絕險，五代以來，割據者率偷安自保，不足自拔」。

啟上，而上已度仙霞關，馳書張肯堂、吴春枝，時二人猶豫未決，得書，乃迎上入福州監國。道周在浦城，追不及，又所持論與諸勳貴不協，遂遣人入賀，而身從洪塘間歸里。上令人邀於道，既入謁，宗社危疑未定，道周以爲不即位，無以收拾遠邇。號召天下，乃偕諸臣勸進，庶事草創，凡大小禮節，皆道周區畫裁定。拜少保、吏部尚書、武英殿大學士，賜號奉天翊運中興宣猷守正大臣。位首輔。時政出鄭芝龍，廷臣日請出關，而芝龍輒以餉絀辭。會賜宴，芝龍自以公爵，欲班宰相上，道周爭以祖制，終先道周，芝龍恚，使諸生上書詆道周迂，不可居相位。上命督學御史撻之。

道周見芝龍無經畧志，謂坐而待亡，不如身自出關。奏請募兵江西，多臣門舊，必有肯效死者，且可連廷麟、何騰蛟爲進取計，乃命兼兵部尚書，晋上柱國、少傅，招征直省便宜聯絡恢復南京江北。而芝龍不與一卒一餉，陛辭相對泣下，以賞銀招兵，閩縣貢生林之果、建陽諸生劉光榮丁俊、崇安衷一壤余應顯助餉。隆武元年七月二十二日，率門生趙士超、賴繼謹、蔡春溶、毛至潔、陳駿音併子弟可千人以行。八月三日至延平，得遊擊陳雄飛、應士鍈、應士鏞、王加封、成仲治、王鼎、守備張天憲之衆。七日至建寧，得參將高萬榮、守備應天祥之衆，張天維、魏渠斌及龍溪諸生劉淳、商應椿爲宲兄弟亦統兵自漳州至。九月十日，抵崇安，得曹樟及莆田諸生林堯佐、道周從子淵靜、從孫堡之衆，立爲十營，合關外漳南二營爲十二營，乏糧請餉，芝龍靳之。上不得已給空劄數百，道周親書劄付奬語，得之者榮於誥敕。十九日徑出杉關，田夫荷鋤從之，曰扁擔兵。瀘溪知縣雷起龍、新城知縣李翔、廣昌巡簡葛正、守將元體中黎琯請出建昌復撫州，命新瀘守備華光宗危勇徐大培林鵬起、中書舍人諸生林繼賢林麟士傅金門傅應辰戮力扞禦，分授贊畫守把，堅守待援，適廣信知府解立敬、通判樊永定、上饒知縣蔣士元遣人迓道周。乃於十月朔開府廣信，與廷麟、萬元吉爲呼應，而徽州已於九月二十三日失守，命將守馬金嶺。下令行養老之政，民年七十上者予金帛酒肉。出文考較子弟，講學明倫堂。因請樂助軍糈，免催科之擾，勸各招鄉兵固圉，一時廣信詹兆恒、俞墨華、鄭大倫、鄭祚遠、王家望、鄭守書、呂繼望、陸洪基、張瑞鍾及東鄉諸生張受祿率子弟大相、大任、大佐、大治、大勛、大勷、樂鼎勳、車必昇、許文龍、楊子金、張登庸等各以兵至。畢熙載及寧國舉人湯斯祜、諸生沈壽民、龍遊余日新渴望王師，軍聲大振。十月九日，分命諸將出饒、撫、婺、休，副總兵趙之璧、參將夏孚先陳學鵬林蓀合饒州夏禹金邵世科復饒、撫下河口，孚先合參將陳朝鎮、遊擊楊啟龍、監紀楊枝灼從上清趨東鄉。金聲桓走南昌，孚先又合潘丹竹、劉名奇、楊仁和、樂雄、徐興、江鼎、官昇千三百人於二十一日復東鄉，禽清官鄒雄飛、李太，之璧、學鵬、余懋謂、彭勝、王寵復安仁、餘干，遊擊沈和陳鯤、都司葉應舉招降巨寇胡沛龍，禽推官朱盛德、魏得權，縣丞邵之宿歸命，仍署縣事。又命薩國相、林大蕃、林應元、賴龍光使紹興，之璧、陳賫典、曾名卿及都司楊昌禧間入南昌，招聲桓、孫之獬、戴國士反正，欲自廣信入徽。而李蘧與道周不合，忌師屯其境，以外交諸藩蜚語上聞，道周不覺，已而兵餉均不至，上遣使馳示。道周命差官徐澤雷賫自陳疏曰：

臣田無一畝，居止一椽，幸以是見憫於皇上，見信於親友，然不能以是見諒於犬豕豺狼。臣行年六十，無險心詖語，爲凶人所讐，無異功異能，爲要人所嫉，獨恃一片肝腸，爲高皇列宗，與天下黎獻，共對白日耳。臣雖庸下，遭逢陛下，魚水相期，一月之內，四疏乞師。至若子弟慕義勤王，雖天性使然，亦恐臣孤身隻手，陷身絕域。每一相見，涕泗漣洳。邇因溽暑未收，毒水四下，臣兵自延過寧，渴而谷飲，病者八九。一日下操，十隊之士，呼半不起，遂損去健將陳伯輿。念其雄畧，十射九破，千觔之力，盡於盆水。四顧環堵，何能不哀，今稍稍平復，遂相對勸臣出關。嗚呼！此亦臣子也。顧曾受朝廷之寵眷而攄憤至此，今在廷諸臣，不滌腸剖胸，誓同分膽共薪，而潝潝訿訿，望影射沙，欲何爲者。陛下不屑爲昭烈，臣亦不屑爲孔明；陛下不屑爲宋高宗，臣亦不屑爲李伯紀。取法不高，則庸佞狎來；視人太卑，則奸豪四至。古今讒賊，偏中於高明；近代人才，沈淪於苟賤。惟陛下垂察。

上覽疏，手詔慰之。

道周攻婺、休之師。九日，命專力攻婺，自以五營出婺，命監紀王綱先約海口參將董壽庚、董彭庚八百人預接應。又約婺源淮王總兵游麟汪自强百人佐之，雄飛、王鼎、李睿、賴履葵東往玉山，出馬金嶺趨休寧。參將黃奇壽黃家徵、總兵天祥、參將加封、監紀許應夢自八都出牛頭嶺，尋婺源之路。參將李瑛、倪彪從九都出童家坊，攻婺東，而兵不得合。奇壽、應夢、家徵戰勝牛頭嶺，諸將自便，間道獨出，約二十六日齊舉。而二十三日天祥先發，斬將姜美先，挫於婺源城下。壽庚與遊擊李芬、參將余勛翁良嵩李純各斬將，清騎大至，乃敗。加封及參將李忠遠戰死，以壽庚斷後，不至大敗。奇壽援不及，瑛方出童家坊，而總兵天祥已敗，瑛亦潰。清攻海口，會樂平兵至，乃去。

是日冬至，諸將會宴，清休、婺兵出，吴俊、戴恩爲導，道周趣雄飛下關，不應。以士鋏及遊擊程全、都司李五逵、監紀同知戴邦謨等援之，執渠吴繼賢，而兵大至。道周兵屯高堰橋者前後路絶，皆戰死。睿、履葵救不及，禽趙文光歸。時復撫之師，孚先自東鄉欲攻進賢，之璧自安仁、餘干欲攻南昌，而學鵬不進，亦敗。自强胡海定、參將魏公偉、守備程元英夏之旭、把總董禮樂董辛生練孔仁汪大用黄士烈董有丁有幹有嘉以鄉兵起德興、樂平皆敗死。時前師守馬金嶺，雄飛守白礤嶺，都督蔡瑞、總兵方機守沙溪，施天福施郎守河口鉛山，休、歙間程應昌、張大賡、洪作霖、許文玠、吴之復及副總兵許廉、汪淶、楊振新山寨數萬人，黟縣知縣張昌亮來乞師，廉自樂平出黟獲捷，道周上疏請自貶。時瑛敗九都，雄飛死白礤，廣信亦無固志。道周再馳疏請兵，曰：

臣今年六十有二，才能智勇，不過中人。而自請行邊，拮据關外，譬之雞然，風雨如晦，雞鳴不已。有不痦之人，起而刀俎之，亦無可奈何而已。臣少而學道，於物無競，於人寡怨，直以出師之故，爲異志所排。寡識之人，羣起和之，千端百出，以阻其成。旁句曲引，以幸其敗，或叩闕門，數日不達。饑疲之衆，寧死中野，臣何所營而坐困於此哉。臣遭會風雲，未及一月，五疏求去，直以皇上洞燭遐邇，嘗鑒臣於言語形跡之外，所以苒苒焦嘵，瘁毛鎩羽，以爲朝廷守一日藩籬，非曰能之，亦各盡其義而已。今敵之來日以盛，衆之附日以攜，蠢冥何知，惟利是視，貪生怖死，則前後異致。廣信閭巷雞犬方集，今復翻然欲舍而去。據徽人來者，咸云敵一百六十騎守婺境，自海口煖水，焚掠殆盡。煖水距廣信一百餘里，臣師屯八都者僅千五百人，皆村落新募，月食一兩之卒，其東出馬金嶺者僅七百餘人。又千二百人，西去饒、撫，馳收未回，所餘帳下千二百人而已。臣自八月以來，東弭台、寧之衅，西消金嶺之孽。精力瘁於文告，歲月馳於期會。未有一智一謀佐於其內，一膂一力助於其外。空以老瘁，一意報主，爲愛己所憐，異己所笑。今事勢甚急，可亟命方國安以萬衆從嚴州出老竹嶺，直搗徽州，乘其西馳，可以破敵；即不然，亦可解廣信之危，成牽制之勢矣。

上乃命國安從嚴州、鴻逵從馬金兩路出師，俱不應，道周計窮。清將許漢鼎者，故道周門人，僞致降書。道周決計深入，集門人諸將議曰：「朝廷遣鄭兵各路七月矣，未與敵一矢相加，敵勢坐大，不幾笑朝廷無人。我爲天下倚重，必先聲一舉，爲諸路倡。且敵雖衆，虛聲耳。若延來春，則彼弓弛馬懈，可破也。奈糧餉不繼何，與其半途潰散，不如決戰，以報皇上。」因相持泣下。十二月六日，進兵童家坊，忽報樂平陷，弋、貴、永、鉛招兵二千未至，廣信士大夫致書相迓，道周以成師既出，義不反顧，獨與綱、廉、麟、壽庚、彭庚、勛、良嵩、純、芬及中書舍人尹民昭樂平、德興鄉兵千餘人鼓行而前。兵飢乏食，命應夢催樂、德餉，亦未至。二十四日，次明堂里，僅三百人，馬十四，糧三日。

張天禄率清兵猝至，道周揮繼謹等鏖戰，親冒矢石，誓不俱生，斬數十人，清兵少卻。萬榮請引兵登山，憑高可恃。正移師間，敵騎間道突出，矢如雨。部將總兵程嗣聖、龔瑞、林伯麟、徐經世、黃名世戰死，黃肅、倪彪走，從者俱散。道周曰：「吾死此矣。」以所佩招征印及帝賚良弼印付駿音送福京，戟手一呼，奮力死戰，兵盡矢絶。遂與總兵李堯光吴揚烈、李箎先、監紀吴志俊陷清兵，胡朝臣奮身救道周，與遊擊朱家第等皆死。清兵陷開化，鄭塤、吴杰戰死。追至馬金嶺，總兵曾德、副總兵蔡璋龐勝陳華陳勝陳辰、遊擊畢志忠等戰死。黃光輝走。邑人施建元、汪宗周、劉國裕被執死。教諭周希旦降清。總兵吴亮工、吴本達及徐起時亦戰死嘗山。

道周輿至婺源，天禄勸之降，道周罵曰：「奉命討汝，不意爲汝所執，快殺我，得報朝廷地下足已。」天禄見道周忠烈，不忍加害，曰：「當生致洪内院，得一忠義人，勝得土地數十州郡也。」未幾，士超等亦至，道周在道絕粒，作自悼詩。二年正月，過徽州，雷雨三晝夜，門人吴士琇呼其子祺生曰：「皇天震怒，殆爲黄先生乎！」因不食死。道周絕粒十四日不死，復進水漿，至南京，係尚膳監。清以佩刀滿帽遺之，不受。操江陳錦承貝勒博雒意，勸曰：「老先生海内名公，清人敬之若神，天命有歸，何自苦。且洪内院與先生同鄉，一見可富貴。」道周掩鼻不語。錦因曰：「老先生何不出一語，轉禍爲福。」道周乃曰：「爾何人？」曰：「陳錦。」曰：「爾亦大明臣子，吾有目不忍視爾，有耳不忍聽爾，復思與爾言耶！」錦復問曰：「先生掩鼻何爲？」曰：「羶氣難當。」明日，復使人請薙髮，佯驚曰：「汝薙髮耶！幸是薙髮國來，若穿心國來，汝穿心耶！」洪承疇親詣求見，曰：「先生毋自苦，我可以保先生不死。」道周閉目不視，承疇復有所言，道周喝曰：「青天白日，何見鬼耶！嵩山之敗，承疇全軍敗歿，先帝痛哭遥祭，其死久矣。爾輩見鬼，吾肯見鬼乎！」承疇知不可屈，猶館而禮之，特疏乞貸死，不許。道周在館，貌加豐，與門人講習吟詠如嘗，著詩文數卷。素善書翰，人爭求之，終日握管勿辭。三月五日赴市，書絕命詞衣帶間，車過西華門，忽墮車下，一指揮掖之，曰：「毋恐。」道周瞋目叱曰：「是何言歟！天下豈有畏死黄道周哉！此地與高皇帝陵寢近，又見市有豎福建門牌者，福京天子在焉，吾不可乘而過，因絕食足弱，下而仆，吾何恐哉！」指揮愕然改容，跪曰：「此地萬人瞻仰，公因即就大事可乎！」曰：「善。」遂命布席，從者乞數語遺家，乃裂襟齧指血大書曰：「綱嘗萬古，節義千秋，天地知我，家人無憂。」道周南拜訖，立而受刃，刑者戰慄，刃下不殊，大怖。跪曰：「公坐。」頸已中刃，血淋漓，猶頷之。曰：「可。」乃坐而刑焉，屍直立不仆。士超、繼謹、春溶、至潔從道周至西華門，抱頭哭曰：「師魂少須，吾輩即來矣。」遂同日死。道周正命前夕，僕持鍼綫向泣曰：「此我侍主之終事也。」道周曰：「吾正而斃，是謂考終，汝何哀？」故人持酒肉訣，飲啖如平時，酣寢旦起，盥漱更衣，謂僕曰：「日某以卷索書，吾既許之，言不可曠。」和墨伸紙作小楷，加印章，始出就義，年六十二。是日晝晦，南京人識與不識，皆爲流涕。總兵趙漳收其屍，大俠武彪負至無錫殯殮，首至徽州，門人陸自嚴以千金購之。子中與之壁扶櫬歸，事聞，上震悼輟朝，贈太師文明伯，謚忠烈。永曆時，改謚文忠。

子中，字仁表，任錦衣指揮使。成，字神表，千户。和，尚寶丞。平，中書舍人。中、成永曆八年陷於兵。

淵，諸生。後從張家玉軍，薦監紀推官、武選主事。

從子家貞，總兵，戰死。

族子元籌，字止庵。從道周軍，官總兵，敗依廷麟，國亡，爲僧長寧，以詩畫稱。道周文章典奥，原本經術，精天文、曆數、皇極諸書，所著三易洞璣、易象正，學者窮年不能通其說。

道周以之推驗治亂，其說多中，自謂年終丙戌，至是竟驗云。

士超，字鉉卿，閩縣人。諸生。父璧，世襲錦衣指揮防海參將，力贊從軍，傾家募士，得三百八十四人，歷監紀推官、職方郎中。道周陷敵，與至潔突圍入，衆勸毋往，俱死無益，曰：「受國厚恩，豈背師不救而併誤國耶！」遂同被執。道周欲自盡，士超曰：「此去京近，倘得面數洪賊誤國之罪，魂魄傍孝陵，死未晚也。」及見承疇，罵曰：「誤國老賊，夷我宗社，害我赤子，恨不生啖其肉。此去謁太祖，當爲厲鬼殲之。」

繼謹，字敬儒，平和人。諸生。與莊起儔從道周講學北山。道周督師，率鄉兵從，授中書舍人。力勸留駐建陽，不可，起儔與相對至夜分，曰：「此行生則封侯，死則廟食。」繼謹曰：「事未可知，子有老母，曷歸乎？吾惟師是從，誓不歸矣。」握手唯唯，目光如炬，蓋自分以死也。起儔歸，繼謹卒被執，從者多涕洟飲泣，不能仰視。繼謹曰：「師存與存，師亡與亡，從師以死，爲幸多矣，何涕泣爲？」

春溶，字時培，龍溪人。諸生。中書舍人。與弟春灃及應椿、爲宷率兵三百六十人成一旅。

至潔，字去水，六合人。歲貢。自沙縣丞升廣信通判。嘗割股愈親疾。

雄飛，漳浦人。武生。累功官總兵，與總兵李映戰死。

士鍈，南平人。與弟士鏞皆諸生，從道周出關，同授參將。會冬至，清兵料諸將士各有宴會，兵出休、婺。士鍈、士鏞及參將饒銓天憲、遊擊游元龍徐大用何龍虞淵蘇良弼等將二百餘人多斬獲。俄清兵繼至，屯高堰橋，各力鬬死。

加封，字抱赤，甌寧人。父千户之臣。之臣富而儉，老且死，盡散資財。加封故豪俠，道周出師，首募義勇二百餘人，發建寧。瀕行，謁廟辭母，時諸部皆新募，遷延莫敢進。加封憤，請先驅，直抵廣信，馳書迎道周。道周深器之，令招諭婺源、徽州，出牛頭嶺，中伏負傷。退駐小阜，短兵接戰，揮旗招隔岸進援師。忠遠策馬涉水赴，清兵悉鋭來攻，中矢陣亡。加封手斬數十人，被執不屈死。道周爲文哭祭之，事聞，贈錦衣指揮僉事。

天維，字中賁，漳浦人。崇禎十年進士。自澤州知州調滄州，會旱蝗，請緩催科紓民困，拂上官意，不動。米價騰貴，亟募富商赴萊販運，利數倍，民爭趨之，米至價平。駙馬都尉僕衛陵虐州民，執法與抗，誣削籍歸。後起贛州知府，未赴。海上寇警，所居雲霄城，與莆尾城相犄角，聯村愼防，繕寨藍關、葵嶺間，數百里以安。從道周出關，遷户部員外郎、郎中。勞瘁卒。

渠斌，龍溪人。中書舍人。

墨華，字君翰，廣信永豐人。崇禎七年進士。授光澤知縣。平查華亂，遷廉州推官，轉刑部主事、浙江道御史，加太僕少卿。

大倫，上饒人。大學士以偉子。任中書舍人。後從兆恒軍同死。

祚遠，字一士，上饒人。掾吏。傾財佐軍，官兵部司務死。

家望，江山人。崇禎九年舉於鄉。職方主事。

守書，金華人。中書舍人。

繼望、洪基，嘗山人。兵部司務。

瑞鐘，字勗之，撫州東鄉人。中書舍人。

壽庚，德興人。副總兵。從閔士英戰古箭，士英死。與張進忠等數萬人，在弋玉貴鉛山中。永曆元年敗歿。

瑞，貴溪人。負才勇，官都督都司。道周執，南拜刎死。

伯麟，休寧人。諸生。都司。

經世，休寧人。都司。

名世，字牧符，建陽人。武生。駕前將軍。

朝臣，字廷生，貴池人。東撫左營都司。

塤，字宜伯，歙縣人。諸生。監紀推官、職方主事。監金聲軍，兵敗入閩。隆武二年正月朔，開化陷，刎死。贈浙江僉事。

杰，字去藩，歙縣人。都督同知總兵，贈太子少保。

士琇，字君玉，當塗人。恩貢。授徽州訓導，教士大節。清兵迫，署知縣，城陷，謁道周，薦職方主事、軍前監紀，復祁門不克，與子祺生及奴戰敗齊雲山下，臂折不屈同死。傳首南京，目動十日乃止。贈郎中。

彪，嘉定人。年十六，殺人亡命，過南京，聞道周死，曰：「不能救生，當送死。」乃召徒十餘人，負道周屍至丹陽，遇道周僕，護喪赴無錫侯鼎鉉，遂得殯殮。

自巖，字魯瞻，武進人。崇禎十年進士。改庶吉士，授編修，歷户部郎中、湖州知府。值雨浸，民聚謀食幾亂，以至情諭父老感之，廣糴勸輸，活者無算。遷浙江督糧參議，折漕紓困。南京亡，隱居。

弟自嶽，崇禎四年進士。歷歸善知縣、寧波知府。

起儔，字子鶴，漳浦人。諸生。中書舍人。時同參道周軍者：

倪會鼎，字子新，上虞人。尚書元璐子。諸生。從道周遊。元璐殉難，冒死歸骨，約壯健散檄豫、魯間，令各逐寇，任錦衣僉事。南京亡，與弟會覃、會紹及守書起兵金華，道周薦職方郎中，疏言：「今者僅以一成一旅之資，申畫郊圻。然無食無兵，揭竿斬木之衆，率市井白徒，荷戈則爲象物，脱巾則爲驕兒，其視宋之祥興，相去幾何。夫存亡之機，間不容髮，今文武如水火，自一二正人外，無可倚者。盍遣使婉約通誠，或得休息境内。」不報。上命道周北征，力疾上書，畧言：「用兵之道，必求萬全。今方畧規模，一無可恃，而率烏合之弱卒，輕於一試，誠不知其可也。」

福京亡，杜門奉祖母、母，清舉山林，力辭，贈金不受。會鼎好義，嘗修築蕭山西江塘，民無斥鹵之患。道周歿，在徽持弟子服，偕其家人赴南京，親爲含殮，寄櫬。高弘圖死，爲殯於雲門山。陳子壯、廷麟皆元璐高弟，訪其遺孤，力卹之。晚事著述，人難一面。卒年九十七。

會覃，字子封。浙江道御史。

會紹，字子述。中書舍人。

弟會稔，字子年。博學不應試。

又陸鳴熚，字夢文，仁和人。崇禎三年舉於鄉，授中書舍人。道周出師，力諫不從。洪京榜，字尊光，龍溪人。廩生從軍，授中書舍人、監紀。後不知所終。子思自有傳。

諸人死後，門人星散，惟何瑞圖、吕叔倫、余涙抱道周遺書，入大滌山，節最高。瑞圖，字羲抱，餘杭人。崇禎三年舉於鄉。

叔倫，字漢愙，餘姚人。章成弟。諸生。

派，字霖田，鄞縣人。諸生。孝弟。

路振飛，字見白，曲周人。天啟五年進士，授涇陽知縣。大吏諂魏忠賢，將建祠涇陽，執不從。邑人張問達忤奄，坐追贓十萬，故遷延之，奄敗事乃解。瑞王議設王莊，與大吏謀，准納糧於布政司，轉詳藩府，不得輒自徵收，郡邑賴之。流寇入境，故善騎射，親率義勇擊走之。客兵至，預設芻糧，待於境上，縣得無擾。征輸有方，不取羨餘，賑饑恤囚，禁胥徒不得下鄉。在任六年，民咸樂歌思其澤。

崇禎初，遷四川道御史，陳時事十大弊。草場火，高倬、馬思理下獄，與祁彪佳申救得釋。又疏劾首輔周延儒卑污奸險，黨邪醜正，啟宵小奔競之門，短豪傑敢言之氣，請立斥以清揆路。又疏言閣臣宜預試，并指摘次輔王應熊、温體仁公論不與，再疏劾吏部尚書閔洪學結權樹私，洪學乃去。山東兵亂，劾劉宇烈、余大成、孫元化敗壞封疆，且論延儒曲庇罪，謝陞廷推左都御史。又再歷詆其醜狀，遂不用，繇是權貴側目。

尋出按福建。建安知縣徐汝驊貪殘，反賄監司，得前院首薦。始入謁，庭褫其衣，下之獄，乃奏聞而戍之，并劾監司。人心大服，屬吏惕息。海賊劉香數句紅夷入寇，懸千金，激勵將士，於是鄭芝龍等破之小埕廣河料羅，俸滿，以京秩用。疏請暫止錢穀刑名之奏，深思安危治亂之幾。

八年，將簡用輔臣，上言：「枚卜聖典，使夤緣者竊附則不光。如向者周延儒、温體仁等公論俱棄，宅揆以後，民窮盜興，辱己者必不能正天下。」時延儒已斥，而體仁方居首揆，大恨。調按蘇、嵩，除布解白糧漕兑收糧差役五大弊，民困以甦。會嘗熟奸民張漢儒訐鄉官錢謙益、瞿式耜貪狀。體仁主之，坐振飛以失糾，擬旨令自陳，乃白謙益、式耜無罪，而語刺體仁。體仁益恚，激上怒，謫河南按察簡較。入爲上林丞，累轉太僕丞。册封慶成王，陞光禄少卿。

已擢僉都御史，總督漕運，提督軍務，巡撫鳳陽兼理海防，駐淮安。命何騰蛟剿劇盜程繼孔、王道善、張方造等，徐、泗底寧。十七年，李自成破山西，遣金聲桓、劉世昌、馬得功及參將張勇李國安、遊擊劉馮、火藥都司趙誠衣振國文正周逢豫、守備田廣生潘安國湯蘭盧鴻奎王世賓等分道防河。左營參將趙彪守盱眙，參將倪鸞守宿遷，副總兵周爾敬守清口，守備陳得勝守清江，郭守業、華雲龍守草灣，柏宗禮守顔河，都司吴良翰守安東，守備陶鎔國守建康，參將金奇功守廟灣，都司李元彪守東海，副總兵徐彦奇守沭陽，把總徐國林守蛇峰，遊擊徐大錦守天長，守備陳丹守周家橋，何毓琇管塘報，錦衣百户李起龍、義烏諸生沈敏政、諸生蔣汝琪陳士奇爲參謀，散漕四千石於民，命舉人湯調鼎、團練鄉兵二萬義士劉應舉等投袂起，户部員外郎萬濯有衆數百人，諸生盧士英、左宏楷、何臨領南門義社，選貢張鎮世、張履貞領大義社武備社，犒以牛酒。別命原任總兵陳良知、河南副總兵胡章招兵，旬月間得兩淮間勁卒二十餘萬人，軍聲大振。福、周、潞、崇四王避亂同日抵淮，劉澤清、高傑等亦棄汛地南下，振飛接之，不失其歡。

北京亡，人心震懼，張壽祺勸振飛赴江西，不允。時安宗猶在淮，遺書史可法，謂倫序之正，宜早定社稷主。朱國弼棄淮入南京，或謂宜扈駕行，擁戴之功，誰先公者。振飛曰：「我足一動，淮陽必不可守，天下大事去矣。我敢貪定策功哉！」乃與王燮同心共守。自成既覆北京，諸將南下，馳書招誘淮北州縣，制將軍董學禮、防禦使武愫襲據宿遷，畧贛榆，韋大重拒死。招沛縣王化藹不應，圍之，自經死。方胤昌、白邦政假學禮兵至沭陽，傳檄徐州，聲言二十萬人取淮、揚。傑副總兵李有成去徐走淮安，振飛率清江工部主事林濬芳、淮安户部主事李種佳、淮海道范鳴珂、郡紳岳鍾秀馮汝縉王奠民城守，材官劉應觀斬學禮送牌者一人，立擢守備。廟灣中軍盛世兵噪，命參將孫弘標安輯，節度使呂弼周、遊擊王富至三界營誘守將，命世昌禽之以獻。遊擊駱舉縶弼周於竿，置法場，令軍士人射三矢，乃磔之。爾敬禽將楊之蕃於泗州。都司徐人傑、守備傅文亮、中軍卓聖、指揮劉秉中約指揮使王文明內應，擊禽愫於徐州，徇諸市，鞭八十，檻車獻於朝。彪遷中軍副總兵，廣生遷副總兵。寇鋒既屢挫，而在宿遷者勢猶盛，潛謀於草灣濟。振飛偵知之，密約宿遷都督同知馬繼援王定國、徐起龍、王啟超及守備王君定爲內應，而悉發勇、張士儀及參將李發、王洪水陸兵攻其西南，人傑、彪及參將張浩然、張雲沖騎兵自沭陽攻其東北，世昌、韓尚亮自上流攻其西南，邳州指揮周之鸞、湯子能伏張山邀其西北，監軍郎中高歧鳳居中調度，大破寇，禽胡來賀、宋自成、李魁春。五月，鹽城守備王政純復宿遷，海州同知潘遇啟、吏目馮心偉迎寇，副總兵馬躍龍失律，中軍趙洪禎以所部畔，桃源知縣魯孜棄官走，亦討斬予杖有差。於是淮、泗之間城邑復爲國守，振飛疏請大駕親征，願爲前驅，時論壯之。

初，馬士英以兵入朝，過淮安，振飛遏其兵不令上岸，國弼去淮，擅取銀行，振飛與力爭，銜之。士英既用事，以所親田仰來代，而責振飛捍禦無功，淮人不平，幾激變。可法特疏其功，調巡撫東江等處援遼贊理軍務，適振飛亦遭母喪，流寓蘇州，加副都御史。時澤清、傑欲寄孥江南，振飛遣女歸尚寶丞李志勷出署，忌者誣傳攜家逃匿。劉宗周劾澤清、傑并及振飛，已知振飛公清，悔曰：「參兩鎮過責淮撫，是余激也。」

初，督漕時，謁皇陵，望氣者言高牆中有天子氣，時紹宗方以罪錮，守陵中官虐之。振飛入見，寄其神宇器識，深相結好，奉私錢周之，并疏乞寬罪宗，竟得請。楊維垣謫戍淮安，振飛待之薄，及是附士英，嗾國弼劾其私語鳳陽王氣，心懷異圖。宗室統鏇復詆之，遂免官。南京陷，與韓雄都保蘇州西山。

紹宗即位，感振飛德，詔内十二款有云守困恩官，麥飯豆粥，念久欲報，晋右都御史。時音耗隔截，募能致者官五品，金三千。孫可久上言振飛蹤跡，立授都督經歷。振飛乃赴召。中道，拜吏、兵二部尚書、文淵閣大學士。至則大喜，賜宴促膝，夜分撤御前金蓮燭送歸，解所佩玉帶贈之，錫鹽梅弘濟銀章。振飛感荷恩遇，言無不盡。

王期昇、彭遇颽至行在，中旨以期昇爲總督，遇颽爲僉都御史。振飛封還詔書，上意未釋，振飛執謂遇颽依附士英，期昇在太湖派餉苛虐，斂怨取敗，若大用，有傷新政，上乃止。上每責廷臣怠玩，因進言曰：「陛下謂廷臣不改因循，必致敗亡，臣謂陛下不改操切，亦未必能中興也。陛下有愛民之心而未見愛民之政，有聽言之明而未收聽言之效，喜怒輕發，號令屢更，因羣臣庸下而過於責督，因博覽書史而務求明備。凡陛下所長者，皆臣所甚憂也。」其言皆曲中上短云。尋進奮練義勇説，上曰：「此安攘大畧也。」敕命頒行。時芝龍爲政，輒引大體裁正，臺臣希指劾之。遂以病告，上命中書舍人李開芳敦趣入直。

隆武二年三月，駕幸延平，居守建寧，疏乞休不允。七月，加武英殿，督師大安關。八月，清兵入仙霞，振飛行抵大横，上幸汀州，追扈不及。汀州陷，返福京，力勸芝龍毋降，勿聽。遂約鄭鴻逵、鄭成功起兵。明年，有傳上在粵者，偕萬年英及錦衣指揮使常壽寧泛海至虎門，始知爲上弟唐王聿鐭已敗歿，乃回中左所。

昭宗立，敕三召。永曆三年四月，至順德，病作，謂子太平曰：「生爲明臣，死爲明鬼。一點忠貞，還之天地。」遺疏陳時政四要。卒，年六十。事聞，上震悼泣下，贈左柱國、太傅，謚文貞。

子澤溥，字蘇生。任中書舍人。有奇才。國亡，奉母居太湖。

澤淳，字聞符。任中書舍人。

太平，本名澤濃，字安卿。從振飛福京，賜今名。歷職方主事員外郎、桂林僉事。清兵犯桂林、永寧，固守力堵畔兵。陞光禄卿。徵兵於外，敕轉巡撫。會振飛卒，歸隱蘇州。卒。

濯，字行遠，宜興人。萬曆四十六年舉於鄉。以户部主事榷淮安，遷郎中。長號泣血，

壽祺，字祈年，新淦人。天啟五年進士。廣西道御史。

化藹，字吉士，沛縣人。廪生。工詩文。精騎射。

舉，字本生，淮安人。

定國，字新澤，杞縣人。崇禎六年武舉。

政純，遼東人。

雄都，曲周人。振飛壻，諸生。忠憤氣誼甲儕輩與紹宗遇淮、揚，頗有獻納。已抵南直偵敵，偕副總兵王羽、參將王奮武從振飛起兵太湖，迭敗清兵。後入福京，授職方主事。福京亡，歸里，卒。

可久，字爾發，吴江人。諸生。南京都司，紹宗授都督經歷，晉職方主事。福京亡，死難。

贊曰：道周學究天人，忠貫日月，議事如匡、劉，直節如李、范。其風采德器，壁立千仞，足爲人模國蓍，三百年元氣之所繫也。出師嶽嶽，天下尤壯之。紹宗立國，大勢十去八九，爲國至計，保境繕兵，聯合江上，覲衅而動，庶乎有當。矧以不練無餉之兵，文武内訌，其於安攘緩急之序，又倒置焉。然以忠信爲餱糧，仁義爲干櫓，端誠赴敵，志不圖生，武侯信國之所以盡臣節者。知其不可爲而爲之，國之不亡，豈非忠誠義毅有以風動之哉。振飛剛正賢明，知人善諷。屬社稷傾危，青蒲造膝，圭瓚黄流，俯同羣辟，邈焉高風。雖爲之執鞭，所欣慕焉。

南明史卷四十一

無錫錢海岳撰

列傳第十七

蔣德璟 弟德瑗 張廷榜 黃景昉 子知白 兄景明 陳翔 弟甯等 姚明恭 林欲楫 從子文昌 徐人龍 何楷 陳洪謐 子俞侯 黃元驥 林增志 董應科 李光春 熊開元 子維翰 趙士完 兄士元 士亮 子玉藻等 吴甡 子元宸 鄭三俊 陳奇瑜 子永祚 葉廷桂 子元滋 弟廷植

蔣德璟，字中葆，晉江人。天啟二年進士。改庶吉士，授編修。忤魏忠賢，與文震孟俱罷。崇禎十一年，起故官，歷侍讀少詹事。時朝事日非，實心匡救，正宮帷之名分，禁伐採之濫規，上救荒事宜。又疏言：「勘陵不宜多帶官兵，黃冠不宜陪祀太學，撤内操核要典諸大政。」久之，遷禮部右侍郎。時議限民田，言：「足食莫如貴粟，宜聽民墾田。嘗平義倉悉輸本色。」不用。楊嗣昌卒於軍，德璟謂：「嗣昌倡聚斂之説，又匿失事，飾首功，宜按仇鸞事，追正其罪。」不從。

十五年，請召還陳子壯、顧錫疇、倪元璐、文安之，旋皆録用。德璟明習國典，曉練世務，文章敏捷，一日應二十餘誥敕，上甚向之，廷推閣臣，首德璟。召對言：「邊臣須久任，弭天變莫如拯百姓。遼練加餉，民何以堪。」遂拜禮部尚書、東閣大學士。立朝持正，中立周延儒、吴甡間，無所比周。

明年，加户部尚書、文淵閣。時嗣昌雖死，而練兵加餉之弊未革，又造鈔發賣，京商騷然，卷篋而去。德璟皆力言其非，劉宗周以救熊開元、姜埰得罪，且不測。德璟引唐太宗優容魏徵事微解，上顔改霽，宗周得削籍歸。又因日講進言，赦黄道周，復其官，最後以光時亨追論練餉殃民之咎。德璟擬旨云：「向時聚斂小人，倡議搜括，致民窮禍結，誤國良深。」上不悦，召閣臣及吏户二部臣入文華殿，取時亨疏，詰聚斂小人主名，德璟以原任户部尚書李待問對。上曰：「朕如何是聚斂，止欲練兵。」德璟曰：「皇上豈肯聚斂，因既有舊餉五百萬，新餉九百餘萬，復增練餉七百三十萬。當時部科，實難辭責。」上責其朋比，諸輔臣申救，意乃解。復具疏言：「邊臣練餉，立説或數千，或數百，抵塞明主，而全鎮新舊餉，兵馬數萬，概言不足，是因有練餉而兵馬反少也。臣私心恨之。又近日直省各官每借練餉名色，追比如火，致百姓困窮，遇寇輒迎。臣又私心恨之。蓋致外無兵，内無民，且並餉亦不能完，故推咎於練餉之人，冒昧愚戇，罪當死。」且引咎出直。都給事中孫承澤汪惟效、簡討傅鼎銓力爭之。德璟初以山西新陷，未敢言去。又以廷臣連章見留，避嫌具疏辭朝，至三月二日，得旨賜銀幣乘傳歸。

弘光時，上中興三議，略言：「先帝英武勤儉，綜核萬機，收集羣策，禮賢愛民，耿耿不遑，蓋千古勵精之主所不及。而一旦膺此異變，茫茫蒼天，真不可問，所望雪耻除凶，惟聖明中興是藉。昔晉宋之南也，河淮以北，已爲敵疆，故偏一隅。今河淮故吾土也，頃聞賊已敗奔，一二匪將假名行劫，中原民翹首王師，有如時雨。但使中外合力，文武同心，陛下命將出師，迅掃妖氛，歸於一統，則老臣雖死，亦有以藉手報先帝矣。」以原官召，疏以三大罪自責，不拜。

紹宗即位，户部武英殿。命張廷榜就起諸家，以足疾辭。復詔敦趣，不得已入賀，以清屯練兵爲言，加太子太保，賜乘馬。崇安急，自請行關，相機督戰，禽清官李養心等十八人誅之，而守將施天福不從命，知事無可爲，稱病去。隆武二年九月，清兵陷泉州，涕泣不食卒。或曰吞金死。

弟德瑗，天啟五年進士，兵科給事中。張捷薦吕純如，力言其不可用。

廷榜，字季薦，莆田人。崇禎十六年進士。授太平知縣，改行人。

黄景昉，字太穉，晋江人。天啟五年進士。改庶吉士，授編修，歷庶子直日講。嘗忤温體仁，陳啟新希體仁指劾之。崇禎十一年，上御經筵，問用人之道。景昉言：「考選不公，推官成勇、朱天麟廉能素著，不得預清華選。」又言：「鄭三俊不當久繫。」上皆嘉納。晋詹事。嘗召對，言：「近撤監視中官高起潛，關外輒聞警報。臣家海濱，將吏每遇調發，即報海警，冀得復留。觸類而推，其情自見。」上頷之。十四年，掌翰林院。時庶嘗停選已久，具疏請復。又請召還劉同升、趙士春，皆不報。

十五年六月，拜禮部尚書、東閣大學士。明年，加户部尚書、文淵閣。嘗因召對，力言黄道周清修博學，并其永戍窮困狀。上意動，未幾，召道周還。南京操江故設文武二人，上欲裁去文臣，專任劉孔昭。持不可，忤旨，遂連疏引疾歸。紹宗即位，以户部武英殿召，不赴。已遣陳翔以死力請，乃入直，加少傅。以福京潰兵山寇，兵單餉絀，根本動摇，議併事權，以憲臣節制二撫及兵道移駐福清。未幾，復告歸。永曆元年，鄭成功圍泉州，謀内應。十六年七月卒，年六十七。

子知白，字原虛。任尚寶丞。詩有才情格律。

兄景明，字可文。崇禎七年進士。授長樂知縣。養老式廬，平反被誣窩盜數十家。遷儀制主事員外郎，出爲廣西督學副使。力挽浮靡，文風一變，人不干私。調金、衢、嚴參議，雪巨冤，阻開礦。卒年八十三。

翔，字克理，天興長樂人。尚書長祚孫。崇禎十六年進士，授中書舍人。北京破，削髮被夾，南歸仍故官。未幾，創發卒。

弟畲，字克乙。兆熙，字克時。兆鼎，字克重。隱居不仕，均以節終。

時威宗故相召用者姚明恭，字崑斗，蘄水人。萬曆四十七年進士。出趙興邦門，公論素不予。崇禎十年，官詹事。薦姻婭熊文燦爲總理。遷禮部右侍郎，教習庶吉士。給事中耿始然劾與副都御史袁鯨比奸，不聽。十二年，與魏炤乘並拜東閣大學士。十四年，加太子太保、户部尚書、文淵閣。秉政一年，鄉人伏闕訟之，告歸。流寇熾，斸資建巴河口城。紹宗立，起故官。明恭已於先一年十一月，爲清巡簡所辱，激而薙髮，降於清。

林欲楫，字仕濟，晉江人。萬曆三十五年進士。改庶吉士，授編修。上國是人心疏，出封益王，還掌起居注。泰昌初，遷左中允。天啟中，累擢右諭德、右庶子、少詹事、禮部右侍郎。會火災，陳修省數事，觸魏忠賢忌。奄黨欲爲忠賢建生祠，求欲楫撰文，峻拒之，忠賢義孫有爲曹郎者，控撓部務，欲楫發其奸，忠賢不能救也，竟屏去。六年，改南京吏部左侍郎。

崇禎初，陞禮部尚書掌詹事府。力言：「天下最患者三：官貪、民窮、兵弱。」上爲動容。朝議誅毛文龍，欲楫固持不可，與閣臣忤，假歸。十一年，起掌部事。時楊嗣昌議加兵餉，抗言三空四盡之秋，不宜以窮民養驕兵。尋具疏力指時弊，不報。十二年六月，請覈僧道贍地，毀淫祠，括絶田充餉，不果行。十四年，出視孝陵，加太子太保。十五年六月，上以太后故，追前代生繼七后同建一廟，乃召大學士及欲楫、蔣德璟議，於是別置一殿，祀孝純及七后。既救劉宗周，與諸所披陳，言無不盡。前後連上十三疏，以疾乞休。明年，上東宮端本箴。十月致仕。

紹宗即位，以原官拜東閣大學士，力疏辭，行人以死請之，乃至。改吏部，晋武英殿。聞李永茂與軍民不協，密言於上。隆武元年十一月，乞骸骨歸。久之，卒於家。妾某，美色，泉州陷，被執。清帥欲辱之，奪其刃刺帥死，割首出門，被執，自刎死。

從子文昌，任尚寶卿。

徐人龍，字亮生，上虞人。萬曆四十四年進士。授工部主事，出爲荆、襄僉事，遷湖南督學副使。故事，使車按止嘗德，自桃源南入，接嶺連山高險，輿挽不得前，故辰、沅、郴、靖官師子弟皆就試。人龍乃獨往，每度一關，必詢視形勢，及抵辰龍關，徒行盡得其要害。後勦臨藍大盜，輒用有功其地。辰郡稍稍能文，漵、沅則歌謡雜出，至靖州與峒夷相半，有通論語一章者，即舉茂才。人龍乘傳所至，人多化之，且驚喜，以爲開國來無此事。已擢湖南參議，魏忠賢專政，乞終養。

崇禎八年，服未闋，即起嶺北副使，增拓南安等五城，以能聞於朝。調蘇、嵩，虔民留之。會郴、桂寇劉新宇等圍長沙，攻衡州。詔命兩廣、江虔會楚合勦，檄人龍監軍，督遊擊謝志良、參將董大勝累戰奏功，龕寨三十八，斬級萬餘，禽渠新宇、曾佟保、雷天召、劉紅鼻、李荆楚等十有八，撫餘衆數萬，江虔悉平。繇是人龍知兵之名，聞天下。捷聞，轉武昌參政，特召賜對。道臣向無特召，召自人龍始。

時楊嗣昌以奪情起官入閣，兼本兵，因人龍曾任楚官，載拜執手，指所坐曰：「以此待公。」人龍初應召，疏論時政，與嗣昌忤。至是見其墨絰在坐，連矚之，且言己終養歷十二年，嗣昌愕眙不知所對，遽引退。

先是虔饑，人龍輸粟爲賑，民賴以蘇。召對時，上問：「所全活者幾何？」曰：「以十萬計。」上喜，顧左右曰：「活人至十萬亦幾矣！」嗣昌遽曰：「虜户版幾何？而動言十萬，此罔上也。」上默然，然嘉其能，諭吏部遇督撫缺推用，遂以僉都御史巡撫山東。陛辭日，賜幣，遣中官四人扶輿出都，道路榮之。

既至，值歲大饑，題免積逋四萬七千兩，并蠲本年租，增修昌邑、諸城，改築平度州爲石城。孔有德畔，引朝鮮舟至，軍吏告急。人龍治事不輟，密檄天津、山海爲犄角，遣標將焚其船，奪大銅礮三十餘，賊氛頓息。因是慮阻漕，欲疏膠河故道，傍入於海，以通運。親視有成畫，具疏入告。嗣昌爲漕非所職，嚴敕之，且中以他事，奪俸。人龍知事不可爲，乞放歸。無何，嗣昌死，會兵部增設右侍郎，備邊關制督之選，廷推起用，疏辭不允。

十七年，陞户部尚書。以倪元璐薦，特旨改兵部。比至淮，聞北京陷，慟哭草檄討賊。安宗立，馬士英兼本兵，仍爲副。每同堂坐，機事一決於士英，人龍心不平，求去。且每在堂，正色危坐，士英踧踖不自安，遂分部事判兩堂，人龍督理駕庫漕運。已而人龍語侵士英，復極言「安置四鎮，不宜以廬、鳳、淮、揚祖宗湯沐重地，遽與擁兵自衛之人。夫帶礪之盟，俟有成績，即事在急遽，爭先歆賞，亦必策以自效。使恢一城即予以是城，復一地即授以是地，當前激厲，未爲不是。乃兵未動而遽剷内地畀之，則江南尺寸土，可勝剷哉」。士英惡其言，諷臺臣劾之，無可劾，乃使何綸糾其年髦拜舞失儀，勒致仕。時人龍年六十有九，進止矍鑠，實無少誤。

魯王監國，起工部尚書，兼兵部。與王之仁分屯西興江口，欲聯絡諸營，選兵出戰，爲士英、方國安所阻。紹宗拜兵部尚書、武英殿大學士。命人龍門下士吴春枝齎詔促行，始至，福京亡，杜門卻埽者又七年而卒。卒之日，流涕曰：「吾頗知兵事，且官兵，當國家需兵時，竟不得爲國家用兵以死，吾自恨矣。」妻俞破産勤王，出簪珥佐軍餉，補縫行間。先卒。子咸清。

何楷，字玄子，鎮海衛人。天啟五年進士。邃於經學。值魏忠賢亂政，不謁選歸。建紫芝書院，講學其中。

崇禎初，授户部主事，遷員外郎。協理新餉，節核甚夥，諸如屯鹽錢鈔等議皆出其手。改刑科給事中。皇陵被兵，疏劾巡撫楊一鵬、巡按吴振纓罪，言：「振纓爲温體仁私人，一鵬爲王應熊座主，寇犯皇陵，神人共憤。陛下輟講避殿，感動臣民。而二輔臣漫然視之，欲令一鵬、振纓戴罪自贖。情面重，皇陵輕，朋比深，而天下譏刺且不恤，臣所以憤發於中，言不能已。」忤旨，鐫秩視事。已應熊疏辨，楷復言：「臣疏未奉旨，應熊先一日摭引臣詞，必有漏洩禁中語者。」上意頗動，應熊竟以是罷。時上憤廷臣多貪庸，欲一切整齊之，於是詔獄繁多，刑部曹郎日不暇給。楷疏請慎刑，列上定新例、行久任、酌分理、重會審、嚴斃獄、革羈鋪、飭聲冤、究造謗八議，娓娓千言，援祖制，明國典，寓匡救於將順中。上知其諷切也。獄爲少寬，歷工科右、兵科左、工科都給事中。

十一年五月，上以火星逆行，減膳修省。楊嗣昌方主款議，歷引前史以進，楷乃案條駁奏。比嗣昌奪情柄政，楷又劾其「入閣視事，吉服爛然，臣恐天下士民有以窺輔臣深淺也」。復忤旨貶秩，爲南京國子丞，就轉禮部郎中。母憂歸。

安宗立，陞户部右侍郎，督理錢法，兼工部左侍郎。請停各鎮鼓鑄。見馬士英亂政十三疏請告，不許。南京陷，走杭州，從紹宗入閩。晉户部尚書。未幾，拜東閣大學士。疏辭，上曰：「往崇禎時，朕閲邸抄，得掖垣諸疏，藏之中心，已非一日。古人云：『臨危仗節，必於敢諫中求之。』其勿固辭。」

時鄭芝龍横甚，楷既入閣，首陳賦額清汰虛冒，裁强鎮之請，廣緝逋之典，議與芝龍左。會舉誓告大典，芝龍稱疾不出，至停朝鼓，楷憤上疏自糾曰：「御敕先頒，臣民瞻仰，而五等大臣，曾不就列，使見者託異，聞者驚疑。凡在言職，皆不當以無言，所以尊朝廷而明分誼也。」末言：「勳臣不陪侍，無人臣禮，宜正其罪。」上獎其風節，命兼南京右都御史。已而鄭鴻逵揮扇殿上，楷呵止之。二鄭交惡，知不爲所容，請告去。中途至福清，截去一耳。蓋芝龍使部將楊耿爲之也。後漳州陷，抑鬱而卒。

陳洪謐，字龍甫，晋江人。崇禎四年進士。授南京户部主事。榷北新關，悉除去嘗例，掌南京水兑，衛軍仰給漕糧，剔弊稽實，商民德而祀之。遷員外郎，出爲蘇州知府。郡賦當天下半而積逋多，催科考成嚴切，或勸其厲威，笑曰：「吾豈以民命博一官哉！」乃下教州縣盡斥諸羡費，以充正額，猶不足，坐鐫秩留任。郡徭役尤煩劇，一釐夙敝，民歲免萬金，歲饑穀湧貴，羣不逞聚黨入豪家劫粟，密捕三人杖殺之。於是發積穀，勸富家出粟，不三日，價平亂息。吴民變，單舸赴之，民以太守乘危，爭駕數百舟爲衛，皆遣還。獨往開諭，衆即羅拜，謂陳府公來活我，立散去。上江告警，安慶督撫檄蘇州撤閶門傍城民居萬家，爲防禦計，曰：「撤恐擾民。」竟不奉檄，人服其鎮定。

奸民張漢儒訐奏瞿式耜等，章下三司會鞫，同官難之。曰：「豈有奸人上書而太守傅會者。」遂定誣告罪，獨署名以上，得報可。守蘇垂十年，恒言天下之亂，皆吏不恤民致之，故一以仁恕爲政。民號陳母，所在肖像祀之。以多逋賦，不與上考。時嵩江知府方岳貢與齊名，亦以逋賦奪官。已上廉洪謐有惠政，擢登、萊副使。

弘光初，改蘇、嵩，遷太僕少卿。紹宗即位，起兵部左侍郎，改禮部，拜東閣文學士。遣内官鄧金趣之始至，晉尚書、文淵閣。福京亡後，卒於家，年六十九。

子俞侯，字颺卿。諸生。任尚寶丞。爲鄭成功監軍。永曆二十八年九月，與黄元驥自閩清降清。

元驥，字德臣，晉江人。

林增志，字任先，瑞安人。崇禎元年進士。授蒲圻知縣。政尚廉靜，不事苛擾，先教化而後刑罰，逾年邑内大治，訟簡庭閒。日率諸生講學，鄰邑子弟趨聽者數百人。遷編修、東宫講讀。時國事日非，言路壅塞，乃進易卦講章，隱爲諷諫，觸當道忌，中以他事，降三級，於是公論不平。掌院黄景昉、冢宰李日宣皆抗疏請復，遂陞右中允侍講經筵兼起居注，尋轉少詹事。終日懃懃懇懇於章句之間，冀得一格君心。北京陷，削髮被掠，乘間南歸。

弘光時，起詹事。紹宗即位，以禮部右侍郎、東閣大學士，召中書敦趣乃赴。天亢旱，上省躬疏，請改過引愆。上曰：「疏中以二事規朕，足徵交儆之誠。」李赤心、高必正之封，抗疏言李自成破北京，罪在不赦，遺黨安得封拜，不從。十二月，晉尚書、文淵閣。

福京亡，爲僧温州，名行幟，字法幢。有僧來受戒者，問曾殺人否？僧自言少爲寇，刺殺某官。增志怒，以杖撞殺之。山民大譁，乃潛隱泰順峯門山，清范文程薦閣部，迫起之，欲自殺乃止。日與董應科父子唱和，久之，至寧波大梅山中，躬鋤而食，摘蕨爲蔬，不見時人面者二十餘年。疾革，召諸子泣曰：「生平止欠一死，死可勿葬，當棄溝壑，以飽鳶烏狐狸，示天下後世爲人臣而不死國者。」言訖，一慟而絕，年七十四。

應科，字允先，泰順人。諸生。故衣冠坐卧小樓二十餘年，卒。

李光春，字元甫，樂清人。萬曆四十四年進士。授廣信推官。沐黔國遣官祭遠祖墓，因奪國産并朱子懷玉書院，光春碎其官牒，上書撫按，悉反所奪，聲震朝野。遷雲南道御史，彈劾不避權貴。魏忠賢擅政，大雨雹。光春抗論其罪曰：「臣堂官楊漣首發魏忠賢二十四大罪，繼而言者益多，天聽益高，舉在廷諸臣嘔心灑血之苦衷，不足以回皇上蔽護忠賢之意。不知逆黨盤踞根蒂何如此之深，而露爪張牙又當若何毒也。臣觀本月十四日，天以大雨雹告，蓋忠賢罪上通天，故譴罪亦即見天，獨不愕然恐怖惕然警省乎！夫以天人並棄之刑餘，不斥誅之，而反褒嘉之，慰留之。書之史册，布之中外，謂皇上爲何如主。臣視忠賢如芒刺入膚，虺蝎之觸手，不決去則頃刻靡寧，豈可使留腹心肘腋之地，爲無窮之禍哉！」疏入奪俸。又疏詆葉向高，出爲九江參議。

崇禎時，累擢福建、江西、河南按察使、布政使，所至著績，晋左僉都御史協理院事。臺臣王聚奎劾陳啟新緘默溺職，啟新方用事，疏入聚奎議處，光春力爲申救，罷歸。紹宗即位，拜兵部右侍郎、東閣大學士，命中書敦趣乃赴召。隆武二年，清兵攻建昌，命督鄭成功往鉛山聲援。福京亡後，卒於家，年八十一。

熊開元，字玄年，嘉魚人。天啟五年進士。授崇明知縣，調吴江。正直清廉，不阿權貴。崇禎初，遷吏科給事中。王化貞久繫不決，張應時疏頌其功，請以身代死，俾戴罪立功。開元疏駮應立肆市朝，化貞卒正法。尋以官吴江時徵不及額，貶二秩外用，不赴。久之，起山西按察炤磨，陞光禄監事行人司副，劾首輔周延儒，與姜埰同受廷杖下獄，卒遣戍杭州。

安宗立，起吏科給事中，丁内艱不赴。紹宗以工科左召，疏請終制，且陳中興之策。略曰：

今天下所共傷祖宗之陵廟，必不可没於腥羶；中國之衣冠，必不可化爲禽獸；吾民之子女玉帛，必不可割餧虎狼。皇上親征，所爲不再計決也。然而徒用兵，急斂餉，則臣昧昧思之，有以知其不可，何也？勝兵先勝而後求戰。國家自有虜患以來，朝廷官吏，日益貪污，民間風俗，日益敝壞，未嘗有一毫髮撑持世界之事。而獨勞勞焉兵食是計，於是竭天下物力，以事一方，不啻朘蚊蝱之血填滄海也。臣爲此慟，持裾攀檻，思一吐其孤懷，淚未乾而禍至此矣。

今皇上以身先天下，刻意澄清，而所爲貪污敝壞者，尚不能即轉移。是民命實未嘗一日蘇，人心實未嘗一念正，苟又欲竭一方以事天下，不待明者知其不濟也。然則如之何？句踐以生聚教訓殪夫差，光武以舂陵子弟殲尋邑，久則需之歲月，速則犯乎矢石，於斯二者，取一焉而已矣。

今皇上之德之才之畧，備見於詔旨，三代而下中興令主罕有能逮者，誠能簡率精鋭。會浙東文武直指錢塘，别用少水師趨泊崇明，號召三吴，豪傑士民覩車駕臨戎，萬歲載呼，必且震動天壤，急則治標。無踰此者，必欲治本，則閩、粵、滇、黔暨江、浙、楚、蜀之未陷者，必當講求大道，思民命何繇保全，人心何繇變化，小之爲馮驩之薛，尹鐸之晉陽，中焉則西漢之關中，建武之河内；上焉則商之亳都，周之豐芭。從昔帝王未有本根不固而可以立國者，若小民仍若誅求而失更生之樂，士大夫仍溺於富貴利達而無憂愁愧恥之心，如道路所云百姓少而官多，朝廷小而官大。臣懼夫求敵之意衰，從賊之路便，非所以成興王大業也。

疏上，上嘉嘆，迭擢太嘗少卿、左僉都御史。再疏辭，詔曰：「天地生才，止有此數，邇者老成凋喪，劉宗周、祁彪佳、徐石麒既皆捐軀，鄭三俊又損目，故於開元之至，旦夕以冀，既在效坰，慰朕飢渴。」及入對，眷禮有加。開元請罷捐助、停事例、重爵禄、簡刑罰、急親征、實聽納、散朋黨七事。越日，拜左副都御史、東閣大學士。隨征權理院事，上曰：「宣德達情，全藉巡方御史。近來情弊因仍，貪者工攫取，傲者喜逢迎，以致民窮無告，盜賊煩興，殊可痛恨。卿還嚴訪詳諭，務令激揚得法，吏畏民懷，不稱者重予參議。」因請立建言簿，以收實益，壯敢言者之氣。

時方破格用人，躁競者多以口舌得官。開元惡之，力持資格。諸生錢邦芑言事稱旨，特授御史。開元請改兵部司務，上重違其意，命以司務得非時言事，實同御史權，上在建寧，外雖優禮輔臣而事輒獨斷。開元遂乞罷，不許。已而邦芑復授御史，開元力爭之不得。會郭維經至，乞辭院務讓之，走大埔。皇太子生，晋右都御史、文淵閣。仍辭，且言：「輕用人、多遣使、急斂餉、厚徵兵，四者均失，請推廣皇恩，與民休息。」未報聞而汀州陷，棄家入休寧仰山爲僧，名正志，字蘗庵，人莫知其蹤跡。

尋至蘇州靈巖，親自執役，清物色起用，知府爲故同歲生，邂逅得之。慟哭曰：「亡國孤臣應爾，我樂此不疲也。」固請出山，曰：「訂交時，皆以聖賢豪傑自期，今因循苟延，死有餘辜。君出仕失足，爲千古恨。違初心，顧勸爲千古罪人耶？速去，如强，惟一死耳。」乃入黄山，每歲威宗忌日，設位祭哭。久之，卒。

子維翰，任中書舍人。

時同開元隨征者，趙士完，字汝彦，掖縣人。侍郎胤昌子。崇禎十五年舉於鄉。授清流知縣，調福清，累遷職方主事、員外郎、郎中。紹宗即位，擢兵部右侍郎。隆武元年十二月，劉同升卒，拜東閣大學士，督師。福京亡，流離蕭寺中，久之。

弟士冕，爲清鎮江守，搜訪得之，强之歸。詩酒行遁卒。

兄士元，字汝長。選貢。歷新建知縣、泉州同知、刑部主事。從王祁起兵建寧，兵敗歸隱。

士亮，字汝寅。恩貢，賢良方正。授東安知縣。練兵守禦，陞順天丞。北京亡，歸，不應召。

子玉藻、玉瓚，歲貢。侍隱大澤山以終。

吴甡，字鹿友，興化人。萬曆四十一年進士。歷邵武、晋江、濰縣知縣。天啟中，入爲山西道御史。諫内操宜罷，請召還鄒元標、馮從吾、文震孟，與魏忠賢積忤，削籍。崇禎初，起山東道，請定媚璫諸奸罪案。按河南，糾貪吏，辦衛藩，捐加派四百多兩。

妖人聚徒劫掠，捕其魁誅之。賑延、綏饑民，因諭散羣寇。改陜西，言招撫大誤。劾大將杜文煥冒功罪，置之法，所請皆允行。遷大理丞左通政。七年，以僉都御史巡撫山西，平賀宗漢、劉浩然、高加計，歷陣防禦、邊寇、練兵、卹民四難及議兵、議將、議餉、議用人四事，扼河防秦、豫，連三歲無一寇潛渡，以間修築邊牆。八年，請免殘破州縣租，上敕行之。户部請開鑛稅間架，力爭弗聽。是秋，清兵入忻、代，鐫級視事。尋誅降寇自恣者宗漢等，而免脅從於死，又糾張孫振大貪。在晋四年，軍民戴如慈母，謝病歸。十一年二月，起兵部左侍郎，遲不至，落職閒住。十三年冬，再起故官，協理戎政，上嘗問京營軍何以使練者皆精，汰者不譁？甡請行分練法。問別立戰營否？甡言：「練兵法要在選將，法忌紛更，不必別立戰營也。」十五年六月，拜禮部尚書、東閣大學士。甡有幹濟才，而趨避任術。

初，周延儒以馮銓力再相，謀藉捐賑，復銓冠帶，公議大沸。馮元飈爲甡謀，説延儒引甡，共爲銓地，甡遂得柄用。及延儒語銓事，則言逆案不可翻，延儒始知爲所紿。又欲起張捷爲南京右都御史，引錦衣都督駱養性，甡皆持不可，以此積隙。十六年三月，楚疆大壞，上召對廷臣隕涕，命甡往督湖廣師，加太子少保、户兵二部尚書、文淵閣。甡請精兵三萬，自南京趨武昌，上言：「兵多難驟集，南京隔遠，不必退守。」甡言：「左良玉跋扈，甚於往時，臣節制不行，徒損威重。南京在下流，宜兼顧，非退守也。督撫無兵，臣束手待賊，事機有不忍言者。」上欲甡速行而難於發言，命兵部發兵則無可調。甡不得已，以五月辭朝，詔責其逗遛，命輟行入直。甡惶恐，引罪歸，上怒不已。遣戍金齒衛，史可法疏救，不許。行次南康，聞北京陷，遺書可法請勤王。

未幾安宗立，疏言：「疆土日促，諸鎮勢如割據，止江東西千里地爲朝廷有。得一二知兵重臣，急練水陸師二十萬，分守要害，居重自强，以衛京師，庶可禦方張之虜，而免不掉之憂。」可法疏請赦還，復秩陛見。張慎言議召用甡，爲劉孔昭所阻，孫振、黄耳鼎復劾之。紹宗即位，以原官召，未赴。甡嘗自言遠追微、箕狂遁之跡，終矢龔、謝病卧之心，凛守歲寒，歸覲君父。又言以谿堂爲大窖，膽薪爲氈雪，冠履爲漢節。永曆二十四年卒，年八十二。

子元宸，字姬公。任尚寶丞。亦有清節。

鄭三俊，字用章，池州建德人。萬曆二十六年進士。授元氏知縣，調真定，歷南京禮部主事、郎中、歸德知府、福建督學、浙江糧儲副使、參政、光禄少卿。

天啟初，移宫事起，侃侃持正，責輔臣方從哲，改太常。陳中官侵冒六事。詆客氏妖治，幾獲罪。遷左僉都御史，疏言兵食大計。擢左副都御史、户部右侍郎。楊漣劾魏忠賢，三俊亦極論，兼署倉場，奏行足儲數事。漣等死，三俊褫職閒住。

崇禎元年，起南京户部尚書兼掌吏部事，言内官不宜四出，汰奄黨一空。京師被兵，大臣多獲譴，力言上下睽孤，足爲隱慮，上褒納之。南糧積逋數百萬，而兵部增兵不已。三俊祛其虚冒者，士得宿飽。時增天下關税，三俊以爲病民，請減其半，并劾罷蕪湖、淮安、杭州三關司官之貪者。

居七年，就移吏部，京察斥罷七十八人。時服其公。流寇大擾江北，南京震動，屢陳防禦策。陳子壯下獄，疏救之。入爲刑部尚書，加太子太保。以陰陽愆和，請釋諸臣之詿誤久繫者，内而五城訊鞫，非重辟不必參送法司；外而撫按提追，非真犯不必盡解京師；刑曹決斷，以十日爲期。上皆從之，尋以讞侯恂獄，不稱旨，褫官下理。徐石麒、黄景昉、黄道周、盧象昇、孔貞運疏救，久之，乃許配贖。

十五年正月，復故官，代李日宣爲吏部尚書。時值考選，外吏多假名減俸行取，寅緣周延儒，囑兵部以知兵薦，上欲召對親擢。三俊言：「考選者部院事，天子且不得專，况樞部乎？乞先考定，乃請上裁。」上不悦，召三俊責之，對不屈。上下詔求賢，三俊舉李邦華、劉宗周自代，薦道周、史可法、馮元颺、陳士奇四人。姜埰、熊開元下獄，及宗周獲嚴譴，皆懇救。先後罷不職司官數人，銓曹懔懔。石麒之獄，率同官合疏乞留。

三俊端嚴清亮，正色立朝。惟納延儒請囑，引吴昌時爲文選郎，頗爲世詬病。又以昌時言，出給事中四人、御史六人於外，科道大譁，連章攻昌時并詆三俊。乃乞休，詔許乘傳歸。安宗立，議起廢，張愼言以三俊薦，高弘圖、姜曰廣言五朝人望，不可不用。劉孔昭、劉澤清阻之，乃已。阮大鋮興大悲獄，指三俊、吴甡爲十八羅漢，兩人實未出也。紹宗即位，以東閣大學士召，晋文淵閣，目盲未赴。洪承疇爲三俊門人，謁之，怒駡不納，哭曰：「師棄我矣。」終不得見，爲僧山中十餘年始卒，年八十四。

陳奇瑜，字玉鉉，保德人。萬曆四十四年進士。天啟二年，繇雒陽知縣遷禮科給事中。言邊事，上疏力詆魏忠賢，改刑科右。六年，以户科左出爲關内副使、南陽參政。崇禎初，歷陝西按察使、左右布政使。五年，擢僉都御史，巡撫延綏。歲凶盜起，民多從之。奇瑜討斬渠魁畧盡，威名著關、陝，於是羣寇走山西，突畿南。又從澠池渡躪河南、湖廣，窺四川，乃陞奇瑜兵部右侍郎，總督陝西、山西、河南、湖廣、四川，專辦流寇。寇自蜀還楚，分略均、鄖、商南。奇瑜馳至均州，檄四巡撫會攻，偕盧象昇督師至平利，屢大破寇。寇鼓行而西，奇瑜至洋縣，檄諸巡撫各守要隘，寇大懼。李自成、張獻忠遁入興安之車箱峽，蹙之可盡殲，而奇瑜忽以受降債事，逮訶遣戍。自成入晋爲郝安才所執，以故將唐通得免，命遷咸陽。妾張耐飲鴆死。

初，奇瑜官南陽，唐王器墭殺其世子欲并廢世孫，賴奇瑜力，世孫得嗣封，即紹宗也。及即位，以東閣大學士召。恩款：「紀人功忘人過，人君也。朕有奉藩恩官奇瑜隔在山西保德州，守困恩官路振飛，二臣皆朕續命之人，日夜思舊。有能以二臣真知求至，朕得相見者，立賞銀二千兩，仍授五品京官。」已晉尚書、武英殿，道遠未聞命。山西陷後，慷慨志興復，髮毿毿滿頂不去。

永曆元年十二月，忽張蓋乘輿蟒玉進賢冠至知州賀熊飛所，熊飛去其服，勸歸不應。疏聞，遂遇害。妾郭宗正、王綴從殉。

子永祚，字三水，廩生。任南京職方主事。

葉廷桂，字青來，商丘人。天啟二年進士。授户部主事，累遷員外郎、郎中。管御馬監三草場。中官張甲達魏忠賢指，欲交廷桂，峻拒之。出爲陝西參議，以憂歸。服闋，起督糧。

時秦中王之爵、趙勝、王嘉胤、神一魁等蔓延延綏南北，大者二三萬，小者數千，中外方亟邊才。崇禎四年，練國事薦廷桂將畧，除關内副使監軍，首上用兵十三事。督諸將趙大胤、張全昌、艾穆擊寇中部、郃陽、韓城，每戰先登，寇大潰。十日五捷，斬七百餘級，勝跳免，夜渡河去。七月，李老柴陷中部，國事命督諸將攻久不下，廷桂親騎攻之，矢中胸，礮傷左股，不爲卻。夜大雨，寇來襲營，營亂，廷桂手斬一人，發礮乃退。明日，攻益力，克之，禽老柴、一條龍等，獻俘京師。是役也，攻圍過三月，廷桂功爲多。

楊鶴方堅主撫，廷桂嘆曰：「所謂治疾而必遺其種者也。」爭之甚力，不聽，因有隙。既而受撫者果悉畔，上怒誣飾，鶴逮戍，國事亦戴罪，益服廷桂先識云。

靖遠弁劉瘤子倡亂，外連回囉，詔捕數年不得，會廷桂調靖遠，授計壯士縛之，回囉氣奪。五年二月，鄜州亂。初，鶴所撫上天猴，其部散處鄜州，至是突發，殺監司。洪承疇移廷桂河西，建城郭，招流亡，禽渠六七十人。上天猴平，鄜、延復安。八月，從承疇追殺寇鐵角城，斬獨行狼、可天飛。明年二月，以寇聚蒲、絳，調河東參政，而寇突至垣、曲、絳、夏間，廷桂力戰，卻之。七月，寇大至，出奇擊之，寇去，定河津、稷山、聞喜。會冬防河，難民在河干求渡者數萬，悉令結衣以濟。晉山西按察使，兩月清積牘三百餘事。

七年五月，擢副都御史巡撫大同，開馬市，歲得馬十萬，籍馬價之贏六萬上於朝。邊警急，躬出助目堡，邀寇豐州灘，斬級千餘。是秋，以清兵入忻、代，鐫級，戴罪視事。時楊嗣昌方柄樞，齮齕之，乞休前後疏十三上，乃歸。

十三年八月，起户部右侍郎，督理遼餉。明年，兼僉都御史，巡撫遼東、寧、錦，旋改兵部。清出乾没銀米百餘萬，顧耿介不植黨，不傍門户。再出，益齟齬，所請機宜輒不報。再告病歸。北京亡，痛哭爲僧嘉定。南京亡，入浙江。紹宗即位，召刑部尚書、東閣大學士。病未至。隆武二年十月，次衢州卒，年六十二。

子元滋，字荃伯。任千户理刑，遷西司房正千户，督兩淮鹽運，卻餽金。從廷桂險阻。清官監司，不受。卒年八十二。

弟廷植，從軍大同，官左衛都司。國亡，不仕。

贊曰：德璟清純素業，景昉雍容諷議，欲楫、人龍、楷平恒貞幹，洪謐、增志、光春、開元開濟識度，皆玉質金相，通達國體，平世三公望也。紹宗之世，徵召閣臣至三十餘人，甡、三俊以宿德，奇瑜以舊恩，廷桂以雅望，忠誠啟沃，皆無愧經邦論道之大臣。惜或以道修，或以病廢，未能應命。而咸歸潔其身，著綿上之節。奇瑜求仁得仁，其氣尤凛凛不可及也哉。

南明史卷四十二

列傳第十八

無錫錢海岳撰

傅冠 子練 謝德溥 顧錫疇 父天叙 子鍫 從弟錫璇 倪思輝 楊廷麟 族弟廷鴻 廷珅 張定遠 鄒瑄 黄介中 傅鵬 郭國震 王濟 酆岳壽 金士升等 梁愈榮 徐必達 蕭行禮 胡長蔭 王化遠 上官龍 郭維經 子應銓 應衡 西炤 從子應煜 姚奇胤 郭承乾 王喦 郭維翰等 彭之玠 彭吉修 李之梁 張世廣 鍾靈 郭介原 胡從龍等 吴樸 蘇觀生 子國祐 簡知遇等 楊明經等 余述之 謝尚政 蘇觀光

傅冠，字玄父，進賢人。天啟二年進士第二。授編修，憂歸。服闋，起侍講，歷左中允，充經筵日講官，轉左諭德、右庶子。在史館十六年，纂修神、光二朝實録，編六朝章奏。又纂修熹廟實録，皆稱旨。侍經筵，日輪講九黎亂德篇，時相諱之，欲改擬以進，曰：「上方遜志學古，參稽治忽，顧可諱乎！」仍執前講，上霽諭曰：「講不避諱，直也。如卿冠可爲朕鑒矣。」累擢國子祭酒、少詹事、禮部右侍郎兼侍讀學士，掌詹事府、翰林院。疏言：「欲施政令，必治精神；欲致功能，必集才力；欲精神之四周，當明體要；欲才力之畢出，當别流品。」因奏保元氣、辨人才、正紀綱、信詔令四事，上嘉納之。

崇禎十年，拜尚書、東閣大學士。十一年，晋文淵閣。冠辦事閣中，勤而敏。雖丙夜，奉上御批，拔筆即對，無倦容。時政尚操切，冠以仁恕忠厚爲先，一切造膝密陳，因事寓忠，大致皆尚寬大。上向冠言，而同直異趣，乃三疏乞休歸里。

北京亡，爲先帝發喪，集士紳籌恢復之計。南京繼陷，與艾南英等奉益王由本起兵。王得仁導清兵陷進賢，掠冠家，殺其孫鼎乾。冠力不支，潛行入邵武。紹宗遣官存問，以原官召，賜「舟楫霖雨」銀章，旋加太子太保、兵部督師，平定江寇，恢復南昌，專理湖東勦撫軍務，節制峒兵，解散難民，賜尚方劍便宜行事。命與鄭成功、蔡鼎、郭熺、陳秀先平閩寇，即復湖東，峒兵張安、李春、丘華、謝朝恩歸調制。冠命熺、秀駐永定關，陶文疇出次瀘溪，自督浦益光收拾建寧一路，偕雷起龍、劉名奇至邵武。抵建昌界，餉匱，後軍逗留，聞警潛逃殆盡。知事不可爲，十二疏乞罷。適職方江隨及其子日旭、星華以薦舉進身，時罪廢，思立名自贖，乃疏言冠擁兵糜餉，玩敵擾民。冠請解兵柄益力，詔杖隨。瀘溪急，冠日午方起。

上亦以冠未至闕一步，有負委任，遂予致仕。冠遂寄寓泰寧汪亨龍家。聞上幸汀州，將集兵扈駕，不果。

亨龍小人，初以閣部名，執弟子禮，既懼爲居停累，乃自首於清，而遣其子養源走告冠曰：「隨父子白清帥，欲生得公矣，余家百口，公是視耳。」冠悟其詐，第曰：「一死報國。」逕自投繯。養源跽抱冠曰：「公不生見清帥，汪氏百口立碎矣。」顧指莊客輩曰：「即此族何辜，忍令爲血池乎！」遂引清兵搜冠家，家丁真義力拒，不勝。清兵舁冠就道，夜宿溪頭。冠私起欲投水，爲守者所覺。至汀州，李成棟延之上坐，曰：「公大臣也，但遵制薙髮，保無他。」冠詫嘆曰：「自冠裳以來，有髡頭宰相否？」成棟復曰：「公髮種種矣，與髡何異？但稍加鈹，掩衆目，即可婉曲報聞耳。」冠厲聲曰：「汝知千古有文文山乎？我鄉先進也。吾鄉無髡頭宰相，但有斷頭宰相耳。」成棟自是不復言，然禮待甚厚，飲食必偕。成棟既率兵入廣，鎮將李發待冠如初。一日，對奕局罷，發閱文書，忽請曰：「公必不順命者，今明旨收公矣。」冠欣然起曰：「早畢吾事，爾之賜也。」整衣冠南向拜曰：「臣負國無狀，死不足贖。」復西向拜曰：「祖宗暴骨，惟冠之辜。」題絶命詞壁上，畢，引頸受刃死。妾蒲從殉。是日晝晦，悲風震瓦，汀人無不掩涕。家人傅國楨葬其骸於羅漢嶺。首在函中，忽吐白光。永曆三年三月，冠子練乞骸歸葬，始合身首殮之，竟體作黃金色。舊衣二領棄墓側，風雨經年，帛色如故，行道見者，呼爲相公衣。永曆時，謚文烈。

練，字伯治，副貢。任邵武推官。

謝德溥，字培元，撫州東鄉人。天啟二年進士，改庶吉士，授簡討。以省親歸，杜門卻掃，絶謝人事。崇禎初，以侍讀召修兩朝實録，知制誥，平臺記注編纂六曹章奏。上御經筵，德溥矩度端嚴，進止不失尺寸。上目注之，將特用矣。時黨論方興，力求改南，除國子祭酒，假歸。三晋宫階，四預枚卜，明旨敦趣，以母老具疏力辭。

安宗立，擢禮部右侍郎兼詹事，尋以母過九旬，乞終養去。隆武二年，與艾南英傾財奉羅川王由椃起兵。二月，拜尚書東閣大學士，制置義師。德溥通籍三十餘年，前後立朝不踰五年，恬淡仕進，知幾之哲，有過人者。福京亡，奉母隱。孫之獬招之，不應。金聲桓脅之出，溺江墜馬，以救免。迨母壽終，爲僧曰雲庵，故衣冠廬墓深山卒。事聞，謚文節。

顧錫疇，字九疇，崑山人。父天叙，字禮初，萬曆十六年舉於鄉。鉛山、元城知縣致仕。南京亡，不食死。錫疇，萬曆四十七年進士，改庶吉士，授簡討。天啟四年，以忤璫削籍。崇禎初，起原官，累遷國子祭酒，乞終養歸。服闋，起詹事，晋禮部左侍郎。列用人五失，曰銓叙無法、文網太峻、議論太多、資格太拘、鼓舞未至；又以抗言撫流寇事，與楊嗣昌大忤，復削籍。用薦起南京禮部。

安宗立，擢尚書兼翰林侍讀學士。劉澤清言宋高宗即位，以靖康二年五月爲建炎元年，從民望也，乞以崇禎十七年五月爲弘光元年。錫疇言詔已頒，不可追改，乃止。時議上先帝廟謚，錫疇初擬乾宗，再擬正宗，以高弘圖不從，定用思宗。繼議郊祀，錫疇言分祀合祀，後先互異，但議禮於今，物力告匱，當删煩就簡，從高皇帝合祀之制爲便。又議廟祀恭皇帝，錫疇請别立專廟。又請上建文、景泰謚號，追贈文震孟等官謚，而追奪温體仁等官謚，周延儒、薛國觀、熊文燦官廕。詔下，中外咸誦聖政。張愼言去位，命兼攝吏部。時馬士英當國，錫疇雅不與合，遂乞祭南海去。明年春，張孫振追頌體仁功，劾錫疇憸邪，命致仕。南京亡，間關謁福京，擢南京禮部尚書，倪思輝左侍郎，吴偉業右侍郎。

隆武二年正月，拜兵部、東閣大學士，加太子太保，賜尚方劍，督師温州，晉文淵閣。又六月十五日，賀君堯與督學相結，取事銀供餉。諸生鼓噪，君堯殺之。錫疇將以聞，君堯乘夜縛而截其身首支體投之江中。監國魯王命行人諭祭，得其骸，刻香木爲首足殮之，贈建極殿，謚文愍。

子鋆，字提明。任尚寶丞，降於清。

從弟錫璇，字徵泰。弘光元年恩貢。授訓導。錫疇歿，獨力負荷家事。

思輝，字實符，祁門人。萬曆三十五年進士。授太嘗博士，轉户科給事中，調吏科，侍經筵，巡視京營。天啟二年，保母客氏出入宫禁，怙寵竊權，思輝因頒新曆，上疏請上「繼述大孝，用之於慶陵，勿用之於客氏。以啟外廷猜疑之端，開近習干預之習。乞收回嘗時入内奉侍之旨」。上怒，謫福建按察知事，起歷大理太僕少卿、通政使，忤魏忠賢削籍。崇禎初，召刑部左侍郎。十五年，出爲南京户部右侍郎，總督糧儲。時儲政多弊，思輝綜理精覈，條陳虛報、盗賣、需索、挂欠四事，上嘉納之。逾年告歸。偉業，事見清史。

楊廷麟，字伯祥，清江人。崇禎四年進士，改庶吉士，授編修。勤學稽古，聲震館閣。册封蜀王，卻餽萬金。與黄道周善，皇太子將出閣，簡充講官兼直經筵，乃具疏力讓道周，不許。大璫曹化淳遇之班行，欲爲禮，輒趨去。明年春，上御經筵，問保舉、考選之法，何者能得人？對曰：「保舉當嚴舉主，如唐世濟、王維章爲温體仁、王應熊所薦，今二臣敗而舉主無恙，是連坐之令先不行於大臣，欲收保舉效得乎！」上爲動容。

是年冬，畿輔告警，因疏劾楊嗣昌，言：「陛下有撻伐之志，大臣無禦侮之才。謀之不臧，以國爲戲。嗣昌及薊遼總督吴阿衡，内外扶同，朋謀誤國，倡和款議，武備頓忘，以至於此。今可憂之在外者三，在內者五。盧象昇以禍國責樞臣，言之痛心。夫南仲在內，李綱無功；潛善秉成，宗澤殞命。乞陛下赫然一怒，明正向者主和之罪，俾將士畏法，無有貳心。召見大小諸臣，咨以方畧。諭象昇集諸路援師，乘機赴敵，不從中制。此今日之急務也。」嗣昌大恚，詭薦其知兵，改職方主事，贊畫象昇軍。象昇得之甚喜，即令往真定轉餉濟師。及象昇戰死賈莊，嗣昌亟問楊贊畫死未？偵卒以奉使在外對，爲不懌者久之。取所在軍中報曲折事，擬旨責其欺罔，欲中以危法。上察其無罪，僅貶秩外用。道周獄起，詞連逮治，旋獄釋。言者交薦，周延儒故會試主，欲引復翰林，曰：「進退必宜以道，被罪人乃得官，天下其謂我何！」卒不顧。時中原大亂，留意人才，雖筦庫、盜賊、方術亦虛己禮之。張獻忠偏師入吉安，集紳士議死守，尋解去。京師陷，與劉同升集兵勤王。

安宗立，祁彪佳薦起左庶子，辭不就。宗室統鑛誣劾姜曰廣，併誣廷麟招健兒有不軌謀，曰廣爲內應，語絶狂誕，上置不問，然所募兵竟以散去。南京亡，清兵陷南昌，袁、臨、吉三郡俱降。已又陷建昌，惟贛州孤懸上游，岌岌獨存，而兵力單寡，人懷汹懼。廷麟乃與同升邀李永茂亨士大夫明倫堂，勸輸兵餉，尅期大舉，疏達福京。紹宗手詔嘉奬，擢吏部右侍郎、東閣大學士，總督江廣剿撫。比有粵東入衛兵過境，即疏留之。立忠誠社，命張定遠、鄒瑄、黃介中、傅鵬、郭國震、王濟、酆岳壽、金士升、蕭鼎璧、梁愈榮起兵，得二萬餘人。

隆武元年八月，清兵趨萬安界，馳檄招降。副總兵徐必達率粵將陳課、童以振、吴玉簡等五千人拒之，相及於龍泉。必達親督陣，士殊死戰。九月，遂復萬安，抵泰和，收吉安全郡。又復臨江，部將蕭行禮戰死。十月，具疏以偏安海甸爲非計，請駕幸贛州。加兵部尚書、文淵閣，賜尚方劍，便宜行事。

初，陳賡率滇兵至，廷麟與深相結，趙應選、胡一青等屢破敵，而粵兵久留思歸，忌滇兵功，欲私鬭。廷麟移滇兵屯隔岸，知粵俗信鬼，以拜水爲重誓，與賡併舟中流，爲文誓水神，兩軍數萬人皆投戈大呼，自是更相救如左右手。萬元吉自福京至吉安，兼巡撫，命廷麟入直，晋武英殿，專辦江楚事。再疏懇辭，不允。初，元吉爲嗣昌贊畫，世目爲黨，道周詣戍，元吉往唔不合，廷麟與元吉相詬誚。至是聞元吉將至，預戒幕屬，今恢復同仇，決不敢以夙憾僨公事。及見，相持泣拜交歡，協同規畫，以故士氣百倍。廷麟守吉安，滇、粵兵隔江列營，扼入贛孔道，胡長蔭、王化遠擁重兵城守犄角並援，敵每不得爭上游窺吉。顧所募兵多，餉不能給，間鬻富人官，足軍食，且不稟事督府。元吉責之，大憤辭去。十月，清兵迫吉安石陽螺山，思一戰決去。一日方晨，以生力軍衝玉簡營。兵方飯，長蔭、化遠失律，清兵拔栅竟進，營大亂，必達水死，陳、童諸營一時大噪。力戰，敵不得前。傍午，滇兵歸自安福，從神岡山繞出敵背，偃旗截殺，敵駭顧曰：「滇兵至矣。」遂奔潰退峽江。

二年正月，廷麟招降峒蠻張安等四營。聞駕將幸贛，趨朝。甫行而吉安警迫，留屯郊外，馳疏陳援吉防贛事宜。時吉安城内滇、粵守兵不盈二萬人，不可分，城守益弱。又徇吉水巨紳言，殺上官龍及子肅止父子三人，人心不服。廷麟、元吉議以步騎夾岸搜剿，中流用巨筏載大礮，直搗南昌，遂移前軍次吉水。廷麟、元吉留郡城，清兵果趨城下，乘虛躡我，廷麟疾掉小舟，乘漲下吉水，追前軍還。時南風勁，廷麟泣拜反風，諸軍飽帆兼步騎一日抵吉安，與戰敗之。諸將遂驕易敵，樹栅堅守，將以逸待勞。三月，廷麟移鎮贛南，盡以西事付元吉。俄而永豐陷，滇兵復恃功，以元吉節制過嚴，多齟齬，軍益老。與清兵戰不勝，元吉登陴堅守，吉安復陷，退贛州。四月，清兵迫贛，廷麟使使調廣西狼兵。時建昌陷，慮敵從南路夾攻窺贛，自往湖西，邀安等還。薦都督總兵張琮挂先鋒將軍印，敕賜四營爲龍武新營，廷麟鼓厲新附趨寧都，專事東方。行有日矣，而清兵攻贛急，廷麟召諸將議曰：「贛爲閩、粵門户，贛失則大事危矣。」遂以新營及琮等水陸返援贛，戰於隔江。琮先出斬數人，新營繼進，清分騎横截，矢如雨下。新營兵裸袒入陣，死者多，衆遂潰，獨琮率死士力戰得免。五月，劉廣胤與清兵戰梅林，再敗被執，潰兵稍合。招集散亡，僅能成軍，尋移雩都。將整衆復進，而近雩百里内新營殺掠不可制，廷麟憤懣，以計散之，令還粵，僅率所部數百人入贛城，與元吉誓死守。元吉亦苦諸將兵驕悍，戰既不勝，而粵兵飽掠如新營，因與廷麟以大義號召居民，令結義勇，編社甲，人自爲戰。每開關，踴躍奮進，殺敵甚多，雖婦人孺子亦多磨槊制梃赴敵。又令諸文武分地乘城，督兵縋城出入，更番戰守，堅待援師。六月，永茂遣副總兵吴之蕃、張國祚率粤兵數千至，兵皆徒跣，跳山谷如飛。清兵以水漲，涉十八灘上，列營東北，去城二里許，負山爲固，日鳴鼓角雲梯攻城。廷麟拒以礮火，復出所製萬人敵者擲下，火發桶裂，鐵菱角挾爆藥四飛，斃敵甚衆。一夕，選死士千人，負九龍槍度水襲敵，火延毳幕，呼聲動天地，清兵大亂，退走三十里。廷麟出駐李家山，圍暫解。已清援大至，圍復合，之蕃等退守南康。廷麟分門堅拒如初。上獎勞之，賜贛州名忠誠府，贛民老者賜酒脯，壯者人進一級，免征徭一年。七月，郭維經、姚奇胤召募滇、閩兵八千及丁魁楚部下遣師四千至，廷麟收合散亡，復得數千人，先後抵忠誠，營城外，不下四萬餘人，軍聲頗振。八月，水師羅明受戰江上大敗，滇、粤軍氣奪，不戰走，他營亦稍潰去。已聞汀州變，人情益震恐。廷麟嘆曰：「靈武不終，天也。」蘇觀生邀赴粤、桂，曰：「忠誠，兩粤門户，不可捨，有死而已。」時清兵圍城者將十五萬，廷麟百計守禦，而城中乏食，士卒疲甚。十月四日，天霧且雪，清兵用嚮導乘夜登城，廷麟督鄉勇巷戰，黎明礮炸城裂，城中兵民感廷麟義，格鬭死者無算。池井積屍幾滿，以事不可爲，遂走城西清水塘自沈死。二妾率婢先井死。閲三日，得廷麟屍，面如生，握拳張髯，凛凛不可犯。清兵設位爲葬南門外。永曆初，贈上柱國、太師、建極殿大學士、新淦伯，謚文正。

族弟廷鴻，字伯衎。諸生。歷職方主事、監軍僉事。招上杭兵千人，突圍入忠誠。城陷，大罵死。

廷珅，字石堅。諸生。監紀通判。從守忠誠。城危，廷麟命之去。國亡，不入城市。

定遠，清江人。累功官總兵，從廷麟死。

瑄，字清臣，清江人。崇禎三年舉於鄉。授職方主事。與介中赴永豐，爲忠誠援。戰廬嶺下數日夕，援不至兵敗，死者數千人。遷監軍副使，命赴忠誠，及至已陷，間詣廣東。永曆元年正月，被執死。

介中，字石文，清江人。尚賓從父。崇禎十二年舉於鄉，團練鄉兵，授職方主事監軍。命復永豐、宜黄不克，死南豐、樂安間。

鵬，清江人。義勇從軍，爲閣標都司。同瑄戰死。

國震，字羽侯，廬陵人。首龍子。諸生。授職方主事監軍，家以之破。

濟，字航臣，清江人。舉於鄉。授職方主事。完髮山中，痛哭死。

岳壽，清江人。崇禎十五年鄉試第一。開縣知縣。後降於清。

士升，字初允，與鼎璧皆清江人。廷麟弟子。忠誠陷，皆去諸生，道服賣卜以終。士升，有文行，名士多出其門。卒年七十二。

愈榮，字居仁，吉安龍泉人。歲貢。贊畫。多計畧。

必達，字兩熙，廬陵人。崇禎十年武進士。玉箭營受圍，聯營呼救，倉卒不支。登舟發大銃不中，赴水，從者救登舟，刻許，復自沈死。妻楊聞訃自經死。子涇，客死舟中。

行禮，清江人。參將。攻城被執，磔死。

長蔭，鳳陽定遠人。以都督同知總兵從廷麟軍。吉安陷，入山。永曆元年十二月，封興明伯。

化遠，上元人。封江寧伯。金、王反正，從郭應銓軍。皆不知所終。

龍，吉水人。萬曆四十年舉於鄉。開化知縣致仕，被誣通敵。

郭維經，字六修，吉安龍泉人。天啟五年進士。授行人。崇禎初，遷河南道御史，疏陳時弊，有所舉刺。責令指實，乃極言劉宗周之賢，詆吏部尚書王永光谿刻及用人顛倒罪。周延儒入相，三疏劾之，有「願斬延儒以謝天下，復斬臣頭以謝延儒」語，皆不省。六年秋，温體仁代延儒輔政，復言：「執政不患無才，而用之排擠正人，不以之籌國事。國事日非，則委曰我不知，坐視盜賊日猖，邊警日急，止與二三小臣爭口舌是非。平章之地，幾成聚訟，可謂之有才耶！」上切責之，尋以憂去。久之，起故官。

北京亡，南京諸臣議紹述，維經力主安宗。安宗立，進應天府丞，仍兼御史，巡視中城。維經以加銜爲魏忠賢陋習，力辭，不允。俄上言：「聖明御極將二旬，一切雪恥除凶、收拾人心之事，絲毫未舉。今僞官縱横於鳳、泗，悍卒搶攘於瓜、儀，焚戮剽掠之慘，漸逼南畿。而廊廟之上，不聞動色相戒，惟以慢不切要之務，盈廷訾議，致啟旁門，鬭捷足，營鑽窺之隙穴，作富貴之階梯。舉朝人心，如狂如醉，匹夫匹婦，呼天憤鬱，釀成災祲。乞令内外文武諸臣洗滌肺腸，盡去刻薄偏私及恩怨報復故習，一以辦賊復仇爲事。」報聞。阮大鋮起用，廷臣力爭，史可法進調停之説，謂「前監國詔，有逆案不許起用一則，爲臣刪去，後來何故復入，此示人以隘」，維經駁之曰：「案成先帝之手，今實録將修，若將此案抹殺不書，則赫赫英靈，恐有餘恫，非陛下之所以待先帝。若書之而與今日起用大鋮對炤，則顯顯令旨，未免少愆，并非輔臣所以愛陛下也。惟願陛下愛祖宗之法因愛先帝，并愛先帝之絲綸。」馬士英、大鋮深疾之。尋累轉太僕少卿、大理少卿、左僉都御史，命專督五城御史，察非常，清輦轂。

明年二月，張拱日劾維經迎孝皇帝御容日，託疾不赴，是不欲觀盛典也。朱國弼復言其署大理事，刑部以武愫案會題，輒以未經覆讞駁之。愫已受僞命，何矜何疑，執法之官，甘心庇逆，乞重懲。乃下部院勘議，士英欲以奉兵失機坐之，都人數千詣闕乞免，乃令回籍。

紹宗即位，召爲吏部右侍郎，會舉考選。上諭曰：「考選朕親簡定，或偶聞於心之言，或見其有一二勤勞可取，皆繇朕心過急，痛念民生。倘有未當，卿宜執奏，以收成命，事協至公，斷不可忤。」又曰：「官員賢否，關係民生之榮悴，切宗社之安危。若吏部有滿堂清官，天下必少呻吟百姓。朕於此選，至虛至公，力拔其尤而後已焉。」尋陳籌浙直第一機宜，先復杭徽，克郡以郡封，克邑以邑封，繇海出兵，尤須陸路接應。

隆武二年五月，贛圍急，命以太子太傅、吏兵二部尚書、副都御史、東閣大學士，總理南直、江、浙、閩、楚、粵、桂七省恢剿，賜尚方劍便宜行事，督師往援。遂與姚奇胤、郭承乾、王喦、郭維翰、彭之玠、鼓吉修、李之粱、張世廣、鍾靈及經歷盧君聘募兵得八千人入贛，協楊廷麟、萬元吉力守，連絡鄉勇，約各社長，會明倫堂犒之；并定迴環巡城規制，士民稍稍振。城危，維經正巡城，急趣水師發四十八礮。礮裂城陷，偕奇胤拒東門。戰傷，衆兵擁入嵯峨寺，自焚死。永曆初，謚忠烈。

子應銓，字甄孟；應衡，字平仲；西炤，字某；從子應煜，字扶生，皆選貢。隆武初，與副總兵劉文煌率所部郭介原起兵撫州，大小數十戰，頗有斬獲。應銓自兵部司務陞車駕郎中。應衡自兵部司務陞職方郎中。應煜自兵部司務陞户部主事。尋駐龍泉，與贛州爲犄角，清招不應。永曆元年四月，清兵薄城，設伏敗之。部下中軍劉文燿潛引兵入城，應銓兄弟同走三溪。十月，清兵繇永新白玉嶺入，遊擊劉登雲見執，别部自簡坑攀崖入，陷木柵十餘重，至黄石。應銓、文煌以數千人走，贊畫王子陵、參謀劉忠見執死。清兵再繇京東入，胡從龍以數千人扼隘口，敗走桐木嶺、朱沙嶺。文煌降清。應銓、應衡投崖不絶，縛至不屈。應銓扼吭死。應衡至吉安，劉一鵬欲降之，飲以酒，乃擲其飲具，齧齒斷臂以死。西炤國亡爲僧寧波太白山。應煜走萬洋山中力戰，監紀推官張大千，副總兵李雲、李廉死。應煜被執，見巡按董學成，踞地極口駡，抽腸而死，死尤烈。

奇胤，字有僕，錢塘人。崇禎十六年進士。授南海知縣。地饒多盜，力絶苞苴，政聲大著。遷職方主事，改山東道御史，巡按廣東。未任，維經偕之援贛，守龜角尾。與彭期生共飲鬱孤臺，酒酣曰：「吾保危城數月矣，援絶力盡，與城存亡，義也。同鄉共事千里外，死亦不孤。」酒罷散去。是夕城陷，向闕南拜，自經死。吴樸爲位哭，歸其喪。子端，事别見。永曆中，累贈太僕卿、兵部尚書，謚忠閔。

承乾，字坤儀，吉安永豐人。諸生。以千人從守忠誠，力戰死。

喦，字拳石，吉安龍泉人。武舉。城陷，襴衫入山，大駡剖腹死。

維翰，字泰維，吉安龍泉人。與子如崙，字叔源，皆諸生。相抱赴水死。

之玠，字惠生，吉安龍泉人。諸生。維經弟子。執不屈死。妾郭投池死。

吉修，吉安龍泉人。諸生。被執將殺。子向明，馳至同死。

之梁，字吾鼎，泰和人。選貢。監紀推官。

世廣，永新人。皆戰死。

靈，吉安龍泉人。龍泉陷，與妻項死。

介原，廬陵人。憤文煌降，躍馬大呼出，支解死。

從龍，字奇儒，金谿人。崇禎十年武進士。偉貌赤髯，負力精騎射。少應募，斬閩、廣寇數百人，撫州得全。自百總歷京營守備、都督同知。龍泉敗後，陞辰州副總兵，與通判石萬有、戴希嘉力守完城。知府王國俊款清招降，手劍叱之，格死，一家從殉。希嘉亦死。

樸，字求履，錢塘人。

蘇觀生，字宇霖，東莞人。崇禎中，自歲貢授無極知縣，創建邑城，平反冤獄。總督范志完薦監紀，築五城寧遠城。遷永平同知，逾年轉黄州知府，未任，改登萊副使，仍管天津水師。李自成官至，執斬之。

北京亡，以輕鋭數百人航海走南京，改蘇嵩嘗鎮督糧參議，兼高起潛監軍。南京陷，趙之龍命署降表，不應。與陳萬幾、鄭元鼎走杭州。途謁紹宗，與語大悦，聯舟赴閩。與鄭芝龍、鄭鴻逵擁戴，晉翰林學士，擢禮部右侍郎，兼學士如故，賜號「奉天翊運中興宣猷守正大臣」。設儲賢館招四方士，命觀生領其事。

觀生矢清操，稍有文學，而新進，時望不屬，上以故人倚之如股肱，恩眷出廷臣右，乃超拜吏部右侍郎、東閣大學士，賜「天賜忠臣」銀章。觀生數贊親征，見芝龍不足與有爲，且事權悉爲所握，疏言：「今者内患雖寧，外憂方大，然閩中門户競起，將相不和，諸勳臣爵皆五等，富貴已極，無雪恥復仇心。非上親總六軍，張天討，恃彼二三庸懦，首施不前，勢不能恢拓皇輿尺寸。請先幸贛，據三省咽喉，爲進戰退守之計。」上是其言，諭曰：「朕不入贛不興，不出閩不成。命觀生先生清道，并修城池以待。」

隆武二年，加太子太保、吏兵二部尚書、文淵閣，頒銀印曰「瞻奉南北帝王山陵安定楚豫兵民文武經理浙直江川兼督閩粤雲貴」，敕粤歲解銀十萬支用，文武自道府副總兵下得專生殺除授，賜尚方劍，便宜行事。上祖殿門曰：「先生清端有操，沈毅善謀，以師尚父相期。」宴罷，君臣揮涕而别。觀生赴贛，大徵甲兵，疏陳發兵萬人迎駕。上敕分兵至順昌、歸化、清流、汀州。上幸延平，予餉三萬，命先克湖東。

三月，吉安陷，萬元吉乞援，以新威營二百人往，協守綿津灘。戰敗，清兵圍贛州。觀生駐南康，疏陳收拾吉安綢繆贛州中列五要計，遂合散卒，與清兵遇李家山、九牛間，戰數捷，清兵退水西，觀生發兵三千馳入贛助城守。久之，清兵再圍城，三千人皆去。加武英殿。八月，移駐南安，徵義師十萬。

九月，有中官至營，稱上蒙塵，詔統兵赴潮迎駕。觀生遂踰嶺南歸。適王之臣等至，知上凶問，揮淚曰：「使輦早詣忠誠，不致有今日。」陳邦彥勸以疾趨惠、潮，扼漳、泉，兩粵可自保。

十月，觀生還廣州。欲赴潮，紳民若挽，擁道不得行。聞丁魁楚等定册立昭宗，觀生遣邦彥奉表勸進，欲與共事。魁楚素輕之，且欲專擁戴功，慮其以舊相居己上，拒不與議；呂大器亦以其出身非甲科，叱辱之，觀生愠甚。

時紹宗弟唐王聿鐭與何吾騶自閩至廣州，觀生曰：「吾受大行皇帝厚恩，死無以報，今親弟在，何外求君。」遂與吾騶、王應華、曾道唯、顧元鏡立聿鐭爲帝。封建明伯，拜兵部尚書、東閣大學士，專軍國事，以簡知遇爲兵部尚書。時倉卒舉事，亟治宮室、服御、鹵簿，通國奔走，夜中如白晝。不旬日，除三品以上官數千。上命彭燿、陳嘉謨敕諭廣州，被殺，邦彥遣人賫敕授觀生。觀生悔，而事已不可中止。乃治兵西向，敗肇慶兵三山口。觀生意甚得，務粉飾太平，而惟關捷先、梁朝鍾是任。

有楊明經者，好大言，詭稱精兵滿惠、潮間，可十萬，即特授僉都御史巡撫惠、潮。觀生器此三人，事必咨之。

又有諸生梁鋈者，妄人也。嘗以扁舟出海迎聿鐭，觀生謂其才，用爲吏科都給事中，與明經大納賂賄，日薦數十人。觀生本乏猷畧，既兼綜內外事，益惛瞀。所招廣州花山寨水陸忠義石、馬、徐、鄭四姓，授總兵，皆桀驁不受節制，白日殺人市中，刳肺腸懸諸貴官之門以示威。七門之外，號令不行。時博雒、佟養甲、李成棟自漳、泉陷惠、潮，合忠誠兵三路攻廣州，長吏皆畔，即用其印移牒廣州報平安，觀生信之。是月望，或報清兵迫，觀生叱之曰：「昨潮州報無警，烏得遽至此！」妄言惑衆，囚之。而漢裝十七騎已臨城下，僞稱花山兵，求入東門，守者信焉。林永茂三百騎從之，清兵登城，觀生始召兵搏戰，精銳者皆西出，宿衛萬餘，猝不及集。至者數百，力戰一晝夜，斬遊擊王士選、佘述之，以數十人擊敵，斬御史一人、騎一人，與總兵馬玄生皆力竭，陷陣死。清兵欲退，而謝尚政糾六營兵內應起，城遂陷。觀生被執，慨然曰：「吾以布衣登兩朝相位，死何憾！」質問，一語弗答。已聞聿鐭執，乃大書「大明忠臣義士固當死」九字，並題詩於壁而死。僕玉田木進，隨經於側。清兵入其宅，男女三百人力拒皆死。明日，鋈及總兵鄭昌、鄭廷球、石璧，副總兵蘇覲光、都司李日恭降於清。永曆元年正月，四姓兵舟千艘謀攻香山，爲清知縣劉起鳳所拒。觀生子國祐，字祐叔，太學生。任尚寶丞。觀生死，奉大母隱。

知遇，字伯葵，南海人。萬曆四十六年舉於鄉。授銅梁知縣。有拒寇功，遷兵部主事。廣州陷後，隱東皋，與陳調等爲耆英會，放浪文字詩酒。

調，字枚臣，南海人。少任俠。以鄉兵應張家玉，授參謀推官。兵敗，與李貞長歌痛飲終。

明經，鎮平人。選貢。自天長知縣歷淮安同知僉事、湖東副使，後誘執趙王由棪降清。述之，番禺人。守備。

尚政，東莞人。萬曆四十六年武舉。援遼，復遵化，官都督同知。袁崇煥下獄，梁廷棟命誣陷主將，擢福建總兵。廷棟敗，奪官。隆武時，以助餉得都督同知，提督楚、豫軍務，往忠誠軍前效用。觀生薄其人，不爲復官，憤甚。久之，命總理提塘。

覲光，番禺人。諸生。

贊曰：冠相業無展布，德溥、錫疇儒雅有餘，罔知時務，迂遠之譏，殆不能免。然冠之從容就義，有文山柴市之烈焉。廷麟、維經忠壯質直，節概梗梗，有古丈夫氣。屏翰閩、廣，心雄力鉅，忠誠之守，與揚州、桂林後先媲美。撫循之勞，日月爭光，事雖無成，可無恨矣。觀生規畧明敏，以丁魁楚之拒，遂爲廣州之圖，效朝、猛之相爭，忘晋、鄭之夾輔。戎起身家，禍延宗社，惜夫！

南明史卷四十三

無錫錢海岳撰

列傳第十九

曹學佺 子白 徐英 齊巽等 黃錦 吳太沖 熊明遇 子人霖等 李長倩 同族若練 徐應秋
姜一洪 子天植等 周應期 趙維岳 劉若金 從子泌如 鍾炌 劉安行 林宰 葛寅亮
余珹 董羽宸 李淩雲 張鏡心 邵輔忠 子似續 似歐等 賀世壽 熊化 子兆行等
王志道 李瑞和 羅萬傑 徐丙晋 張聖聽 盧化鼇 徐穉佳 鄭一岳 張鼎渭 何通武 林期昌
鄢廷誨 陳文瑞 王錫恩 陳金聲 孫節 任俶 余有敬 戴弁球 甘麟徵 虞經 陳仕奎 鄧廷彬
朱璘如 鄧芳暉 李幹 楊樹聲 林潤蓁 魏應桂 陳猷奮 李開遠 黃朝挺 韓范 林銘鼎 子
濬芳 陸懷玉 鄭鳳來 邢大忠 子豫 胡時忠 賀登選 王觀光 洪維翰 李京元 歐兆元 張
璀 羅其綸 龔天池 黃景胤 吳之琦 史贊聖 吳之奇 林宗仁 丁胤甲 陳羽白 郭啟宸 湯應龍
林鳳儀 辜胤奇 柯載 陳兆棠 吳應恂 史延亮 胡丹詔 葉良漸 張際熙 鄭正學 陳世濬 楊

愈隆等　劉軒霈　張兆璋　王禹謙　韋際明　成子寬　楊喬　王會圖　徐柏齡　高似斗　游叔驊　黃世
耀　陳升聞　陳鴻飛　丘雲起　吳窦　陳槼　鄭之冕　魏人鏡　吳良謨　鄭敬禹　黃汝霖　鄭之特　何
三奇　黃玠　陳所學　余垣　王御乾　于斯力　嚴飄香　王之麟　周梧　伍邦梓　趙翼心　馬經部　鄭
重　鄒應啟　江夢彩　李兆　子映庚　張夬　楊世祿　曹勳　弟炯等　張一珏　徐永周　劉自煒　魏
人龍　陳元綸　林必達　黃起有　唐九經　董颺先　朱得祚　林慎　楊傑　吳康侯　方廷涓　梁玉蕤
蔡而熼　余颺　蕭毓奇　黃廷旦　鄭宗藎　李夢日　李霞綺　黃鴻飛　劉從古　程文醇　方文耀
伍飛翰　李維垣　孫晋　兄頤　江禹緒　汪遊龍　江夢鶴　洪雲翼　顏浩　方孔時　馬之瑛　馬之璋
劉元勳　朱侍臣　宋賢　子維翰　吳時亮　吳震交　唐顯悦　父大章　子仁普等　弟洞惓等　葉
廷秀　曹履泰　子元芳　吳聞詩　毛元策　李言　蘇峽　魯良梓　周爔新　金錡　葉人龍　鄭賡
唐　于華玉　陰宜登　黃通　李開芳　陳殿桂　張若羲　劉星耀　陳廷武　賴尚皋　盧汝鵾　楊志熹
羅之梅　黃瀓之　莊尚庠　丘蕃孫　彭兆旂　胡繹祖　伍耀孫　周之楨　裴養青　王志周　劉伯根
朱可權　屠希綱　范克誠　臧餘愷　許登明　劉啟鳴　蘇應璧　張若　潘揚晋　王命璿　子之鋌　孫
思沂　喻以恕　陳國正　馮秉清　陳調元　陳國器　林廷輝　王皋　貢克聖　林桂　黃道爵　沈之煌
曾賜昌　黃道彔　李登雲　鄭之産　鄭芳蘭　唐夔　盧日就　翁冠英　吳崇熹　薛大鄷　富明新　鄧毓
瑞　林日升　林森　陳興言　戴弁球　陳學孔　劉尊聞　謝廷擢　張元德　張天溥　吳懋雲　劉大嘗

林萃祉　洪嘉修　項國輝　陳兆珂　陳崇虞　周瑞豹 子士竇　周汝璣 子鳴臯　兄汝弼　從子履　陳玄藻等　程言　賴繼夔　陳經文　林日光　項如臯　唐士鳳　高承埏　萬堯一等　姜鉎　伍儀　田　蘇兆　林鳳儀　黄弼　傅乃根　陳良佑　翁希禹　黄晋良等　屠襄孫　李燦箕　李魁春　揭杲　區大綽　李希衛　游爲光　許源浩　萬封祝　王先甲　王介慶　胡兆康　張繼曾　李光倬　童印　熊奮渭　錢繼登 弟繼振等

曹學佺，字能始，侯官人。萬曆二十三年進士。授户部主事，調南京大理正，居冗散七年，益肆力於學。累遷户部郎中，出爲四川參政。值建南不靖，調兵防守，而轉餉於川南。過大渡河，輒遇瘴斃，學佺乃假便宜，以運費徑解守道，令自買運，蜀人得免饋餉之苦。歲大饑，設廠煮粥，繪圖上請，得發帑金三百萬以振，蜀人詫爲三百年未有之殊恩也。蜀有行坐二税，行税取商，坐税取民。歲饑，民流亡，坐税無所出，乃以歷年行税羸羡萬餘金，抵本年坐税，民免追比，而墨吏皆側目。蜀府毁於火，估修七十萬金，學佺以宗藩例卻之。蜀路險絶，學佺署驛傳時，發兩川各千金，并搜括羡餘，修道塗輿梁，行人德之。三十九年，進按察使。中察典議調，蜀人遮道留，有欲叩閽者，幾不得發，慰諭之始散。

天啟二年，起廣西參議。桂林宗室素横，學佺獨執法，遇事屬有司治之。又爲反復開譬，宗室肅然。全、灌、興安諸州縣糧艘集東江，親詣驛兑支，糧户既省入倉費，軍且得實惠，勒石爲令。錢局患侵漁，歷二年，僅獲利千餘金，學佺立程度清覈，年獲利五千。私鑄奸徒或緣宗室爲窟穴，不可問，學佺嚴捕不少貸，其風以息。瑶、僮不通言語，有司往往魚肉之，哨軍至日，索飯食，輪供億，因以致變，乃嚴爲約戢，并改營鎮於他所，禁入峒騷擾。會平樂大饑罷市，奸民及驕軍汹汹起，學佺以嚴靜鎮之，仍便宜假餉銀，給票買運，糧艘四集，軍民乃安。

初，挺擊之獄，劉廷元主風顛，學佺著野史紀畧，直書本末。六年秋，轉陝西副使，未行而廷元附魏忠賢大幸，乃劾學佺私撰野史，淆亂國章，遂削籍，毁其書。廣西大吏疑忠賢且殺之，羈留以待。久之，始釋歸。

崇禎初，起廣西副使，不赴。時海寇熾，移書當事，請於梅花、雙龜屯兵，扼要建墩堡，編居民自相守，又條陳機宜九事，皆舉行，寇以是遠遁。又議塞龍腰往來之路，毁平臺淫祠，創橋城北潘渡，濬河開湖，建洪山、萬安、桐口三橋。鄉人設像於洪山橋，立祠祀焉。學佺所居石倉園，有池館林木之勝，結社談燕，閩人士以爲歸。嘗謂「二氏有藏，儒何獨無？」采輯四庫書爲儒藏。功未竣而兩京繼亡，自投池中，爲家人救，不死。

紹宗幸閩，學佺迎謁。時議課州縣修宫，奏曰：「仁聲儉德，王政所先，車駕甫臨而先有茲舉，不肖有司因而蠹民，無乃彰上過乎！」上改容謝之。復陳三事：一福建正供悉貯兵餉，毋或濫支，以防不給；一禮成之後，即命鄭鴻逵抵關，相度防守進取事宜以聞；一禁遊兵行剽，令舊軍速招歸伍，以紓民。上曰：「卿巍然靈光，文學爾雅，是天留佐朕中興也。」命悉允行。旋擢太嘗卿，晋禮部右侍郎，兼侍讀學士、國史總裁，修毅宗實録，專設蘭臺館處之。拜尚書，加太子太保，兼清察軍糧，以濟民食。學佺饒大畧，因事有匡建，悉本禮經，凡朝廷戎祭封爵贈謚，並遣詞臣咨問，倚以取斷。馬士英疏乞入朝，學佺力揭罪輔不可入關，從之。

隆武二年春，徐孚遠上水師合戰議，請上親征，而自招吴濡諸義軍相犄角。學佺謂徼天之幸，在此一舉，捐餉萬金，且言當乘風疾發。會爲鄭芝龍所阻，學佺知事不可爲，曰：「天若祚明，則實録可就。不然，老臣惟一死報國耳。」九月，清兵迫，走鼓山寺爲僧。入門見繩一縷，携之歸。有齊巽等思爲恢復計，來乞餉。學佺曰：「與其存爲兒孫用，不如先爲國用，成敗利鈍，非余所知，諸君勉旃。」因立出萬金與之。十六日，巽等迎至帥府。十九日早，呼家人告曰：「吾志久定，今日正吾盡節日也。」手題壁曰：「生前一管筆，死後一條繩。」沐浴整衣冠，中堂自縊死，語不及後事。徐英伏屍哀動，嚼舌噴血數升而絶。學佺將蓋棺夕，貝勒博雒檄至，籍没田屋，株連兒女，五日始入棺，屍蟲滿户矣。卒年七十三。監國魯王謚文忠。

子白，字子章。博學，去諸生。

英，字振烈，侯官人。工詩，爲人擔粟，學佺重之，招主石倉園，選其詩於十二代詩選中，因以知名。

巽，字又五，閩縣人。歲貢。當清兵至延平，公卿爭上圖籍，倖加秩。巽憤，與中書舍人蔡方山、江不空等陰結衆，大書「倡義」二字於門，招三千人起義，斬護軍校色音。黄瑾密報博雒，急下水口，兵遂各解散。博雒軍沙洲，父老羊酒郊迎恐後。巽、不空後以不薙髮被執，縛樹叢射死。巽妻，林之蕃妹，自刎死。閩人皆惜巽等之志而痛學佺。方山、不空，皆侯官人。

黄錦，字孚元，饒平人。天啟二年進士。改庶吉士，授簡討，修神宗實録，管誥敕。時魏忠賢勢張，欲建生祠太學中，咸擬轉錦司業。錦笑曰：「吾安能以好官貽萬世笑端乎！」以資叙不相應，向閣力爭得免。因求襄王册使以行，事畢歸。威宗立，仍管誥敕，以侍講充展書官，陞司業。修較十三經、二十一史，歷左庶子、經筵講官、少詹事、日講官。上御經筵畢，問講臣、用人、理財二事。錦對以觀治狀、察條陳、寬詿誤、量出入數語。明日，即出鄭三俊於獄。清兵入牆子嶺，京師戒嚴，與劉文炳、鞏永固守西華門。遵旨敷陳，有寇既遁歸懲毖宜亟諸疏」，舉邊才楊御蕃，得擢用。尋知制誥副總裁，請治壞封疆者，而鄧希詔、孫茂林二奄爲首，舉朝稱快。遷禮部右侍郎。

十二年，楊嗣昌辦寇，九卿集直房候旨。嗣昌向同官有乏才之嘆，錦曰：「大才宜早儲，中才則張示司馬門，自有應者。」人謂立言得體。十三年，知貢舉。夏，以清兵屯義州，上警報疏，中言欲用銃車、籐牌、刀手，皆切機宜。冬，調吏部左侍郎。

十四年，京察自陳，奉諭褒以學行素著，宜贊襄計典。及考京職，避嫌不與。尚書李日宣攜案就錦，中有坐前刑垣王雲臺以不携母之任及入京營幹事。錦曰：「城破母死，人子大痛，入京請卹，人子至情，奈何罪之！」日宣去。侵晨，錦矢諸神，日宣旁皇，召考功錢甲前，錦言如初，甲曰：「此兩衙門來單，不得挪動。」錦曰：「若如此，安用吏部爲？」遲明，總憲、九卿、翰詹等皆至，總憲王道直謂錦曰：「君柄用在即，奈何爭此閒事？」錦曰：「斥陟國之大典，非閒事也。」未幾，計典上，有旨嚴責，果如錦言。會推南京禮部尚書，病告歸。北京凶問，痛悼欲絶，設御靈冢中，日夕哭泣。

紹宗即位，起禮部左侍郎，尋晋尚書。馬士英欲入閩，鄭芝龍素與善，爲之道地。事下廷議，多依違其間，錦以爲言，遂定士英罪名爲「逆輔」，不許入閩。加太子太保，假歸，命與劉柱國出忠誠，以謝良友三千人聽調。會汀州變，事不果。後與郝尚久反正，傾家助餉，事敗卒，年八十三。

吴太沖，字默寘，錢塘人。崇禎四年進士，改庶吉士，授簡討，請嚴加派、重撫綏、專剿滅，尤以正人心、敦士行、破門户、全國體爲念。歷國子司業、右中允，以直言稱。弘光時，遷禮部右侍郎。南京亡歸，約陸培同殉，不果。紹宗起故官，兼侍讀。福京亡，走免爲僧。清召不出。

熊明遇，字良孺，進賢人。萬曆二十九年進士。授長興知縣，遷兵科給事中，進八憂五漸三無疏，極陳時弊。亓詩教以明遇與東林通，出爲福建僉事，調寧夏參議。天啟元年，以尚寶少卿進太僕少卿，擢僉都御史，提督操江，建營伏虎山，選練蒼頭軍，以資守禦。齊庶人睿爈謀不軌，捕寘之法，爲給事中薛國觀所劾。魏忠賢以明遇疏救游士任，矯旨革職，坐汪文言獄追贜，戍平溪。

崇禎初，起兵部右侍郎。明年調左，陞南京刑部尚書。四年，入爲兵部，疏陳邊計，悉見采納。楊鶴被逮，明遇言：「秦中流寇，明旨許剿撫並行。臣謂渠魁乞降亦宜撫，脅從負固亦宜剿。」上命行之。

五年，以過信余大成言，撫畔將李九成，致萊州被圍；又曲庇宣府議和巡撫沈棨，命解任。久之，起南京兵部。左良玉潰兵東下，檄楊卓然領標兵遮之蕪湖，移鳳淮督駐浦口，黄得功、劉良佐入護陵，良玉氣攝謝罪。改工部，引疾歸。紹宗即位，起户部尚書，兼右都御史。未幾，以病乞休。卒年七十一。

子人霖，字伯甘。崇禎十年進士。授義烏知縣。築城，民不知役。行保伍法以軍令，月再肄之。設金城、講武二營，而除戎器正伍兩寓焉。許都亂，監軍平菁賊，遷工部主事。安宗立，改吏部，陞太僕少卿。紹宗即位，改太常少卿。

人霖子孟啟，字東星，任户部主事。孟台，字六星，任都察都事。

福京亡後，明遇、人霖、孟啟、孟台皆隱居卒。

李長倩，字維曼，興化人。大學士春芳曾孫。崇禎七年進士。授歸安知縣，輕徭役，治豪胥，修城興學。王學曾以貲爲中書，恃温體仁奥援，爲暴鄉里，前令苦之不敢問。長倩廉其實跡，逮之獄。權貴請乞書盈案，不一啟視；賂巡按欲寬之，不從，卒抵法。在任五年，舉卓異第一，當事沮之。遷禮部主事，教習駙馬鞏永固，其後殉國難，死甚烈，人以爲長倩教云。已以員外郎出爲江西督學副使。丁内憂歸。

弘光時，起福建。紹宗監國，上三千金，擢太僕少卿。疏言急出關，緩正位，示無富天下心。不報。及即位，轉户部左侍郎，上言：「王業萬難偏安，疆宇萬難緩復，請速出師圖恢復。」上可其言，下詔出師。國用不足，請開事例，許之。黄道周督師出關餉乏，盡括各州縣歷年缺廩俸及學租、贓贖貯帑十三萬以佐，復上書畫軍餉。尋晋太子太保，署尚書。徐應秋爲户部右侍郎。九月，鄭鴻逵以餉不足，請借助里中糧石徵銀一兩。上言：「士民飽者可義激，零星窮户額賦尚難，安能借？請免一二石小户，并乞石先借五錢。」上如其言，民始安堵。

隆武元年十一月，兼右副都御史、御營督餉，疏請慎名器、裁冗費、一事權。上取道汀州，以汀屬空虚，請留餉三萬，訓練土兵，備緩急。無何，鄭芝龍降。

二年七月二十六日，陞隨征户部尚書。長倩行抵建寧，餉已不繼，知事不可爲，自書曰：「世受國恩，即捐糜不足報萬一，顧死不瞑目者，二京失守，九廟丘墟耳。」遂飲鴆卒。子淦，自有傳。

同族若練，聞昭宗在滇，人有奔赴者，大喜，輒多與之金，資其行，日南向望消息。後以金不繼，前之往者皆不歸，抑抑死。

應秋，字君義，衢州西安人。都御史可求子。萬曆四十四年進士。授同安知縣。大修學宫，杜絶苞苴。調莆田，累遷禮部主事、員外郎，廣東參議，福建參政。劉香弄兵，巡視軍實，練甲兵，討平之。陞左布政使，度支錢穀，公私充給，後兼管郵民庫。福京亡，隱居卒。

姜一洪，字開初，餘姚人。逢元弟。萬曆四十四年進士。授武學教授，遷南京國子博士、儀制主事、户部員外郎、文選郎中，出爲江西副使。俗多溺女、緩葬，一洪禁之，俗爲丕變。轉禹州參政。時寇屢犯境，河決，民不得耕，開倉振之，流亡悉返。馬守應侵河北，一洪多張疑兵，而自率勁卒當中堅，出寇不意破之，葉縣、鄢陵、彰德、懷慶，千里之内獲全。歷福建按察使，多所平反。擢廣東右布政使，清各衙門侵役千餘人，刻期訓練，地方攸賴。移左布政使，平物價、減兑耗、省詞訟、絶餽遺。奉旨優陞，會母憂歸里。

安宗立，起添注太僕卿。魯王監國，議舉義旗，毁家助餉。

紹宗即位，以黄道周薦，謁福京。上問：「卿來大不易？」一洪伏地脱幘曰：「臣髮固在也。」上喜，手掖之。除吏部右侍郎。

隆武元年八月，代熊明遇爲户部尚書。鄭芝龍專政，一洪上言曰：「今關外不發一矢，而徵餉剥及細民，此不可旦夕之勢也。楊廷麟等死守贛州，意氣激厲，宜親赴其營，荷戈爲諸臣倡。」上納之。明年秋，奉使赴贛，而仙霞嶺兵潰，上將幸忠誠，先行集援師。未至而汀州陷。一洪次雩都椰木庵，聞而慟哭曰：「吾間關萬里從扈，今已矣。」乃賦絶命詩，夜赴水死。諸生鍾國士、僧了緣爲殯葬。

一洪子貢生天植、諸生廷梧，走四千餘里，負父骨歸。中途逅清兵，械天植。廷梧，字桐音，方丱角，膝行馬前求代，後亦齎恨死。

一洪赴忠誠，有同行陳若水者，亦竭蹶力盡死，而籍貫、官秩不可考。

周應期，字際五，永嘉人。萬曆四十七年進士。剛嚴清正，取與嚴一介。歷官儀制郎中。魏忠賢用事，令改幸學儀注，力持不可。忠賢銜之，出爲福建驛傳副使，改漳泉參政。海寇之亂，調兵食，祕授方畧，降其衆十餘萬，福建平。

崇禎初，轉九江副使。馭吏率屬，動有法度，公廷清湛如水，人不干私。在治五年，以善政稱。遷僉都御史，理屯京東。會朝廷遣十内臣分鎮畿輔，應期力諫，不聽歸。起福建右布政使，移山東左布政使。二東大饑，人相食，出費修城廟署，以工代賑，振邺老弱。又請蠲十五年來田賦，六十萬民慶更生。十六年，以副都御史總理京東山、永、天津、宣、大屯務。

紹宗即位，召刑部左侍郎，擢尚書。明年乞休。福京亡後，自號止庵，不出户者十九年，監司守令欲一面不得。

趙維岳，劍州人。萬曆四十四年進士。歷太僕少卿、光禄卿、通政使。崇禎十六年，以僉都御史巡撫順天。北京亡，避地施州。弘光初，起刑部右侍郎，未赴。紹宗即位，再以故官召，道遠未聞命，卒。

劉若金，字用汝，潛江人。天啟五年進士。授古田知縣，弭盜有功。調浦城，平斗斛，摘奸發伏如神。遷南京吏部主事，出爲淮海僉事。寇熾，練兵簡將，設堡防禦，踰年寇不敢犯。又疏淤河，利水道。被劾歸。

安宗立，擢通政參議，尋以副都御史提督閩廣沿海開墾、屯田、市舶、橋稅、珠池，兼理海防軍務，駐福寧。榷洋稅，士民罷市。紹宗即位，與鍾炌、劉安行同召，晋兵部右侍郎，改禮部左侍郎，再改刑部，兼左副都御史，後代周應期爲尚書，賜「贊襄補兖」銀章。

從子泌如，字鄰侯，國亡，自號塞翁。去舉業，吟咏。

炌，字淑憲，分宜人。天啟二年進士。授中書舍人，遷户科給事中。崇禎初，陞禮科都給事中。縝密不妄言，彈劾奄黨，不畏强圉。歷大理少卿、順天府尹、大理卿、吏工部左右侍郎、右都御史，以袁賦浮重，遼餉加派，特疏請免，議格不行。紹宗率軍勤王至裕州，炌議廢爲庶人。尋以會審忤旨，削籍歸，林居十餘年。及上即位，轉左都御史。炌與羅萬象至南京，自詡爲孫之獬故人，請洪承疇録用，勒回籍死。

安行，字淡星，襄陽人。萬曆四十七年進士。歷蕭山、登封、嵩縣知縣，煦和愛民。時檄立魏忠賢生祠，力拒之，曰：「我楚人，若爾，無以見大洪地下。」大洪者，楊漣字也。累陞吏科都給事中。安宗立，以僉都御史提督南直、浙江沿海開墾、屯田、市舶、魚鹽等税，兼理海防軍務。隆武初，晉二部左侍郎。若金、安行皆福京亡後卒，若金年八十一矣。

林宰，字德衡，漳浦人。萬曆二十九年進士。授無錫知縣，革重役火耗。會東林講學，爲捐復講堂，朔望主文會，重建道南祠，立碑記之。先後試士，拔馬世奇、華允誠皆第一，人稱冰鑑。遇訟獄，剖決如流，按律得情，吏胥不得上下手。在任七年，幾於刑措。遷儀制主事，歷員外郎、郎中，累擢江西參議、四川按察使。

天啟二年，奢崇明反，據重慶，分道趨成都。成都兵止二千，宰與巡按薛敷政，布政使朱燮元、周著，分門固守，會諸援兵集，崇明乃退。樊寵之變，親執桴鼓，旬日圍解，密召秦良玉以計禽之。轉左布政使。入爲太僕少卿，核馬政諸弊。轉通政使。以南京户部右侍郎總督糧儲。京倉積貯出浮於入，列救弊之法。陞兵部左侍郎，乞養歸。後魏忠賢毁東林書院，見宰所爲碑記，追奪其職。崇禎初，復官。

紹宗即位，起兵部。曾櫻薦宰年德俱懋，擢工部尚書。已以耄乞休。歸卒，年九十五。

葛寅亮，字屺瞻，錢塘人。萬曆二十九年進士。授制儀主事，遷祠祭郎中，疏請修拓黄觀、方孝孺祠。出爲九江僉事，鋭意興除。先湖口税璫李道勢張，莫敢問。寅亮至郡，榜張其弊蠹，仍條關款，檄道舉行。移檄湖口守備，約於五月某日巡歷湖、江，令守備練兵以候。道莫知所爲，門輒晝扃。寅亮因執其鋪户某等，立斃以法，漸及參隨胥吏。道望門請託，寅亮曰：「該監人役俱我百姓，敢於骩法病商，皆得執而問之。」於是除宂役首惡論罪，分謹守者百餘人爲二番，給牌，腰佩之，月赴道驗，更聽約束，民始免水火矣。

歲饑，出公費數百金，并貸關使者千金，遣官告糴湖、湘，以平價糴之，民賴以活。創陽明書院，置膳田，選諸生肄業其中。置社學十二所，以教貧民子弟之不延師者。開南薰、東作二門，築月城，湖中爲隄，橋西城間，蓄水以制火器，濬老鸛塘，建置如不及。既而移疾去，行李一肩而已。

起福建屯鹽副使，疏省會内河淤塞。改督學，藻鑑允當，私竇盡絶。轉荆南參議，督湖廣學政，歷尚寶卿、通政使。安宗立，擢太嘗卿，調大理。疏陳時政，畧言：

神廟時，甲科官盡皆自飭，鮮計賂遺，鄉科亦多自愛，惟他途之朽壞污下或然。今甲科中比比而是。司餉者出納皆有扣剋，鞫獄者輕重多以賄成，即掄才之任，交易若市。而地居清要，又或借潤於居間，源之不清，流如何潔？凡爲外臣無不括民脂以邀進取，故桁楊桎梏之下，富則破家析産，貧則貼婦賣兒，怨讟交騰，大法小廉之風蕩然矣。國法非不知，而同氣相引，儼然混列清華，揚揚自喜。即敗露歸林，廣田園，美宮室，足娱一生，人亦競豔之。彼視廉吏可爲而不可爲者，更自媮快得計，而寧復顧國邮也。故貪者必寘之重典，贓務纖悉嚴追，若壞法贓重，即宜籍没家資，并喪其所自有。至於廉官，節茲四鎮軍需告急，民力維艱，免加派之煩，以此相抵，實大有裨於國用。介性直，取與必嚴，固士君子持身自愛之道宜爾。然鉼罄罍恥，室人交謫，勉以自立殊難，故養廉之道，自古不廢。乃今俸薪折鈔，業已甚薄，且艱予不給，而又搜括無餘地，捐助即有多端。在貪者僅出餘賄，愈得藉口以恣其貪；廉者至捐生計，莫能資身以成其廉。要惟矢秉忠誠者，淆之不濁，而世多中人，轉相倣效，安望天下皆廉官哉！是必悉反乎此，即俸薪之折，勢難遽復，亦宜量斟以有待。聖祖於選官賞綺布道里費及其父母妻子有養，著爲令，曰：「以養汝廉，奉公無漁民也。」而於貪者必嚴法不宥，令追贓所得，不但卿有資，充餉亦可復厚矣。廉吏抑揚之間，所關風厲非小矣。疏入，上嘉納之。紹宗即位，擢工部右侍郎。疏請務去飾治繁文，必收近取實局，上目謂老成格言。已晋尚書，隨征。福京亡，隱浦城東鄉巖頂，與劉杲日、劉景瑗、陸圻唱和。旋立室武夷五曲，講學授徒，卒完髮以終。初，南京亡，寅亮有入山志，妾胡力勸從扈。寅亮卒，扶柩歸三日，曰：「翁全髮，而吾可以死矣。」乃經死柩旁。

余珹，字洪崖，商丘人。萬曆四十四年進士。授中書舍人。天啟中，上言清狐鼠、嚴請託。魏忠賢怒，思中之，乃命以御史巡按雲南。時水西、東烏交畔道梗，又沙、普土司搆難，日尋干戈，而黔國公尤跋扈不法。珹自劍關渡瀘，間道西行。飛檄水西、東烏，諭以威德，酋皆束戈聽命。召沙、普，平其夙怨。惟黔國公黠桀，輦金賂珹，珹不受。乃疊石爲坊，伏機於下，將殺珹。珹過心動，疾驅獲免，機發石下，輿人死焉。回朝，改巡九邊，諸將皆股弁，曰：「是不受黔國屈者也。」咸俯首受約束。累遷南京兵部尚書，數陳方畧，不報。遂投劾歸，徙居福州。紹宗立，起南京吏部尚書。清召至北京，引疾乞歸，以兵部尚書予告卒。

董羽宸，字邃初，上海人。萬曆四十一年進士。授餘姚知縣，遷雲南道御史，巡視山東，散徐鴻儒黨。巡按順、永、保、河，守通州。上言劉之綸不任戰，果敗死。陞順天府尹。自光禄卿累擢左副都御史、兵部右侍郎。忤薛國觀，謫南京尚寶丞，削籍歸。清兵至，迎降。紹宗立，起南京吏部左侍郎。

李淩雲，字峻甫，嵩江華亭人。萬曆三十二年進士。諸城知縣，歷御史太僕卿。紹宗立，擢南京吏部右侍郎。

張鏡心，字孝仲，磁州人。天啟二年進士。授蕭縣知縣，調泰興。蠲資代完民逋，全活無算。遷禮科給事中。天大雨雹，引春秋傳注，言大臣專權所致。上命指實，因劾吏部尚書王永光。轉右左，晋吏科都給事中，掌大計。温體仁以所私託，不應。流寇熾，疏薦范景文，且請重左良玉，以厚江北勢。擢兵部右侍郎、僉都御史，總督兩廣。

海上奸商勾紅毛夷請互市，力持不可。陳謙以番市漁利，劾罷之。駐師於嵒，而以市貨給之，紅毛夷遁去。乃環視地形要害堵守，海警以寧。復剿楚地山寇，視師韶州。盤古諸洞久爲寇窟，平之，拔良民千三百餘户，拓田萬五千畝。粤山多田少，民半流離，鏡心撙浮費得四萬金，積米數十萬石，粤人賴之。入爲兵部左侍郎，陞尚書，總督薊、遼，以親老乞養歸。

安宗立，黄道周疏薦老臣宜大用。紹宗召南京户部。隆武元年十一月，降於清。

鏡心事親孝，與倪元璐、道周善。道周下獄，獨以三百金致其家，道周知之，曰：「孝仲所遺，固可受也。」其爲名賢所重如此。

邵輔忠，字廣益，定海人。萬曆二十三年進士。授嘗州推官，遷山西道御史。大學士朱賡被劾，不即避位，上疏切責。轉屯田郎中。首劾總督李三才結黨滿天下，前圖枚卜，今圖總憲，腹有山谿，口皆劍戟，大奸似忠，大詐似直。彼四岳薦鯀，漢臣諛莽，天下之大可憂，在小人竊據蕭牆之内也。因列具其貪僞險横四大罪。未幾，謝病歸。久之，起故官，陞順天府丞，劾汪文言，褫監生下理。

天啟元年九月，毛士龍糾輔忠奸貪，大懼。劉朝以超擢，誘使訐士龍，魏忠賢從中下其疏，遂附忠賢。歷左通政，太嘗卿，兵部右侍郎、尚書。諸奸黨攻擊正人，多所主使。會有張匿名帖厚載門者，列忠賢反狀，忠賢疑出張國紀手。輔忠謀因此興大獄，盡殺東林，而借國紀以摇中宫，事成則立魏良卿女爲后。草一疏，募劉志選上之。上不問。七年三月，護桂王常瀛之藩衡州，加太子太保。還朝，時事已變，遂移疾歸。威宗即位，以黨逆奪官。魯王監國，旨復原官，命聯絡恢復。紹宗召南京兵部。紹興亡，祝髮大雷山。隆武二年十月卒，年七十四。

子：似續，字康如。諸生。任都督。力田交溪山中。似歐，字子文。歲貢。任都督同知。似雍，字子堯。諸生。紹興亡，似歐、似雍從輔忠入山，時資王扉屨，後窮餓死。

賀世壽，本名烺，字函伯，丹陽人。萬曆三十八年進士。授户部主事。南京御史周達疏論徐縉芳等附會東林，排斥異己。世壽疏駮，謂達疏本御史徐兆魁，兆魁又本南吏部侍郎史繼偕，繼偕謀接輔臣李廷機之脈，授意轉論，除不附己者。且聞繼偕子海上掠貨，爲謀大拜地。繼偕遂不安乞歸。遷員外郎郎中。時方詆禁顧憲成、高攀龍之學，迭疏爭之，語侵冢宰趙焕，焕亦引去。齊、楚、浙三黨勢盛，稍持議論者，羣噪逐之。世壽與相持，坐是鐫級調外。光宗即位，以鄒元標薦，起刑部，改儀制。

天啟四年，以奄黨張訥劾罷。未幾，盧承欽請將東林黨人姓名罪狀榜示海内，目世壽謂敢死軍人。魏忠賢誅，復起户部，改禮部，旋陞光禄少卿，調太僕。黨周延儒，劾禮部尚書閔洪學罷去，己又附温體仁，擢通政使。崇禎六年，以兵部右侍郎、僉都御史，巡撫天津。安宗立，入爲刑部左侍郎，定從賊六等條例。時以吴三桂借兵復仇，功在社稷，晋封公爵。世壽疏言：「先帝神武，魁柄獨持，秖以求治不效，日夜焦迫，未免爵一人過其量，罪一人溢其罰。今日更化善治，莫若肅紀綱而慎刑賞。如三桂奮身血戰，仿佛李、郭，此乃可言功，拜爵方無愧。若乃口頭報國，豈遂干城，河上擁兵，曷不敵愾，恩數已盈，功名宜立，不則天下且謂人主不愛嚬笑而輕名器矣。臣願皇上申明國紀，爲制治計。至於草澤語難，實煩有徒。未見兵勇殺賊，但見兵來虐民，小民不恨賊而恨兵，甘心舍順而從逆。不肖有司，日刑剥其民，而求爲保障，必不可得。」旋晋户部尚書總督倉場，加太子少保。明年三月，爲吴希哲所劾，告病去，阮大鋮密遣人劫之江中。紹宗立，召南京工部尚書。久之，卒於家。子王盛，自有傳。

熊化，字仲龍，清江人。萬曆二十九年進士。授行人，出使朝鮮，所至爭購其詞翰，嗣王魄遺無所受，臨别獻名馬，至山海關，以書謝歸之。遷山西道御史，上書慷慨言邊事。乞清占役，强正兵，修器械，鍊火藥，爲制勝長策。方從哲當國，清兵陷撫順，長星見，京師地震。化以時事多艱，佐理無效，乞用灾異策免，不報。巡視節慎庫，出羸金數萬，屯田山、陝，權貴猾胥不得爲奸利。出爲淮揚副使，拂衣歸二十餘年。再起關西，陞川東參政，皆以疾辭。

弘光初，起太僕少卿，不赴。紹宗即位，擢大理卿，疏請恢復必先定江西。又謂條陳氾濫，希幾得官，實效罔聞，徒開倖竇。上嘉納之。轉吏部右侍郎兼侍讀。福京亡，歸隱。有强出者，化輒瞋目曰：「吾大明遺臣，老且病矣，安事折腰求活，爲置腦子袋中。」曰：「急則用此。」永曆三年五月十一日，清當事迫出見，乃作絶命詞，取腦子服之，不死。則紿衆曰：「管仲、魏徵非傑士乎！爲我具輿，我將往見。」衆少懈，脱身投後園池中，衆趨救不死。因長跽請曰：「志已定，徒若我耳！」遂閉户自經死。化博聞强識，古文盤鬱有奇氣，江右推爲宗師。事聞，贈尚書，謚文毅。

子兆行，字見可。崇禎十七年選貢第一。授邵武知縣，招鄉民立保甲。清兵突陷延平，與總兵袁甲迎戰光澤，大破之，清兵遂出關。上曰：「光復危疆，武臣愧死矣。」遷職方主事，仍留縣事。上幸延平，完髮入山。思皇，中書舍人。

王志道，字而宏，漳浦人。萬曆四十一年進士。授丹陽知縣。天啟初，遷兵科給事中，疏請實修戰守之具，一火器宜用小而不宜用大；一戰車宜舍重大而習輕小；一練步兵以制胡馬；一多設險以扼敵衝。調禮科，疏陳時弊，言：「今日中旨屢宣，羣臣輒疑非上意，票擬已下閣臣，外間相傳爲內批，疏已發抄，或經月未見題覆，已閱歲或中外未見施行。欲省議論而議論反多，欲辨人才而人才愈混。臣以爲當復祖宗舊制。又廠衛日捕間諜，致人心不寧，請鎮以安靜。」及議三案，爲高攀龍所駁，謝病歸。已魏忠賢盡逐攀龍等，朝事大變，志道遂與賈繼春、徐景濂同召還，擢太嘗卿右通政，轉左，皆不赴。

崇禎二年，召大理卿、左副都御史。修撰陳于泰疏陳時弊，宣府監視中官王坤力詆之，語侵首輔周延儒。志道上言：「陛下差委内臣，不過覈錢糧、兵馬、物料而已，原非假以官評吏議也。邇年以來，參疏日上，論劾漸廣，內則糾科道、六曹、卿貳，外則糾方面督撫，今則糾及輔臣矣。此臣所謂越職也。夫國家之設輔臣，不但責之以參贊廷議也，宫中府中，陟罰臧否，皆其職掌。若使内臣糾劾侵權，浸之乎口含天憲，手持朝綱，而輔臣尚不問，則將焉用彼輔臣哉？臣仰見陛下天地之心，内臣外臣，原自一視至公也。近來内臣所糾，輒蒙報可，其糾内臣者，未見一行，輔臣何不舉而一體言之？今建言者與被言者，至下法司，下詔獄，如馬思理、高倬、王忠孝、孫肇基等，實無不赦之罪，而有可原之情，輔臣何以不解網爭之？内臣之得失，漸莫敢言；南北之水火，搆鬬已極。固廷臣之患，亦非内臣之利。雖然，猶可言也。志氣易激亦易靡，名義易爭，勢利亦易合，合則口角且化爲稱頌，不可言也。」上怒，責令面奏。志道奏上言：「治兵惟擇將，若内臣監督，則魚朝恩出觀軍容，即李、郭不能成功。」上曰：「廷臣於國家大計不之言，惟因内臣在鎮，不利奸弊。乃借坤疏要挾朝廷，誠巧佞也。」詰責久之，竟削籍。

安宗立，起户部右侍郎，改吏部。阮大鋮列之七十二菩薩中。紹宗即位，起吏部遷左。未幾，以老病致仕。隆武二年四月卒，年七十三。

同邑李瑞和，字寶弓。崇禎七年進士。授嵩江推官。才具明敏，漕運愆期，議以推官督兑，請督撫得軍法從事。弁卒奉約束，攝邑催科不擾，獄訟多平反。在任七年，徵貴州道御史，巡鹽浙江。疏奏兩淮巡鹽御史馮延登匿課七萬八千金，請予嚴追。丁艱歸，家居四十四年。清召起官，竟不出。耿精忠起兵，起都察院，行至龍江，被執卒。

羅萬傑，字貞卿，揭陽人。崇禎七年進士。授行人，兩奉使册封吉王、荆王。十三年，召對，陳修練儲備四事。遷驗方主事，陞員外郎。劾温體仁，著直聲。鄭三俊澄清銓政，薦萬傑誠實不阿，破格畀以選事。憂歸，值歲祲，倡富户出糶，全活甚衆。北京亡，傾財與郭之奇招兵赴難。紹宗立，累擢僉都御史、副都御史、吏部右侍郎。福京亡，披髮痛哭，居藍田隆煙寨，爲逸老庵，草衣蔬食，日與樵牧爲伍。四年，郝尚久反正，分任恢剿，苦節不撓。事敗散兵，復逃禪大埔雙髻其肖自大埔取汀州。永曆三年，之奇請速與敕印，統吴六奇、賴峯下盤湖庵，與僧語山遊處。三十年不入城市，清舉遺逸不應。詩沖澹希夷，不露吭忿噍殺之音。

時吏部司官：

徐丙晋，字載九，嵩江華亭人。崇禎十六年進士。授福寧知州。性敏廉絜，民立功德坊，紹宗嘆謂清官第一。遷兵科給事中，陞文選郎中。福京亡，隱佘山，歐血死。

張聖聽，惠安人。崇禎十年進士。文選郎中。

盧化鼇，字爾騰，龍溪人。萬曆四十四年進士。歷蘭谿、婺源、旌德知縣。監生楊茂才犯法，湯賓尹爲之地，不可。轉户部主事，改吏部。忤奄，與楊漣同下獄，歸。崇禎初，起文選郎中，乞休。

徐稺佳，字元孺，仙遊人。崇禎十六年進士。授行人，自驗封主事歷員外郎、郎中。福京亡，死難。妻林經死。

鄭一岳，香山人。崇禎十年進士。丹徒知縣。歷驗封主事、員外郎、郎中。福京亡，死難。

張鼎渭，晉江人。崇禎十三年進士。自廣東鹽法副使入爲驗封郎中。

何通武，字文成，温江人。崇禎十六年進士。授休寧知縣，自驗封主事歷稽勳員外郎、郎中。後從王祁守建寧死。

林期昌，晉江人。崇禎十年進士。稽勳郎中。

鄢廷誨，天興永福人。崇禎十三年特用。自考功主事歷員外郎、郎中。

陳文瑞，字應萃，同安人。天啟五年進士。授吴縣知縣。潔己愛民，按獄持法推情，豪不敢犯。洞庭號天罡者横行，置之理。周順昌被逮，出金助郵。又葬顔佩韋等五人歸，擢考功郎中。卒年八十四。

王錫恩，惠安人。崇禎十三年特用。文選員外郎。

陳金聲，字懋思，侯官人。崇禎十三年特用。饒平知縣，累擢文選員外郎。

孫節，楚雄南安人。天啟四年舉於鄉。文選員外郎。

任儆，建水人。萬曆三十七年舉於鄉。文選主事、驗封員外郎歸，死孫可望難。

余有敬，字元禮，豐城人。天啟四年鄉試第一，授金谿教諭。歷國子博士，吏部司務，驗封主事、員外郎。

戴弁球，字殿笏，莆田人。崇禎十三年特用。稽勳員外郎。

甘麟徵，字蒼石，富順人。崇禎十二年舉於鄉。自稽勳主事遷員外郎。

虞經，字得一，同安人。天啟五年進士。授行人，典貴州鄉試，巡按河南。以萊陽王挐諸生楚掠，明斷其曲，竟上聞。下獄，陳子壯、李汝璨申救戍歸。起考功員外郎。卒年七十九。

陳仕奎，晉江人。崇禎十三年特用。考功員外郎。

鄧廷彬，字止仲，南城人。崇禎十二年舉於鄉。授兵部司務。歷監紀推官、職方主事，調文選，入山。子炅，事别見。

朱璘如，莆田人。崇禎十三年特用。文選主事。

鄧芳暉，南平人。崇禎十三年特用。驗封主事。

李幹，字貞行，廬陵人。崇禎十二年舉於鄉。自中書舍人遷驗封主事，入韶山。卒年八十四。

楊樹聲，澂江人。天啟元年舉於鄉。驗封主事。

林潤蓁，南平人。崇禎十三年特用，稽勳主事。

魏應桂，字桂子，建昌廣昌人。天啟元年舉於鄉。自兵部主事調稽勳。吟咏終。

陳猷奮，晋江人。崇禎十三年特用。考功主事。

李開遠，字與永，番禺人。天啟四年舉於鄉。自中書舍人遷考功主事。

黄朝挺，字雪柯，天興長樂人。副貢。考功主事。

韓范，字友一，嵩江華亭人。歲貢。司務遷中書舍人。

林銘鼎，字玉鉉，莆田人。尚書堯俞子。萬曆三十八年進士。歷高郵知州、揚州知府、荆南僉事、蒼梧副使，調嘉湖，陞浙江右布政使。弘光時，入爲光禄卿，憂歸。迎立紹宗，擢户部左侍郎。未幾乞休。初爲高郵，堯俞戒以詩曰：「始終懷一節，佩服比韋絃。」故歷官一遵父訓，以清慎稱。福京亡後，卒於家。

子濬芳，字公哲。任工部主事、梧州知府，後降於清。

陸懷玉，字石含，平湖人。萬曆四十七年進士。授虞衡主事，督臨清磚廠，歷員外郎、營繕虞衡郎中。管寶源局，董三殿工，例遷京秩。以不謁魏忠賢，出爲鎮江知府。歲饑，巨室擁粟閉糴。揚言欲封籍以振饑，巨室懼，爭出所藏以售，價遂平減。轉武昌副使、鹽法參政，陞山東按察使，出殊死幾千人。擢福建右布政使，迎立紹宗，除通政使。尋乞休，不許，以鄭鳳來代之，而晉懷玉戶部右侍郎代銘鼎。福京亡，降於清。

鳳來，字舜儀，莆田人。天啟五年進士。歷中書舍人、稽勳郎中、尚寶少卿、通政參議、右通政。福京亡後，隱居卒。

邢大忠，字仲安，紹興山陰人。天啟二年進士。授行人，歷驗封、稽勳、考功、文選主事、員外郎。疏劾崔呈秀母死視事。崇禎初，憂歸，與劉宗周、陶望齡講證人學。起南瑞僉事，武奉山寇李瘦子萬人起事，躬冒矢石禽之。遷川北參政，相度形勢，立四十堡。寇至，禽爬山虎、一翅飛等。調嶺南，陞廣東按察使，冤獄一清。安宗立，會宋紀合剿芝蔴、猺、黎諸盜，晉布政使。紹宗即位，與胡時忠、賀登選同召，擢太僕少卿，轉戶部右侍郎。福京亡後卒，年七十二。

子豫，字吉先。廪生。監國魯王授待詔。遷武庫主事。

時忠，字伯昭，無錫人。崇禎十年進士。授南昌推官，釋艾南英於繫。張普薇亂，定策禽斬首從百餘人，寇遂解散。悍宗五閣王等肆横，揭院題參，地方以安。時歲饑盜起，數用方畧，定萬年、金谿民變。十六年，土寇李肅七、肅十造讖僭號，時忠以監軍從巡撫林一柱討之，計殲其渠，布謀用間，以撫爲剿，不數月而事平。安民發粟，清還子女，收埋枯骨，三縣生爲立祠。弘光時，遷福建道御史，疏言武臣掣文臣之肘。視南京屯田，首請清言路。曰：「章奏不應旁午雜出，銓除難聽鎮將勳臣。」又請正綱嘗、收人心，曰：「綱嘗萬古爲昭，畔逆一時難混。黄國琦、施鳳儀蒙恩擬用，羞朝廷而辱班序，莫此爲甚。」又陳軍功、清屯、清折，皆關時政得失，號曰衝鋒。泰興、靖江沙漲，民爭殺不已，出巡立碑，分界乃定，民歌思之。

登選，字澹餘，鄱陽人。崇禎七年進士。以山東道御史巡按應天，劾吴昌時紊制弄權。安宗立，上言：「儀揚城外，焚殺殆盡，句容兵夜鬬，亂兵破六合，掠江浦，撫事傷時，痛哭何極。」南京亡，時忠、登選從金聲軍。紹宗召時忠浙江道，加太僕少卿；登選河南道，已皆晋户部右侍郎，卒。時忠卒年七十四。

王觀光，字子開，晋江人。天啟五年進士。授舒城知縣，善決疑獄。遷刑部主事。富商吴守禮家奴吴榮擁資數十萬，投魏忠賢門，反噬其主。忠賢敗，繫獄，賄求脱，卒擬決，輿論快之。出爲嘗州知府，革織造輸知府歲例八千金。宜興魯較肆亂，計禽斬之。尋引疾歸，以薦起補荆州。惠王承奉虐於民，愬者盈篋，觀光謂爭之不如化之。密緘送閱，承奉大悚愧，夜出數千人，歡聲如雷。荆故寇出没處，觀光捐橐中金，築沙市關城，延袤三十里，雜民兵吹笳揚幟，奸人來則殲之，寇不敢犯。楊嗣昌督師駐荆、襄，觀光請令其兵自饋。嗣昌銜之，以計典去，士民號泣，惠王疏保留。時寇氛益熾，西營嘗以三百人入荆城，託買綿窺虚實，詰執之，徐諭曰：「而等皆朝廷赤子，忍令獨寒！第歸語而主，無生事開釁。」遂發綿賣之。寇亦心讋，過當陽，距荆八十里，不敢窺半武焉。自是登陴設防無虚日，以積勞乞休。紹宗即位，起户部右侍郎，兼吏禮兵三部事隨營。福京亡，灌園不入城市，未幾卒，年七十五。

時户部司官：

洪維翰，字叔宗，涇縣人。崇禎十六年進士。授行人，督餉浙江。自浙江司主事歷驗封員外郎、浙江司郎中。福京亡，隱舉山。

李京元，字伯起，平和人。崇禎十年進士。授新昌知縣，雪陳監生之誣。歷慶遠推官、浙江司郎中。歸卒，年八十二。

歐兆元，樂會人。萬曆四十年舉於鄉。浙江司郎中。

張璀，字望之，同安人。崇禎七年進士。授萬州知州，建社學十餘所，革陋規檳榔園稅數千金。生黎爲害，計禽其魁。以屬邑多逋，謫揚州運判，遷瓊州推官，宦豪虐民，多置之法。陞南京户部主事、員外郎，揭奏奸相錢弊。敕差粤道糧餉，擢江西司郎中歸。

羅其綸，茶陵人。萬曆四十三年舉於鄉。江西司郎中。

龔天池，晉江人。崇禎十年進士。鄞縣知縣累擢江西司郎中。

黄景胤，字景止，晉江人，尚書鳳翔孫。崇禎四年進士。授户部主事，榷九江，寬大綜覈爲理，商旅感之。湖北亂，佐畫機務，提兵援黄梅。歷員外郎、雲南司郎中。以事下獄，五年事白，歸起湖廣司。卒年五十。

吴之琦，晉江人。崇禎十年進士。儀制主事累陞户部湖廣司郎中。

史贊聖，晉江人。崇禎十三年特用。自陝西司主事歷員外郎郎中。

吴之奇，字元夫，龍巖人。崇禎十年進士。授青浦知縣，調江都，忤上官歸。起陝西司郎中。

林宗仁，字慈源，平和人。崇禎十三年特用。授武義知縣，自貴州、廣東司主事歷員外郎、郎中。

丁胤甲，晉江人。崇禎十三年進士。自中書舍人累擢廣東司郎中。

陳羽白，字曼青，南靖人。崇禎十三年進士。廣東道御史，巡按陝西兼督學。上籌牧八策，還督南倉，以劾奄汪拱枚。受李自成官，南歸，除山東司郎中。

郭啟宸，海澄人。崇禎十三年進士。興化、定海知縣，累陞福建司郎中。

湯應龍，字在田，程鄉人。崇禎十五年舉於鄉。歷贛州、南安推官，平瑞金亂。遷職方主事，降清。反正，擢户部福建司員外郎、郎中。隱。

林鳳儀，字朝陽，同安人。崇禎十年進士。歷户部主事、員外郎，掌三司郎中。出爲青州知府，厘剔蠹弊，釋滯獄，寬贖鍰，歸家止圖書數篋而已。起河南司郎中。卒年八十六。

辛胤奇，晉江人。崇禎十三年進士。河南司郎中。

柯載，莆田人。崇禎十三年進士。山西司郎中。

陳兆棠，惠安人。副貢。恩平知縣，歷山西司主事、員外郎、郎中。

吴應恂，字九迪，宜興人。崇禎十年進士。授同安知縣，散佃民數萬，執渠林建宇、周家檜斬之。調長沙，清户籍，定糧役，減罪恤罰，輒以數言決獄。兼攝湘潭，官兵乏米，運千石濟之，比至師潰，從何騰蛟復城。北京亡，禮接左良玉兵，方國安以四萬人至，調度恬如。署長沙知府，改武昌監軍，入爲户部四川司主事，歷員外郎、郎中。

史延亮，晉江人。崇禎十三年特用。四川司郎中。

胡丹詔，泉州南安人。崇禎十三年進士。臨川知縣，累遷廣西司郎中。

葉良漸，字海濤，閩縣人。萬曆四十年舉於鄉，授靖江知縣。自廣西司主事歷員外郎、郎中。官清如水，杜門終。

張際熙，長泰人。崇禎十三年進士。益陽知縣，累陞貴州司郎中。

鄭正學，字直卿，仙遊人。天啟七年舉於鄉，授南京户部主事，監督江北四府糧儲，焚火耗。遷員外郎，督北新關，以清惠稱。擢貴州司郎中，降清。

陳世濬，福清人。崇禎十三年進士。雲南司郎中。

楊愈隆，字持庵，富順人。總督述中子。任户部主事，遷雲南司郎中。子鴻圖，任職方主事。弟愈昌，字慎庵，任三泊知縣。

劉軒孺，字平田，廬陵人。天啟二年進士。新寧、泰興知縣，歷浙江司主事、員外郎。隱青原。

張兆璋，惠安人。萬曆四十年舉於鄉浙江司員外郎。

王禹謙，本名佐，字延密，紹興山陰人。崇禎六年舉於鄉。上策張鵬翼。自中書舍人、職方主事，遷户部江西司員外郎歸。王三俊薦監司，不應。任俠，工古文繪事，兼負奇力，年八十，猶舞百二十斤大刀。卒年九十。

韋際明，字聖俞，閩縣人。天啟元年舉於鄉。授欽州判官。州積逋鹽餉數千，巡按以爲羨餘，疏劾追解，際明不忍以宿負病民，忤歸。起廣西布政理問，遷中書舍人，歷湖廣司主事員外郎。

成子寬，海陽人。天啟元年舉於鄉，授博白知縣。自陝西司主事遷員外郎。

楊喬，晉江人。崇禎十五年舉於鄉，自廣東司主事遷員外郎。

王會圖，晉江人。崇禎十二年舉於鄉，自山東司主事遷員外郎。

徐柏齡，字節之，嘉興人。崇禎三年舉於鄉。博學工詩畫。授永嘉教諭，上疏福京，遷國子助教。歷福建司主事、員外郎。詔之泰順覘進止，未至而温州不守，爲僧天闕山。瀕死歸。或勸計偕，不應。卒年七十三。

高似斗，字翔南，西充人。萬曆二十八年舉於鄉，授兵部主事。遷户部河南司員外郎。

游叔驊，莆田人。天啟七年舉於鄉。自兵部主事遷户部山西司員外郎。

黄世耀，字聖圖，惠州海豐人。天啟四年舉於鄉。自工部主事遷户部四川司員外郎。

陳升聞，泉州南安人。崇禎九年舉於鄉。自兵部主事遷户部廣西司員外郎。

陳鴻飛，漳浦人。崇禎十三年特用。貴州司員外郎。

丘雲起，南雄人。崇禎三年舉於鄉。自兵部主事遷户部雲南司員外郎。

吴窦，漳浦人。副貢。自光禄丞遷浙江司主事。

陳檽，泉州南安人。萬曆四十六年舉於鄉。浙江司主事。

鄭之冕，儀真人。選貢。自兵部主事改户部江西司。

魏人鏡，建安人。崇禎十二年舉於鄉。江西司主事，降清。

吴良謨，晋江人。天啟元年舉於鄉。湖廣司主事。

鄭敬禹，字昌言，天興長樂人。太學生。職方主事，改户部湖廣司。

黄汝霖，莆田人。天啟四年舉於鄉。陜西司主事。

鄭之特，字于翹，古田人。隆武二年選貢。廣東司主事。黄周星主其家。

何三奇，建昌廣昌人。歲貢。廣東司主事，降於清。

黄玠，歸善人。萬曆三十七年舉於鄉。山東司主事。

陳所學，淮安山陽人。恩貢。職方主事改户部福建司。

余垣，字大微，婺源人。諸生。中書舍人遷福建司主事。歸，講學。

王御乾，賓川人。天啟七年舉於鄉。河南司主事。

于斯力，黄岡人。恩貢。古田教諭，累遷河南司主事。

嚴飄香，字王思，仙遊人。隆武二年舉天興鄉試。知縣遷山西司主事，隱。

王之麟，寧化人。薦舉。職方主事改户部四川司。

周梧，裕州人。舉於鄉。四川司主事。

伍邦梓，寧化人。薦舉。職方主事改户部廣西司。

趙翼心，泰興人。三輸巨餉，授廣西司主事。

馬經部，蒙化人。崇禎三年舉於鄉。貴州司主事。

鄭重，字山公，莆田人。薦職方主事，改户部貴州司。隱。

鄒應啟，建水人。崇禎九年舉於鄉。雲南司主事。

江夢彩，字用翼，天興長樂人。恩貢。職方主事改户部雲南司。

李兆，字見可，西充人。天啟二年進士。授林縣知縣，調安陽。歷稽勳主事、文選郎中，忤周延儒。已轉光禄卿右通政，刻苦自厲，朝議税民田，力陳不便，寢之。久之，延儒敗，陳演枋國，復上書得罪，出按陝西，累陞户部右侍郎，乞歸。紹宗起故官，與張夬同督錢法。福京亡，隱思南酉陽，與楊世禄遥相唱和。國亡，憂憤卒。兄完，自有傳。

兆子映庚，完起兵死，乳母袁以計脱之，兆行求映庚，得之僧寺，藏其家複壁。兆僕范士龍自兆所至，因送映庚還，後授都察司務。吴三桂招之，力拒。士龍歸西充，歲飢，妻子五人餓死。

夬，字廷決，丹陽人。崇禎四年進士。授諸暨知縣。建明倫堂，作人稱盛。遷濟南知府，招徠撫字。李先兆、李汝樹合白蓮教胡奎揚攻郡邑，殲之。又定武定州亂，撫安守夏。轉監兑參議罷。弘光時，起福建副使，歷參議按察使。迎立紹宗，擢户部侍郎。後降於清。

世禄，字守知，巫山人。萬曆三十四年舉於鄉。歷英山、鹽城知縣，淮撫建魏忠賢祠，不爲用，將加逮問，會熹宗崩，乃免。見天下多故，究心三式虎鈐。崇禎十三年，獻忠逼巫山，堅守半年，寇退。楊嗣昌主撫，世禄謂降不足恃，勿納。十五、十六年間再守，城得全。十七年，寇招降，世禄赴明倫堂，欲自盡，以救不死。入山團兵自保。北變聞，成疾卒。

曹勳，字允大，嘉善人。崇禎元年進士，改庶吉士，授編修，充經筵展書官，值起居注。七年分較會試，得許真等二十一人，皆知名士，後以節義顯。温體仁排除異己，每執正獨立，無所回屈，而實陰行補救，以護持清流。如章正宸糾王應熊通内，得免詔獄，勳之力也。沈心密運，人未嘗知之，而勳之拂衣，蓋已益決矣。旋册封魯王，乞歸養母。十五年，起左諭德左庶子侍讀，晋詹事。安宗立，與吴偉業同召，曰：「國難方殷，豈臣子安枕日耶！」作詩别母，有「孫兒幸免爲徐庶，報國難當是李綱」句。掌翰林院，時門户角立，勳在講筵，侃侃直陳，危言動色，幾得挽回，而朝堂褎耳不能聽也。母憂歸。紹宗即位，起左侍郎兼侍讀學士，協理詹事府。福京亡後，隱嵩江干巷，自號東干釣叟。清迭薦不應，永曆九年卒。

弟炯，字澹弓。稽古力學，火字雪津，爲僧終。紹宗承祚，閣臣多至三十餘人，俱閒無事，兵部職方一司，督撫題請爲軍前贊畫監紀者，不可勝數，上亦輕畀之，惟翰林、禮部專循資格。張一珏以文見賞，授庶吉士；徐永周有才藻，授簡討，或言其不繇進士者。上笑曰：「朕覽其詩文，意爲進士。」遂改禮部主事。劉自燁以何騰蛟薦，授簡討，蓋爲騰蛟德也。時有輕宰相重翰林之語。

一珏，閩縣人。崇禎十六年進士。國子博士。

永周，字公穆，閬中人，侍郎紹吉子。爲諸生，有時譽。天啟初，奢崇明亂，守城有功，與劉泌以詩貢太學。安宗立，獻頌千均，除翰林孔目，出爲婺源知縣，與諸生畢熙載迎黃道周。後調刑部。從王祁死建寧。妻王及母姑罵寇死。

自燁，字魚計，攸縣人。崇禎九年舉於鄉。降清。

又魏人龍上救時箴，上曰：「雅俗共賞。」陳元綸赴廷試，進所著豳風保治全書、五經涉録，命留乙覽，皆予擢用。

人龍，撫州東鄉人。諸生。監紀推官。

元綸，字道掌，閩縣人。恩貢。名在復社。選庶萃士。福京亡，有清官夙好，造廬謁見，元綸綱頂儒巾而出。清官顧駭，請具清式以見。元綸笑起曰：「欲生換制，乞少待。」入內，清官俟之。坐久，忽哭聲出户，報元綸不脱儒巾，絶吭死矣，清官驚嘆而去。

林必達，字非聞，鄞縣人。崇禎十六年進士。弘光時，以行人典試貴州，未行。魯王監國，遷山東道御史。與陳謙謁福京，通書鄭芝龍，意欲私自招徠之而不及疏聞。上以其欺謾扇惑，兼以芝龍愧憤不出，故逮下獄。黄起有疏救不許，已而釋之，留除編修，直經筵，纂修實録。代唐九經爲天興督學御史，同考天興鄉試，轉右庶子。與董颺先同陞禮部右侍郎。福京亡，博雒命仍故官，遁歸。趙廷臣屢薦不出。晚年困甚，不少屈志。卒年九十三。

起有，字應似，莆田人。崇禎元年進士，改庶吉士。歷編修、國子司業、祭酒、中允、諭德、左庶子。奉使江西，過蘇州，聞北京亡，歸里。紹宗擢少詹事、禮部左侍郎兼侍讀。卒年八十三。

九經，字敏一，會稽人。崇禎十年進士。授長洲知縣，轉淮安推官、監軍，遷天興督學御史。

颺先，字沙河，惠安人。崇禎十年進士。自泰州、化州知州，遷嶺海參議。福京亡，歸。

清迫起，陽狂得免。

時禮部司官：

朱得祚，字君開，崇德人。崇禎十年進士，授寧德知縣。除羡餘，抑豪右，以黨事左遷當州知事。祁彪佳調署蘇州同知，杖殺洞庭僧之奸汙者，移泰寧知縣縣吏連珠曾鴆前令，申其罪誅之。遷刑部主事，歷儀制員外郎、郎中歸。卒，年八十六。

林愼，閩縣人。崇禎十三年進士。嵩江推官，遷儀制郎中。

楊傑，晉江人。崇禎十三年進士，祠祭郎中。

吴康侯，字述晋，建昌廣昌人。崇禎十三年特用。自祠祭主事歷員外郎、郎中。降於清。

方廷湒，字思默，浮梁人。崇禎七年進士。授高淳知縣，免民輸納。自主客主事歷祠祭員外郎、郎中，調主客。卒年七十四。

梁玉蕤，晉江人。崇禎十三年進士。主客郎中。

蔡而熼，漳浦人。崇禎十六年進士。授行人，自精膳主事歷員外郎、郎中。

余飈，字世南，莆田人。崇禎十六年進士。精膳郎中。

蕭毓奇，湘鄉人。崇禎六年舉於鄉。儀制員外郎。

黄廷旦，字碩甫，泉州南安人。崇禎九年舉於鄉。自良鄉知縣、祠祭主事遷員外郎。

降清。

鄧宗藎，南平人。崇禎十三年特用。主客員外郎。

李夢日，字爾明，東莞人。萬曆四十三年舉於鄉。授寶慶推官，平天王寺墨溪寇。自兵部主事遷精膳員外郎。降於清。

李霞綺，莆田人。天啟四年舉於鄉。歷安溪教諭、禮部司務、儀制主事。

黄鴻飛，饒平人。選貢。歷中書舍人、祠祭主事。

劉從古，字今非，廬陵人。父以森，字西鄉。萬曆三十四年舉於鄉。工部司務。死北京難。隆武初，贈大理丞，謚襄烈。從古，選貢。自職方主事改虞衡主客。入臨頓山。卒年七十九。

程文醇，休寧人。司務。

方文耀，字懷岵，龍溪人。崇禎十三年進士。授户部主事，典試雲南，遷郎中，出爲河間知府，督餉遼東。北京亡，道梗不得歸，又傳聞車駕南遷，乃間從海道抵南京，適安宗立，與馬阮不合，投劾致仕。紹宗即位，擢兵部左侍郎，内艱歸。清兵陷漳州，有帥聞名欲見之，文耀不可。復厚爲贈遺，無所納，亦不報。遂遁跡肇慶莫羅山，緇衣皂帽終。子垍、垓，工詩文，亦終身不應舉。

同時伍飛翰，寧化人。崇禎十七年選貢。隆武時，官光禄丞，以孝聞。已而義兵四起，有怨於曹坊者，以蜚語中之，曰：「此坊家習技擊，皆盜也。」清將勒兵捕之，飛翰曰：「此坊良民，願以百口保。」乃已。詔取孝子任官，以飛翰舉。曰：「誰爲人子而可以孝稱者，必我是舉，豈舉世皆不孝耶！」力辭。

李維垣，字薇甫，天興中衛人。世襲千户。國亡，變名曰遁。傭書直東，歸閉門終。

孫晉，字明卿，桐城人。天啟五年進士。歷南樂、滑縣知縣，戢豪强著聲。崇禎初，遷工科給事中。首劾温體仁任私人典試，亂祖制。又請濬塞蘇嘴，建義河，再議復山陵，覈河漕，增防戍，嚴枚卜。疏凡九上，時稱敢言。體仁甚之，謫光禄録事。轉大理正，多所全活。體仁敗，起故官。七年，舉會推，逆案餘黨圖翻案。張捷薦唐世濟、吕純如於朝，晉於上前厲聲折之曰：「昔錮是則今舉非。捷即欺舉朝無人，將欺陛下何如主耶！」上曰：「科臣言是也。」明日，復上疏訟之，逆黨計不遂。八年，流氛南向，深以皇陵爲虞。兵部尚書張鳳翼匿狀，且謂寇西北人，不食江南米，馬不飼江南草。晉陳鳳翼欺謾，又云：「安、廬爲南京門户，當增兵防。」陞南京太僕丞，入爲大理左少卿。以江北兵蝗，請蠲桐城本年編折。特疏出劉宗周、金光辰於獄。又薦史可法。黄得功逮，請釋之鎮鳳陽。其後江左卒賴可法、得功二人力得全。晋在朝嶽嶽，正人倚之，推謂左光斗後一人。

十五年，清兵入塞，命以兵部右侍郎、僉都御史代江禹緒總督宣大、山西，自密雲趨牆子嶺。清兵卻走，因修斥堠，增兵食，屹然成重鎮，加尚書。明年，請東行逐虜，命聽周延儒節制。已以病歸，節餉十餘萬，封識如故。安宗立，馬士英目謂黨魁。兄頤官浙，晋奉母避居仙居山中。紹宗召兵部右侍郎。福京亡，清督馬國柱屢疏薦，强起不可，爲室龍眠山。卒年六十八。

頤，字儀之。歲貢。弘光時，官仙居訓導。

禹緒，字仲平，杞縣人。崇禎四年進士。授襄陽推官，破寇均州槐樹關。十四年，以僉都御史巡撫宣府。延儒再相，命總督宣大。十五年，以陽和兵噪，削籍。北京亡後，降於清，爲招撫湖廣。

同時安慶遺臣：

懷寧則汪遊龍，崇禎四年進士。授靈山知縣，練兵安民。調番禺，劉香入犯，冒矢石決戰禽之。遷工部主事。後以御史巡按福建，力救黄道周著名。

江夢鶴，字懷天。萬曆四十三年舉於鄉。授廣信同知，以戚繼光法選材儲用。署上饒、玉山、鉛山知縣。忤上歸，隱崑崙寨。清召不出。

洪雲翼，字望治。歲貢。宣平知縣致仕。卒年九十四。

顔浩，字直生。崇禎九年舉於鄉。南陵教諭。隱石塘。

桐城則方孔時，字叔茂。選貢。司業朱之俊請以魏忠賢配孔子，上書劾之，斥爲民。後起台州同知。清徵不出。卒年八十五。

馬之瑛，字倩若。崇禎十三年進士。授陽江知縣，興學校，寓撫字於催科。清起用。

馬之璋，字孚若。舉孝廉方正。授桐鄉丞歸。著崇禎事畧，吴偉業綏寇紀畧因之。

劉元勳，字長人。諸生。以材武歷可法撫標都司遊擊，搜寇灊、桐、禽渠，憂歸。清起不應，隱孔城。

望江則朱侍臣，字翼明。恩貢。授青陽教諭，助雷縯祚守德州，左良玉兵陷城，入山卒。

宋賢，字又希，嚴州建德人。天啟四年進士。授嘗熟知縣，士民愛戴，有前楊漣，後宋賢之目。調魏縣，遷廣東道御史。彈逆黨未正法者。又陳嚴民解絹之若，易爲官織官解。西安同知爲中官梁永疏詆，救之。巡撫丘禾嘉請爲監視中官設標兵，劾其諂附中人，貶三秩。巡按湖廣，釋大辟九十九人，拔廉治貪。疏請增兵留餉防寇。入掌河南道，主大計斥陟，一切書儀皆峻拒。轉太僕少卿。會山西巡撫缺，當召對，上曰：「若非掌河南道不受書儀者耶！」乃擢僉都御史任之。增障、置礮、屯糧，屹然成重鎮，犒士十萬計，不費度支一錢。已禽寇渠過山龍等，盡降其衆。乞歸，加兵部右侍郎予告。崇禎十六年冬，金華土寇起，與知府胡崇德協力遏之，並斬許都黨王騏生，一方安堵。紹宗即位，以左侍郎召。福京亡後卒，年七十六。

子維翰，字虎祝。崇禎十七年選貢。知縣。

同時吳時亮，字元亮，烏程人。萬曆四十七年進士。累官山西督學僉事。時建魏忠賢祠，太原令效之。時亮曰：「媚璫求富貴，如物議何？」守正得禍非始非福。」事乃已。調嘗鎮副使，歷江西按察使、廣東布政使。隆武時，餉十萬福京，遇驚程鄉，護持不失。擢兵部右侍郎。歸卒，年九十七。

吴震交，字黄初，晋江人。崇禎四年進士。授武選主事，督理船務。舊艘半朽敗，篙師多虛籍縻費，力絶其弊。累遷郎中，出爲揚州知府，妖僧大覺簧衆釀亂，至即捕治，能聲大著。紹宗立，召太僕少卿。親征，擢兵部隨營右左侍郎。後事不詳。

唐顯悦，字子安，仙遊人。父大章，字士一。歲貢不仕。顯悦，天啟二年進士，授諸暨知縣。罪人託勢豪求解，不納，因忤當道，改湖州教授。累遷國子助教、南京户部主事、兵部員外郎，出爲襄陽知府。流寇自陝西渡河突入境，顯悦防守策應兩閲月，寇不敢犯。轉下江副使，駐蘄州。時鳳陽既破，劉哲等千餘人入楚圍麻城。麻城，全楚咽喉，乃檄顯悦移鎮其地。至則守禦備至，寇往來者七，不敢近。擢襄陽參政，并署監軍。有奉召滇兵八千道荆州，大擾害，顯悦單騎諭解之。尋奉敕會勦臨藍陳朝龍等，寇平。改海北副使，開屯田千餘畝。轉蒼梧參議。丁母憂歸。

紹宗即位，召爲右通政，以兵部左侍郎協理戎政。仙遊諸生李芳聲亂，合練總楊瑞鳳平之。流寇陷詔安戕官，命義民陳習山、胡仲慥赴援，寇遁。奉催粤餉，道惠州，留參將敖柱收惠、潮諸寇，道途無梗。時福京方缺餉，顯悦以粤餉二十八萬至，上嘉獎之。尋被讒致仕。福京亡，隱雲頂巖，既全家渡思明，改姓名曰陶無逸，披薙爲僧。鄭經妻爲顯悦女孫，而不禮於經，顯悦銜之。經亂弟乳母陳而生子，詭以妻出報，顯悦致書鄭成功，謂乳母居八母之一，狎而生子，家不正，何以治國。成功怒，欲斬經，令不行，遂憤懣成疾卒，而顯悦竟以壽終。

子仁普，任中書舍人。仁永，字緝譽，仕清。

弟洞惓，字子膺。諸生。隆武時，國子博士。隱香潭。

朗恒，字子有，亦去諸生爲僧，名廣禪，字十生，主九座龍潭寺。

葉廷秀，字潤山，濮州人。天啟五年進士。歷南樂、衡水、獲鹿知縣，入爲順天推官。英國公張維賢與民爭田，廷秀斷歸之民，御史袁弘勳勘駁，執如初。崇禎中，遷南京户部主事。服闋，入京，疏陳吏治之弊，言：「催科一事，正供外有雜派，新增外有暗加，額辦外有貼助。小民破產傾家，安得不爲盜賊？夫欲救州縣之弊，當自監司、郡守始。保舉之令，行已數年，而稱職者希覯，是連坐法不可不嚴也。」上納之。調户部，管太倉銀庫，卻例絶私，積羨倍前。聞黄道周下獄廷杖遣戍，廷秀故不識道周，號於曹署曰：「吾輩稱冠進賢冠，今名賢罪危，忍復坐視耶！」諸曹不應，大哭，繼之以駡，六曹終無一人應者，乃毅然請身代罪。疏上，予杖。旗較索之，廷秀曰：「吾待子來久矣，請入視吾居所有。」旗較隨入，見其左側置棺一具，右陳殮衣。廷秀曰：「老母終世，又無妻子累，今日惟須公來一了事耳。」既隨較同往拜杖。監刑者聞之，曰：「異哉！千古乃有如此人。」廷秀不行一銖一錢，諸杖者愕眙不忍下，乃反輕於他杖者。拜杖已，與道周對簿，俯揖誰爲黄老，相與吟和，坐戍漳州，言者相繼論薦。十六年冬，特旨起職方，道阻不果行。

弘光時，解學龍疏薦，改文選，中旨以僉都御史用。馬士英惡之，抑授光禄少卿。已阮大鋮、張捷以次中旨起用，章正宸爭之。詔詰以「廷秀旨升，何以寂無一言？」繇是中旨盛行，廷秀亦以是爲羣小所忌，大鋮列之五十三參中。南京亡，入閩，陞左僉都御史，進兵部右侍郎。福京亡，改姓名，野服道裝，隱居沛縣。清持召不出。後任復性奉之起兵榆園。永曆五年，兵敗被執，死東昌。臨命大呼左蘿石者三，曰：「吾得死所矣。」廷秀受業於劉宗周，造詣淵邃，及門者稱首。

曹履泰，字大來，海鹽人。天啟五年進士。授同安知縣。鄭芝龍出没海島，思絶浙、閩爲坐卧處，視同安猶几上肉。履泰曰：「吾能以無兵守之。」遂嚴保甲，練鄉勇，諭以自衛法，曰：「若保國家，即保爾妻子。」又曰：「吾不籍爾民，但以父兄令子弟耳。」未幾，芝龍就撫。同黨李魁奇挾鍾斌以畔，蹂中左所。所去城三十里許，日率父老子弟出，軍容甚盛，諸賊戒勿犯。以鍾黠於李，乃陰携其黨，使自相屠。無何，賊皆成禽，斌水死，海患以息，民勒石頌之。

遷吏科給事中，念芝龍反復爲患，因疏論曰：「長勝之算，在於自强；不拔之業，存乎根本。烏附可攻毒，而續命必藉參苓；鍼砭可偶試，而養生必資五穀。閩之用鄭芝龍，烏附也。偶試之，鍼砭也。選將練兵，舉賢治賊，參苓五穀也。不此務，而任一芝龍辦之，難哉！」會浙東、西旱，大吏不以聞，又言：「浙輸挽之煩，加派之重，今民力已竭，加以荒旱。使民坐而待死，不忍言也；使民不肯坐而待死，尤不忍言也。」尋乘間言戚畹不宜與政，及論楊鶴撫寇欺飾。疏凡數上，報聞而已。後疏參吏部李希揆躐等典銓，爲大璫王永祚羅織受誣，當戍嶺南。因服騎驢出京，觀者太息。

安宗立，起行人正。馬士英與履泰後先繫獄，相親厚，至是擅政，欲結爲援，不可，投劾去。隆武初，謁上福京，白髮，鬅鬙張，跪起而泣。出見芝龍，流涕，反復勉以盡力；芝龍執弟子禮。文選員外郎掌大計，陞太少嘗卿、吏兵科都給事中、兵部右侍郎，隨營守延平。統兵至黄臺。兵潰，土豪將執降清，擲身百丈巖下，兩足血注，氣絶復蘇，入黄巖寺爲僧。子元芳聞之，號呼訪求，間關亂兵，相見，迎至浦城。履泰先歸，疽發背卒。

元芳，字介皇，崇禎十六年進士。授嘗熟知縣。隆武中，遷文選主事、員外郎。上在延平，有朝議遲出關者，元芳疏舉兵須圖萬全。時東南寇虐，義師雲集，乘怒激厲，因勢利導，爲恢復一大機會，遂乞赴江上。上嘉其忠，擢驗封郎中，加貴州道御史視師。行至浦城而江上潰，履泰歸，獨留山中僧舍，中夜披衣北向泣，經年始返里。清百端齮齕，屹然不動，家以破。爲東山草堂，杜門讀書三十年卒，年八十二。

吴聞詩，休寧人。以兵部員外郎往徽寧。

毛元策，字裴明，宜興人。士龍從子。有文行。崇禎十五年舉於鄉。自旌德教諭遷兵部主事，聯絡南直。

李言，字何言，清流人。于堅子。恩貢。歷職方主事、員外郎。捐資起義扈駕。時汀州多寇，命靖本里，遂解散寧化、清流亂民。永曆二年大祲，按户計口以糴，散振千石。

蘇峽，晉江人。諸生。授待詔，齎手敕同内臣周文燦使鄭鴻逵軍。

魯良梓，不知何許人。以職方郎中宣諭浙東。

周熀新，字霞漪，臨海人。恩貢。自東流、閩清知縣累陞車駕郎中，與參將金錡齎監國赦款宣諭金、衢，頒親征詔溫、台、寧、贛，擢尚寶卿。後歸家廬墓。

錡，侯官人。水福標都司僉書。

葉人龍，以文昌府教授齎榜浙、直曉諭，皆與元芳先後盡瘁山海云。

鄭賡唐，字而名，縉雲人。天啟七年舉於鄉。學宗陽明，以經世自任。安宗立，授待詔。崇王徙封處州，極陳七不便，言：「處州非天潢食墨之地，兼山居穴聚，爲鑛盜靛賊所出没，猝然生心，且召蕭牆之患。」清兵迫，疏請：「以一軍自藕塘而屯潁、亳，控睢、淮，接鄜、項，則大梁、陳、許之師，首尾相迎；一軍自坡岡而越廬、舒，分理英、霍，營輯濡須，則漢口陽邐之卒聲援相及;一軍自符離而集歸德,經畧陳留,遥引懷、衛,則靈寶、閿鄉之寇聞風鼠竄;一軍自清河而發邳、宿,西向鄒、滕,東連沂、費,則兗州、汶、濟之民夾道壺漿。約畧四路,總以壽春爲斗杓。督輔駐壽春,發縱指示,義旅疾驅,可滅此而後朝食也。」繼薦倪仁禎、徐殿臣、陳起龍爲臺臣,起用文安之、徐之垣。又疏請追謚遜國北都諸臣。皆報聞。

紹宗即位,遷稽勳主事,陳時政數萬言。曾櫻曰:「救時碩畫,無踰此者。」迄不及用。陞驗封員外郎,兼文選事。時多用金錢補吏。有以千緡嘗者,杖闍吏逐之,銓政肅然。上思出關,聞有阻之者,上聖駕雖不臨浙疏,末陳「王言屢易,求治過急」。上曰:「獨居不御酒肉,力行已久,豈爲難事。如王言屢易,時勢使然,朕豈得已。至求治過急,止爲心切覲陵。爾言言藥石,深識朕心,朕心嘉悦。」時用事者多不便賡唐,出爲福寧參議,蒐軍實,剔弊蠹。寇至,死守孤城,以功超擢兵部右侍郎隨營。福京亡,避地長溪箐中。清檄之出,曰:「捐軀分也,辦此久矣。」卒感其德不忍犯。會徵山林,固拒不出。未幾爲僧,著述以終。

于華玉,字璠卿,金壇人。崇禎十三年進士。歷西安、寧化知縣。十七年冬,汀賊閻羅宋亂,張恩選及鍾凌秀餘衆合之,據上杭、永定,號猪婆龍。弘光元年正月,張肯堂在上杭,蕭陞、陳丹犯汀敗,華玉願撫賊自效,許以官,遷監紀。撫恩選及土豪寧文龍爲一軍,勤王至九江，爲惠登相所抑，兵散，削髮爲僧。

隆武元年十月，寇犯歸化，華玉以職方主事陞上杭僉事，以衆援之，張皇入告。二年三月，上將幸贛，以漳兵入衛。及歸化，不戢，士民閉城二日拒之。上敕約束，令民草木無驚，方爲扈駕時雨之師。命與羅登輔止順昌，恩選止歸化，俟駕到行。并敕：「朕痛兩京繼覆，全非夷寇之能，止因兵民訌恨，致危宗社。今日僅此彈丸，資此民力，以期恢復一統。如復傷民，即促國脈，卿宜仰體朕意，實令民安。」已擢漳南副使，陳汀、贛脣齒，須全力保守，以固巖疆。優詔答之。廣信陷，召登輔、謝祥昌兵入守汀州，江振曦防白楊、黄竹二隘。六月，程鄉賊張大祥陷永定。未幾，黄通事起。先江西陷，泰和之東鄉貧民以平倉爲號，相率起逆主人。清兵剿之，通父不法鄉里，爲黄振所殺，有司不竟。通憤，日與族鬭。邑俗以二十升爲一桶，曰租桶，及糶，則桶一十六升曰衙桶，沿爲□□〔一〕民歡聲動地，歸之恐後，因部署鄉豪，號曰長關，自稱千總，丁壯聽調發，憚知縣徐日隆及陰宜登不敢動。既日隆去，即入邑殺其族。諸生欽鏞等掠富民，火城外民居，墮城垣幾十丈，其黨黄吉陷清流。七月，華玉招之不納，又不爲備。一日，與通判署知縣朱墀對奕，通突至，被執，墀傷。城中以千

〔一〕以下原稿，缺一行。

五百金賂之，華玉始免。累陞兵部右侍郎、副都御史，賜尚方劍便宜行事監軍。清兵至，迎降，導入福京，從攻廣東，爲清殺諸王子盡。民薙不如式者，手殺之以媚清。移守清遠，陳邦彦兵起，爲白嘗燦所磔。

宜登，字爾先，寧化人。姊子巫凌漢爲何吾騶所舉歸，宜登與共出財製兵器起兵。長關起，守禦得全。

通，寧化人。與石城田賊廖須明起兵。隆武二年十月，清田國泰至，通合連上武永鄉民守險不下。十一月，李友蘭招之，降清，授守備，勢張清歸泰、永沙間。永曆元年四月，爲文龍從子泰宇所斬，并執其弟允會。六月，其黨千總陳元、江丹、張驢、黄仲及謀主黄居正被斬；千總馬文、吴賢俊、余燦及允會兄弟自清流降清；通千總李釆、僧即登降清，六年九月爲清所殺。七年十月，允會害諸生賴朝會，九年十月亦爲清所殺。

時兵部司官：

李開芳，字伯澹，平和人。崇禎十三年進士，授歙縣知縣，去糧弊。自武庫車駕主事歷員外郎、郎中。

陳殿桂，字岱青，海寧人。崇禎十六年進士。車駕郎中，降清。

張若羲，字昊東，青浦人。崇禎十六年進士。授泉州推官，與徐丙晋同賜銀牌，自職方主事歷員外郎、郎中。福京亡，灌園終。

劉星耀，字壽次，金谿人。崇禎七年進士。授麻城知縣，有捍寇功，遷池州推官。自武庫主事歷員外郎、郎中，提督武學。

陳廷武，字兆有，莆田人。崇禎十六年進士。武庫郎中。

賴尚皋，南康人。萬曆四十六年舉於鄉。授攸縣知縣，歷户部主事、武選員外郎。

盧汝鵾，字子羽，新淦人。天啟元年舉於鄉。開化知縣。以平寇功，遷和州知州。招集流亡，累陞武選員外郎，降清。

楊志壽，龍溪人。萬曆三十七年舉於鄉。武選員外郎。

羅之梅，南昌人。萬曆四十三年舉於鄉。授宜黄教諭，歷無爲知州、車駕主事、員外郎。

黄澂之，字靜宜，本名師先，字師正，建陽人。負才畧。史可法薦職方主事，代草答多爾衮書。可法死，賫遺疏謁福京，遷員外郎。南京亡，隱南京。

莊尚庠，贛縣人。選貢。職方員外郎。

丘蕃孫，淮安山陽人。恩貢。自湖州同知陞職方員外郎。

彭兆旂，字際飛，海門人。薦舉。職方員外郎。

胡繹祖，新喻人。廩生。薦武選主事。陞職方員外郎。

伍耀孫，添平所人。薦永定知縣。歷職方主事員外郎，歸。清兵至，被執大駡死。

周之楨，靖州人。恩貢。職方員外郎。

裴養清，清流人。天啟元年舉於鄉。自武庫主事遷員外郎。

王志周，黄岡人。廩貢。考功主事改武選。

劉伯根，攸縣人。恩貢。永州通判遷車駕主事。

朱可權，仁化人。崇禎九年舉於鄉。灊山知縣遷車駕主事。

屠希綱，武陵人。崇禎三年舉於鄉。車駕主事，降於清。

范克誠，漢陽人。崇禎九年舉於鄉。職方主事，降於清。

臧餘愷，益陽人。天啟四年舉於鄉。武岡學正、開化知縣。隆武二年元旦，城陷走，遷開州知州，擢職方主事。

許登明，字微之，荆門人。諸生。職方主事。

劉啟鳴，安福人。諸生。職方武選主事。福京亡，隱永新禾山久之，與文士升、左旌降清。

蘇應璧，寧都人。萬曆四十六年舉於鄉。武庫主事。

張若，字伯美，惠安人。副貢。司務。與鄭成功友。及殁，成功厚賻之。

潘揚晉，字若思，貴池人。崇禎十二年舉於鄉。授樂會知縣，釐剔奸蠹，内擢贊畫。

王命璿，字虞石，龍巖人。萬曆三十二年進士。授新會知縣，遷陝西道御史。疏論東宫出閣、福王就封二事。内臣商宷禍閩，極言其害，有旨撤回。巡按廣東，請改澳門參將，以增防守。值歲饑，禁閉糴，活數千人。天啟中，轉大理丞。歷太嘗少卿、大理卿，力劾魏忠賢，幾不測，以母憂歸。

崇禎初，起刑部左侍郎。時禁網頗密，獨輔以寬厚。一日，與劉之鳳召對平臺，論律例及獄情，上不悦，申飭而退。署尚書。因旱陳言，釋大小臣工數百於獄。中官鄧希詔守口失機，奄黨保之，命璿執法不阿，忤旨告歸。紹宗即位，起故官。福京亡，挈家入萬安山中。永曆五年，聞上爲僧五指山，潛至中左所，請鄭成功迎駕。已知其誤傳，憤惋而卒，謚忠正。子之鋌，歲貢。纂修國史。官通判。

孫思沂，庶萃士。命璿命扈昭宗，累官右都督挂將軍印，加太子少保。國亡歸，清徵不出。

時刑部司官：喻以恕，字心如，彭澤人。崇禎七年進士。授營繕主事，管太倉庫，清釐出納，餘羨皆記籍，纖毫不自潤。性孤少合，爲忌者所中，謫處州推官，恬然之任，益勵冰操，治城旦書，多平反。家貧無寸産。而居官一節，自刑部浙江司主事歷員外郎、郎中。

陳國正，字調梅，南平人。萬曆二十八年舉於鄉。授長寧知縣，平陳萬鍾亂，轉連平知州。以户部主事督蕪關，陞江西司員外郎、郎中。歸卒，年七十七。

馮秉清，字惟乾，浮梁人。崇禎十年進士。授南雄推官，遷刑部主事。降李自成。南歸，歷湖廣司員外郎、郎中。卒年七十四。

陳調元，宿州人。崇禎十六年進士，授行人。自陜西司主事歷員外郎、郎中。

陳國器，漳浦人。天啟二年進士。自廣東司主事歷員外郎、郎中。

林廷輝，龍溪人。天啟元年舉於鄉。授建始知縣，自山東司主事歷員外郎、郎中。

王臯，晋江人。崇禎三年舉於鄉。自福建司主事歷員外郎、郎中。

貢克聖，蕪湖人。萬曆三十七年舉於鄉。自河南司主事歷員外郎、郎中。

林桂，寧德人。萬曆三十七年舉於鄉。自山西司主事歷員外郎、郎中。

黄道爵，晋江人。尚書克纘子。任刑部郎中。劾熊文燦弁將趙庭貪懦，致仕。起楚雄知府，改四川司。

沈之煌，字孟元，長興人。萬曆四十六年舉於鄉。授寧鄉知縣。嚴正折，上官立徵比法，銖兩不淆。旋平寇盜。自廣西司主事歷員外郎、郎中。

曾賜昌，字心遠，吉水人，尚書同亨孫。任都察經歷，爲黨人所傾。忠賢敗，疏請雪萬熼、鄒元標冤。歷刑部廣東司主事、山東司員外郎，恤刑南直，多所矜全。陞貴州司郎中。福京亡，久之卒。

黄道泉，字明汝，晋江人。崇禎十六年進士。雲南司郎中。

李登雲，字鍾表，晋江人。崇禎十年進士。授金壇知縣，卻歲供例金。寇張不忘、楊廷相竊發，斬之。拒監生于舜玉、富商吳義賄。自雲南司主事歷員外郎、郎中。福京亡，久之，卒。

鄭之彦，字四其，台州寧海人。恩貢。嘗州、蘇州通判，遷浙江司員外郎，歸。

鄭芳蘭，閩縣人。恩貢。累遷江西司員外郎。成施爌獄，罰贓銀千三十兩。

唐夔，長汀人。崇禎十三年特用。授沅陵知縣，撫循慈良，民稱佛子。自湖廣司主事歷員外郎。因亂留治所，民爭迎候，傳致饔飧。後歸，清素不改。卒，年八十五。

盧日就，字斗孺，永定人。崇禎六年舉於鄉。授岑溪知縣。邑歲解牛判銀四百，嚴禁屠牛。捐奉陪解，獞、傜不爲害。歷陝西司主事、員外郎。

翁冠英，字矩鼎，福清人。崇禎十六年進士。廣東司員外郎。

吳崇熹，江陵人。崇禎十五年舉於鄉。自工部主事遷刑部山東司員外郎。

薛大酆，字懷如，仙遊人。萬曆四十三年舉於鄉。自工部主事出爲平樂知府，改刑部福建司員外郎。

富明新，字匪家，晋江人。崇禎六年舉於鄉。歷順昌、南靖教諭、刑部吏部司務、刑部河南司主事、員外郎。隱梅柄鄉，不入城市。卒，年七十一。

鄧毓瑞，字英之，順德人。天啟四年舉於鄉。自户部司務累遷刑部山西司員外郎。

林日升，字思兼，莆田人。崇禎十六年進士。四川司員外郎。

林森，字魯玉，番禺人。天啟元年舉於鄉。歷廣西司主事、員外郎。降於清。

陳興言，南靖人。崇禎十三年特用。貴州司員外郎。降於清。

戴弁球，莆田人。崇禎十三年特用雲南司員外郎。

陳學孔，字私淑，福安人。恩貢。浙江司主事。

劉尊聞，廬陵人。歲貢。自兵部主事改刑部江西司。

謝廷擢，武平人。恩貢。自兵部主事改刑部湖廣司。

張元德，順昌人。恩貢。陝西司主事。

張天溥，瑞州新昌人。諸生助餉，授兵部主事，改廣東司。

吴懋雲，武進人。薦舉。福建司主事。

劉大嘗，字吉生，建昌廣昌人。副貢。自主客主事改刑部河南司。文如西京。

林萃祉，漳浦人。萬曆四十年舉於鄉。山西司主事。

洪嘉修，字一水，歙縣人。崇禎末上書。四川司主事。

項國輝，歙縣人。薦舉，職方主事，改刑部廣西司。

陳兆珂，晉江人。崇禎十三年特用。貴州司主事，降於清。

陳崇虞，呈貢人。萬曆三十七年舉於鄉。雲南司主事。

周瑞豹，字元叔，吉水人。天啟二年進士。授寧鄉知縣。魏忠賢專政，熊明遇、徐良彥、黄龍光戍過境，人無謁者，瑞豹獨郊迎館餽。調江陵，刷夙弊。入爲兵科給事中，疏言責成樞輔、停遣内臣、審釋淹滯、省發章奏、酌留援兵，皆大計，忌者追刻其令楚時催課不及，降光禄監事。周延儒入相，瑞豹鄉試座師也，竟不往。久之，遷行人副、尚寶丞。

安宗立，轉少卿，調太僕。紹宗即位，擢刑部右侍郎。福京亡，歸里，痛哭不食。諸子環請，或一進水。遂不見客，久而失明。永曆八年，清以不薙髮趣對簿，辭疾卧扉，舁之行。即訊，不答一語。勘者責狀，語少傷迫之，瑞豹曰：「此何狀，必欲具狀。有髮在，即可録取，不煩推也。」遂不語不食。越七日病革，戒諸子曰：「吾不與國同亡，生有餘慚，死不塞責，勿以時服殮，藁葬澆麥飯而已。」因書曰：「身逢國難，辦有今日。我魂何念，烈皇之側。」書畢，付子曰：「藏之，使子孫毋忘所事。」隨就枕，誦「首陽薇」三字而屬纊焉。

子士竇，去諸生。同逮免。以文名。

周汝璣，字柱衡，商城人。萬曆四十四年進士。授池州推官，操持整潔，詳刑多平反，釋者百計。遷福建道御史，與兄汝弼劾魏忠賢。出爲陝西僉事，調浙江，轉河東參議。改淮揚，疏通鹽利。調淮海副使，築蘇家嘴隄三十里障水，漑田千頃。禽逋寇邵飛黄、李龍山，防海州，以士卒破寇舟百餘。歷武昌參政，有平寇功。除湖廣左布政使，奏免逋賦五十萬。改福建。紹宗即位，以擁戴功，擢左通政。上二祖御容，晋工部左侍郎。福京亡，歸隱卒。

子鳴臯，字仲符。恩貢，不仕。

汝弼，字右卿。萬曆四十四年進士。授肥鄉知縣，伸雪疑獄，囹圄一空。遷山東道御史，與楊漣上疏請肆忠賢於市朝，除名，入萬山中。璫敗，歷江西督糧參議，浙江副使，湖廣布政備兵，蘇嵩、湖西參政。崇禎十年，以副都御史巡撫延綏。楊嗣昌議調兵剿寇，以地方空虛爲言，嗣昌銜之。乞歸，卒。子禕，功貢。

汝璣從子履，字考祥。功貢。從從父汝弼立邊功。又從汝璣山東。後贊畫黄得功軍英、霍，授遊擊。清起不赴。

陳玄藻，字爾鑑，莆田人。萬曆三十八年進士。授行人，遷祠祭主事。會日蝕，疏言陽掩於陰，刑餘之人不可使預國事。忠賢見之恚甚，欲置之死，葉向高力救得免。歷江西副使。寧遠急，檄督南糧以濟，陞雷、瓊、廉參議，轉參政、貴州布政使，以父老乞休。紹宗即位，擢禮部右侍郎，調工部左。福京亡後，隱梅峰卒，年九十四。

子憲綰，字伯樞。歲貢生。興化陷，被執釘死。

同時工部司官：

程言，字颺伯，寧國太平人。崇禎十六年進士。授弋陽知縣。自兵部主事歷營繕員外郎、郎中。母老乞休，改糧官解。邑人建記德亭。

賴繼夔，字九修，豐城人。天啟七年舉於鄉，營繕郎中。

陳經文，建昌廣昌人。崇禎十六年進士。南昌亡，起兵，劉允浩死，以老母託之，自虞衡主事歷員外郎、郎中。

林日光，字君向，閩縣人。崇禎十三年進士。授虞衡主事，榷南新關，忤璫罷。起員外郎，遷郎中。降於清。

項如皋，寧國太平人。崇禎十三年特用。自刑部主事歷都水員外郎、郎中。

唐士鳳，字瑞華，豐城人。尚書大章子。任都水員外郎，督北河道。寇張秋，憂歸。起郎中。福京亡，結茅深山。

高承埏，字澤外，嘉興人。郎中道素子。崇禎十三年進士，授遷安知縣，請減陸運津糧二千石，緩舊逋，徵新税，招復流移千七百户。調寶坻，嚴自宫之禁，計折埋珠大盜，歸攤派剥船百二十艘於武清、通州，而協濟其費。十五年，清兵自豐潤渡河攻城，悉力固守。十六年再攻，堅守二十四日，城卒以完。佛要人意，竟不賞。改涇縣，定踐更，均郵遞，革加耗，絶餽遺，訟簡民安，涇人頌之。安宗立，上書史可法，請盡出腹内兵緣江設守，聯兩河以蹶關、陝，願屬櫜鞬爲士卒先。遷虞衡主事，以父死非罪，頌冤，得贈故官。謁福京，歷屯田員外郎、郎中。福京亡，杜門讀書終。

萬堯一，九江德化人。崇禎十三年特用。自營繕主事遷員外郎。降清。子邦和，薦大理知府。

姜鉎，字仲海，餘姚人。萬曆四十三年舉於鄉。營繕員外郎。

伍儀，字德隅，清流人。萬曆二十八年舉於鄉。授龍川知縣，平寇有功。遷虞衡主事歸，修城置器備荒。起員外郎。

田蘇兆，鶴慶人。萬曆四十年舉於鄉。虞衡員外郎。

林鳳儀，字朝陽，南平人。崇禎三年舉於鄉。歷大埔知縣、都水主事、員外郎。

黄弼，字君贊，邵武建寧人。崇禎六年舉於鄉。歷太平知縣、都水主事、員外郎，歸卒，年九十二。

傅乃根，黄陂人。天啟四年舉於鄉。授衡陽教諭，遷鳳陽知縣，力守全城。歷屯田主事、員外郎，歸二十餘年卒，年七十七。

陳良佑，高安人。萬曆三十四年鄉試第一。屯田員外郎。

翁希禹，字警庵，侯官人。尚書正春子。任工部主事。李自成入北京，不屈。南歸，遷屯田員外郎。

黄晉良，字朗伯，閩縣人。諸生。歷中書舍人、營繕主事，督餉，上疏中肯綮。福京亡，放浪山水，居三山井上草堂。卒年七十五。弟漢良，字翰伯，精易。

屠襄孫，秀水人。萬曆四十三年舉於鄉。營繕主事。

李燦箕，仙遊人。萬曆四十三年舉於鄉。營繕主事。

李魁春，字東白，吉安龍泉人。歲貢。歷分宜訓導、宣平知縣，遷營繕主事。福京亡，隱源辰寺。子士璉，降清。董學成九辟，不應。

揭杲，建昌廣昌人。崇禎十五年舉於鄉。清河知縣，遷營繕主事。

區大緯，字文昺，香山人。選貢。授安吉同知。餉三十萬入京，遇寇力禦免。榷北新關。自中書舍人遷虞衡主事。

李希衛，建水人。萬曆四十年舉於鄉。虞衡主事。

游爲光，臨川人。副貢。虞衡主事。

許源浩，臨川人。虞衡主事。

萬封祝，新建人。崇禎十五年舉於鄉。虞衡主事。

王先甲，字直臣，嘉興人。崇禎十三年進士。授建寧知縣，調涇縣。南京亡，從尹民興城守。城陷，謁福京，遷都水主事，隱。

王介慶，字受茲，奉新人。選貢。泰順知縣。遷虞衡主事，力爭劉宗周，救姜熊下獄。起都水。

胡兆康，金谿人。選貢。柘城知縣，遷都水主事。

張繼曾，思南人。天啟七年舉於鄉。屯田主事。

李光倬，字仲昭，順昌人。薦舉。屯田主事。

童邛，沔陽人。司務。降於清。

熊奮渭，字佐文，商城人。萬曆四十四年進士。授如皋知縣，調泰興，力除積蠹，尤長課士，分典南闈，得雋爲多。遷禮科給事中，歷工科右左、户科都。清查冒軍，巡視廠庫，人咸畏之。時魏忠賢初侵外事，番捕肆擾，首發其奸。楊漣疏入弗省，奮渭有亟納憲臣之奏，詞義激切，忠賢側目彌甚。典試山東，試録刺忠賢，有狐假等語，及趙高對二世，當幽居稱朕，令羣臣不得聞仇士良告同列，宜引上爲聲色狗馬，以蠱惑心志，然後吾輩可以爲所欲爲。徐復陽疏參奮渭，忠賢矯詔與李繼貞俱削奪。

崇禎元年，起兵科都，出爲山西按察知事，陞行人左，轉尚寶卿，復典山西鄉試。十一年，以僉都御史巡撫浙江，練兵核餉，肅清海盜。晋兵部右侍郎，尋改南京户部總督倉場。以病請，僑寓棲霞山。紹宗立，召南京兵部左侍郎。福京亡，清命攝户部，以右都御史致仕。卒年九十六。

錢繼登，字爾先，嘉興人。萬曆四十四年進士。授刑部貴州司主事。鞫珠商與大璫乾没事不少貸。遷郎中，摘猾胥魏成銓等弊。出爲饒州知府，復芝山書院。淮王驕縱，閩師不戢，止之不亂。擢江西督學副使，憂歸。起江西督糧參議，調蘇嵩嘗鎮，以事獲譴，戍建陽。再起山西僉事，轉尚寶、光禄少卿。弘光元年三月，以僉都御史總理兩淮鹽法，兼督江防。四月，兼撫淮揚，罷巡鹽御史，辭歸。紹宗立，召南京兵部右侍郎。矜氣抗節，不諧於俗。卒年七十九。

弟繼振，字爾玉。繼登就訊，徒步周旋。晚結柳洲社。

繼章，字爾斐。崇禎九年舉於鄉，孝友力學。

贊曰：學佺才猷曠達，篤好文籍，采百王之損益，成一代之典章，可謂大雅君子矣。長倩、一洪、寅亮、化、廷秀、瑞豹夷險不渝，捐軀就義。錦、應期、若金、瑊、鏡心、輔忠、世壽、志道、大忠、觀光、勳、賢、顯悅、奮渭，開物成務，爲國楨幹。明遇、宰、萬傑、銘鼎、兆、必達、文耀、晋、履泰、賡唐、命璿、汝璣、繼登采薇采蕨，自潔其身，馨炤青史，固其宜也。華玉狙獪之夫，鄙下不足道，以嘗貳兵部，故並著於篇。

南明史卷四十四

列傳第二十

無錫錢海岳撰

陳燕翼 倪元瓚等 周廷鑨 王文企 徐開禧 郭之祥 姚宗衡 嚴似祖 何九雲 弟九祿 張之奇 孟應春 趙士春 弟士錦 沈正中 吳孔嘉 徐復儀 林志遠 吳載鼇 子虎符等 張潛夫 顏茂猷 李光熙 林士升 王用予 葉聯飛 賴垓 李世奇 李光龍等 祁熊佳 兄豸佳 覃獻籙 湯開遠 張之奐等 蔡一鼎 曹繼書 何捷科 嚴貞恕 胡兆耆 劉大沖 吳應庭 談雅言 葉養元 趙潛 林增式 羅其英 陶光翔 葉棐 梅士生 魏光國 陳亨 蔣棻 林宏衍 鄭奎光 徐芳 父德耀 兄英 李長世等 楊天宰 石鏡等 柯荔標 陸彥龍 袁繼袞 劉以修 葉子發 閔肅方元會 王三俊 艾逢節 胡世及 袁紹書 林琦 張煙等 黃見泰 張綸 朱啟繪 陳兆甲 蔡慶旺 黃守誼 萬之奇等 饒希夔 從父璒 李大宏 鄒衍甲 歐陽濬 許譽卿 李青 兄潛 郁汝持 余日新 張晉徵等 羅萬爵 張文煇 李允佐等 班衣 陳績等 蕭士瑋 弟士琦 楊錫

璜　熊維典　吳應琦　林胤昌　子逢泰　鄭崑貞　林宗載　劉光震　葉應昌　許志才等　周世鎮　方士亮　汪惟效　馬及時　羅萬象　鄧啟隆　陳天定　林明興　方進　吳公布　楊仁愿　陳渝如　淩超　郭正中　子忠祥　袁樞等　李佺臺　孫昌裔　張國經　黃廷師　趙明鋒　曾植　戴亮采　黃道臨　田宏恩　李敬問　管一燁　劉禬　吳應徵等　夏時傳　畢汝懋　倪參化　劉廷兆　駱天閑　楊廷瑞　吳應蛟等　李望越　淩世韶　王鼎鎮　江愈敏　江日炤　張嘉胤　周廷瑚　熊德陽　子士元等　文士昂　朱國昌　黃日芳　王兆熊　朱子覲　木增等　邵明俊　徐可久　蔡嗣銓　薛瑞泰　梁應龍　弟應華　謝紹芳　張明熙等　金之鑛　蔡鵬霄　霍得之　范鈔　易宏襄　王維夔　柴世埏　熊經　陳道暉　林銘球　子雋胄　霍子衡　子應蘭等　陳嘉會等　梁朝鍾　季父克載　陳學佺

陳燕翼，字仲謀，侯官人。崇禎七年進士。授程鄉知縣，建五忠祠、鐵漢樓，以志向往，免供億，省刑罰，邑人稱之。有楊千總者，破賊得金以進，卻之，揭大吏以金儲公用。遷工科給事中。周延儒枋政，燕翼不投刺，疏言：「賣官鬻爵，羈縻薊督，陰脫門生范志完縱寇罪」。又言：「兵餉之爲民害，因朝無正人，而言利之臣獲進也。陛下設廠衛，小人即因廠衛通賄；託近侍，小人即因近侍爲援引。陛下籌兵措餉，不遺餘力，而小人所輦輸以得官者，皆陛下之兵；所滿載以候代者，皆陛下之餉也。必左右大臣發憤改圖，庶國命可延耳。」

李自成圍開封，高名衡決隄灌之，自成覺，反決陷城。上念諸臣死守，不復問決河事，名衡且貳兵部。燕翼上疏：「開封百萬生靈俱死，而撫按諸官何以獨生？名衡在事幾年，唐、福諸藩報陷，以數百萬生靈徇數人之官爵性命，欺君之惡，何以瞑熊廷弼諸臣之目。」疏入，上以逞臆苛議，下部議。鄭三俊疏救，擬奪俸，不允，降補翰林孔目歸。辜朝薦言：「燕翼所論中州一案，守汴之勞，與決河之罪，原不相揜。在上深憫之，所以作勞臣之氣。在言官正言之，實以存萬世之公。」不報。

弘光時，起吏科，改禮科左。馬阮專政，借四鎮挾制朝廷，翻盡計典，用盡從逆者，因陳中興大義，言：「臣見數月以來，躁競成風，廉恥道喪。士大夫輩但見得官爲榮，而不以失義爲辱。方冠進賢，即希華要；既膺民社，復濫京御。監司之遷轉如流，危疆之督撫遞換，贊畫監紀幾半天下，而兵驕將悍，所傳如故，且多分廐馬之肥，玉圍金翠，填咽巷衢，而躍馬橫戈，雅謝不能，祗驟長呵騶之氣。北遣疆臣，徒逍遥於河上；南歸亡虜，且褦襶於新朝。書佐盡繇辟召，何數短簿髯軍；罪撫次第登壇，應盡孟明、曹沬。無例不破，有過皆仁。意喪亂之後，而人才反多，抑不死之餘，其動忍彌甚。尤有笑者，黄扉臺長，憑閫外爲去留；

豸史繡衣，望江藩爲負固。陵夷既極，長此安窮。抑臣近因覃恩濫及而滋有慨焉。臣觀今日請襲請蔭者，章滿公車，必不肯纖毫挂欠朝廷，彼爲子孫之謀則忠矣。而因此動念東宮、二王落處，實能爲人子孫黎民之保者若何？移封移贈者，數期取盈，必不忍一念遺憾血屬，彼爲祖父之計則周矣。而因興情一矯望天壽諸陵，先帝先后寢園幽閟，朝晡之脯糒者若何？平生歌舞，誰憶不歸之人；華屋生存，罔道西州之路。平陵下士，一盂飯不忍忘恩；一朝握手，不替成說從未有。十七年來，身所比肩逮事之舊主，一旦蒙難如彼其烈，而疇昔三九侍從恩渥諸臣，未久已庋閣置之，不復較理。乃如之人負恩頑薄，而尚望其殫思畢志，詳事陛下者也。屈指舊恨忽三年，再逾數月，漸難提起，一時賢達，毋亦是閉門討官，聚頭黷貨。雖言言討賊復仇，而事事壞法亂紀。譬如人家父母有難，而子弟妯娌，且相與較手澤，問田莊，一物不均，則相與詬誶兇訟，誤以怒駡爲痛哭，嗚呼遠矣！今敵賊相持，勝負未決，中國之利，正在此時。行間將吏，不聞一籌一策，用間用奇，而但知張口内向，添官索餉。二十餘年來用兵敗道，踵習不瘥，今日在事諸臣，亦何須論同論異，論彼論此。但向西行進取一步，踏斷闖逆之根；更向東來遥寄一盂，灑淚昌平之土。中興奇男子，誰復過此，不然，要不免因時活計，偷取一切富貴已耳。跛眇相嘆，庸有既乎！」疏奏，命部院亟行申飭。

已奉命偕行人韓元勳册封琉球，加一品服，未行而南京亡。

紹宗即位，擢吏科都給事中。黄道周疏言堪資啟沃，轉編修、右諭德、侍講、詹事，掌翰林院，直和衷堂，專中興史職。旋兼大理卿，巡視閩、粤。歸與賴垓進講，建言無虚日。旋上十事疏萬餘言，畧云：「陛下自行票擬，銓部無權，一人之身，倐用倐舍，倐重倐輕。」又云：「廢籍白丁，所在成市，乞墦登壟，投拜門牆。苟具人形，識句讀，或能代筆上疏者，咸思爲官。一隅幾何？堪此横溢。」末云：「朝無剛正之位，請飭左右克己去私，發憤改圖，以挽積習，以强國本。」上曰：「所陳洞悉國是人心，直中興第一疏也。銘諸左右，朝夕省覽。」並加級，以勸直言。福京亡，爲僧雲峯，後居連江山寺卒。

同時倪元瓚，字獻汝，上虞人，尚書元璐弟。諸生，舉賢良方正。從劉宗周學七年，任兵部員外郎。宗周絶粒，招言興復大計。紹宗立，召太子賓客。福京亡，入山。母歿，廬墓三年。

子會宣，字爾猶。諸生。父疾割股。八分推天下第一。

周廷鑨，字元立，晋江人。天啟五年進士。授鎮江推官，摘伏雪冤，罔不明允。遷驗封主事。時題授冠帶多冒濫，力陳其失，報可。歷考功、稽勳員外郎，文選郎中，鑑定衡平，清慎如一。題革内監練軍，及疏駮陳啟新請廢科目、罷推知行取之謬，事得寢。而政府中貴索瘢中之，乞疾歸。

紹宗即位，與王文企、徐開禧、郭之祥、姚宗衡、嚴似祖、何九雲、張之奇、孟應春同召。廷鑨以詹事、侍讀學士兼太嘗卿，提督四夷館。廷鑨工詩文，風流儒雅，爲時所重。福京亡，屢徵不起卒。

文企，字子及，歙縣人。崇禎元年進士。官吏科給事中。淮揚、山東饑，力言賦重民怨。謫南京國子典籍，遷大理左寺副。弘光時，轉太僕丞、大理少卿。紹宗召詹事，掌翰林院。福京亡，不仕。

開禧，字錫餘，崑山人。崇禎元年進士。授臨武知縣，改庶吉士歸。文本先正法程，講舉業者師之。弘光時，起編修、右中允、左諭德、經筵講官，憂歸。南京亡，起兵崑山。紹宗召詹事，協理翰林院事。清舉隱逸，不出。

之祥，字宇止，吉水人。崇禎元年進士。授崇安知縣，遷簡討、東宮侍講，疏請進士二甲下盡任推知。累陞少詹事、侍讀學士。福京亡，隱居憤恨卒。

宗衡，字幼輿，歙縣人。崇禎十三年進士。授簡討。南京亡，從金聲起兵。兵敗，謁福京，遷編修、左中允，卒。

似祖，字亦如，昆明人。尚書清孫。崇禎十三年進士。授簡討，纂修會典，掌起居注，管理六科章奏，册封榮王，兼吏禮部郎中。紹宗擢左中允、侍讀。福京亡，歸。永曆元年，孫可望除禮部尚書、翰林學士，不應。尋命典試雲南，取士三十三人補官。以祀孔子不至，怒繫之，得釋。可望欲僭號，具啟力陳不可，杖死，稱尊議亦止。

九雲，字舅悌，晋江人。尚書喬遠子。崇禎十六年進士，改庶吉士。紹宗擢編修，直蘭臺館，修威宗、聖安實録，兼鄧府左長史。福京亡，杜門。弟九説、九禄。

九禄，隆武時，授國子學正，命搜訪遺書。九説，自有傳。

之奇，字平子，建昌新城人。崇禎元年進士，授簡討。降李自成。南歸，起故官。

孟應春，字長民，仁和人。崇禎十六年進士。授潮陽知縣。弘光時，李班三亂，與邑紳吴仕訓乞師於揭陽，都督張浚，參將黄山、王鎮遠斬班三。紹宗遷簡討。清兵至，拒戰死。

趙士春，字景之，嘗熟人。尚書用賢孫。崇禎十年進士第三，授編修。搏擊豪强，權黨側目。與黄道周、劉同升、林蘭友、曾櫻稱長安五諫。明年，楊嗣昌奪情視事，未幾入閣，道周疏劾下獄。士春上言：「嗣昌墨絰視事，用既罔效。陛下簡入綸扉，自應力辭新命。乃閲其奏牘，徒計歲月久近，絶無哀惻之念，何姧孛一至此也。陛下破格奪情，曰：『人才不足故耳。』不知人才所以不振，正繇愛功名、薄忠孝致之。且無事不講儲才，有事輕言破格，非用人無弊之道也。臣祖用賢首論故相張居正奪情，幾死杖下，腊敗肉示子孫。臣敢背家學，負明主，坐視綱嘗掃地哉！」上怒，謫廣東布政簡較。士春祖孫並以攻執政奪情斥，士論高之。弘光時，起故官，遷左中允。紹宗立，起故官。福京亡後久之卒。遺命以緇衣殮，年七十七。

弟士錦，字前之。士春同年進士。歷化州知州、都水員外郎。北京亡，李自成授官，不應。歸，起故官，隱。

同士春起者沈正中，字因仲，吴江人。萬曆三十五年進士。授工部主事，遷員外郎。顧憲成倡東林書院，御史徐兆魁力攻之，光禄丞吴炯疏辨，不報。正中上言：「兆魁巧誣憲成，已經炯據實疏明。臣所嗟憤不平者，惟是國釀空虚之禍，人進禁錮之謀。天下方痛衆君子之易退，兆魁則惟恐君子之易進。漢、唐、宋末季之禍，奈何復蹈其轍乎！願上察治亂之機，審賢奸之路，立召憲成赴闕，速諭兆魁等剖疑釋猜。」執政疾之。以京察降浙江布政理問。自兵部主事累擢禮部郎中，以忤璫削籍。崇禎初，起山東僉事，陞大梁參議。以六千人敗馬進忠等。數上方畧，力主宜剿不宜撫。致仕。

吴孔嘉，字元會，歙縣人。天啟五年進士第三，授編修，修實録。事魏忠賢如父。與同邑吳養春有仇，誘其僕訐主隱占黄山，養春及子瘐死，家籍没，株連甚廣，徽州幾亂。

崇禎改元，將踐祚。故事，勸進有三箋。值屬草時，中外危疑，羣奸未靖，廷議洶洶。上方憑几待旦，諸公恐三箋濡滯。孔嘉請用權宜，連上三箋，典禮無闕。俄而箋奏畢徹，殿陛歡呼，天地乃定，政府以爲能。一時覃恩制誥，皆出孔嘉手。孔嘉美豐儀，入侍經筵，上竦顔傾聽。已以逆案斥爲民。

弘光時，起故官，疏請要典備列當日奏議存實。南京亡，歸里。清兵至，冒死説張天禄不戮一人。紹宗立，起左庶子、侍讀。永曆七年，以楊崑事連死，年八十。

徐復儀，字漢臣，上虞人。崇禎十六年進士。授行人。安宗立，疏言：「大恥未雪，逆賊未禽，梓宫未還，國殤未邺，太子、二王未復，宜義戰，毋利戰；宜力戰，毋舌戰；宜公戰，毋私戰。」不報。

遷刑部廣西司主事，轉員外郎。按治逆臣罪，有能聲。與林志遠分典雲南、貴州鄉試。未至而南京亡，人心洶洶，復儀講賓興禮如故。夜訪沐天波，使陳兵衛鎮撫之，土夷遂不敢肆。魯王監國，召御史。未赴。

隆武二年，謁福京，擢簡討、編修。晉翰林學士，泣辭不許。福京亡，幅巾草履，歸辭父母妻妾，獨居蹲山中，日誦離騷。或從危崖聳身下，累不得死。一日風雨晝晦，慟哭，急投谷中死，目猶張。其父承寵趨視，持其首哭之，乃瞑。

志遠，字致予，同安人。崇禎十六年進士。授工部主事，遷吏科都給事中。福京亡，奉母結茅清溪仙峯嶺。卒年七十二。

吳載鼇，字大車，晉江人。崇禎元年進士。授澄海知縣。海寇時至，爲月城，多鑄火器，寇不敢窺。忤巡按，謫浙江按察經歷，遷金華推官，斷事精果，雪冤獄馬文紹等九十餘人。署杭、湖、嚴，多所平反。紹興衛軍旗扇亂，片言止之。陞户部主事，榷淮安。山東告警，河阻塞，接濟軍實，拮据勞瘁。擢羅定僉事副使，化條大行。紹宗即位，召侍講，與楊廷瑞祭天興、古田、水口及延建山川之神。晉侍讀學士。福京亡，隱居卒。

子虎符，副總兵。方升，中書舍人。

同時翰林之可紀者：

張灊夫，字爲龍，晉江人，大學士瑞圖子。崇禎十三年進士，改庶吉士，授簡討，遷侍讀。福京亡，以經史自娱。卒年七十五。

顔茂猷，字壯其，平和人。崇禎七年進士。授精膳主事，遷編修、侍講。福京亡，山居學道。一夕雷震死。

李光熙，字赤斗，平和人。崇禎十三年進士，授新會知縣，遷簡討。福京亡，入山。

林士升，不知何許人。

王用予，字安生，黄岡人。崇禎元年進士。授淮安推官，屢平冤獄，修文起書院課士，歲荒籌振，全活萬計，黄水汛，築三隄，以捍新舊二城無患。遷簡討、東宫較書。後殉廬山。

葉聯飛，字雲翼，德興人。副貢。廷試第二，授庶萃士。學問淹洽，以經世自期。福京亡，歸。永曆二三年間，堵禦得全。

賴垓，字元式，泉州德化人。崇禎元年進士。授平湖知縣，卻湖税溢額銀，去私鹺四十萬，吏治爲天下第一。歷簡討、編修、中允、諭德，侍東宫講學。弘光時，進侍讀學士，封楚王歸。隆武元年，擢左庶子兼國子祭酒，使魯歸。

李世奇，字亮先，海澄人。九歲喪父，善事後母，人稱孝子。爲諸生時，邑有紅毛警，劉斯㶊謀修港口堡，衆憚其勞，無肯任者。世奇曰：「吾當任之，堡不堅，如無堡也。」已而寇至，民以安堵。崇禎四年成進士，改庶吉士。慷慨任事，抗疏上之。念母老，筮得豫之六二，曰：「是其系之，曰介于石，吾其還也。」遂乞終養。部催供職，連具疏云：「前既念七十九歲之母以歸，今安能舍八十九歲之母以出。」陸青源疏薦舍官，專以養親，因而敦睦鄉族，居家亦能報國，要在利濟生民。隆武元年，亦擢左庶子侍讀，命有司月給石米贍其母，異數也。七月，上幸國學，垓、世奇同進講。垓聞汀州變，憂憤卒，或曰與李光龍從上遜亡。世奇母殁葬訖，悲憤不食卒。

光龍，字蟠卿，安溪人。崇禎十六年進士，授簡討，易學純深。晚歲沈淪詩酒。相傳紹宗爲僧安溪妙峯山，光龍與僧參唯、德林、天問奉之，日爲師徒，夜行君臣禮。上崩葬之。卒年七十五。參唯以儒爲僧，與德林、天問，稱妙峯三高。

德林，字鋭峯，晋江楊氏子。淹貫經史，負雄畧知兵。

天問主碧翠别墅，高山深頂云。

祁熊佳，字文載，紹興山陰人。崇禎十三年進士。授南平知縣，追徵革火耗，令民自投櫃中。仕宦往來江干，故例撥船夫守宿，索夫價名折乾，悉汰去之。遷兵科給事中。馬士英以王之明詐稱太子，欲付法司嚴訊，且因以傾黄、姜，指爲主使。熊佳揚言於衆曰：「太子真僞未可知，如加笞掠，何以服天下？今老成凋落，而羅織大獄，此何謂也？」士英乃止。會選采女，抗疏爭之，反復千言。後左良玉兵東下，檄熊佳，復曰：「國賊士英神人共憤，僕不難手刃之以謝天下，但名義所關，將軍悉兵東向，恐無解於道路之口。」不從，而天下傳誦之，想其風采。魯王監國，監張名振軍渡江。紹宗改福建道御史，加尚寶丞，擢左中允、侍讀。福京亡歸，卻聘杜門。

兄豸佳，字止祥。天啟七年舉於鄉。授吏部司務。工詩文，畫入荆、關之室。紹興亡，與王鎬爲僧。

覃獻籙，字公烈，江陵人。福京亡，走日本、暹羅，歸隱鍾山。

湯開運，字無我，寧國太平人。太學生。孝友理學躬行，年八十，猶手書近思録。

張之奐、張之夫，晋江人。大學士瑞圖從子，任。

蔡一鼎，字天生，臨海人。上書福京。

曹繼書，瑞昌人。歲貢。

何捷科，翁源人。諸生。

嚴貞恕，高明人。與弟貞慧同崇禎十七年選貢。

胡兆耆，金谿人。選貢。

劉大沖，南城人。

吴應庭，萍鄉人。歲貢。以詩名。

談雅言，字子約，壽州人。恩貢。著述。

葉養元，字君瑞，壽寧人。諸生。

趙濳，本名炎，字雙白，漳浦人。父兄與黄道周共事。工詩，爲僧嵩江。

林增式，瑞安人。薦舉。

羅其英，仙遊人。儲賢館士。

陶光翔，當塗人。

葉棐，歙縣人。與陳萬幾皆中書舍人。

梅士生，字生生，宣城人。太學生。御史上官鉉薦不應。文華殿中書。

魏光國，字合虛，撫州東鄉人。行人。皆隱終。

陳亨，字蓮石，侯官人。崇禎十三年進士。歷户部郎中、嵩江知府。北京亡，與同知趙元會力持鎮定。安宗立，約蔣棻捐資造火器，募勇士朱千斤、劉鐵臂等。三請勤王。疏曰：「幸而徼天之幸，迅掃妖氛，指日奏凱，社稷之福。否則惟有斷脰決腹，一瞑而萬世不視，以明國家三百年養士之報，亦無負臣三十年讀書之志。」識者壯之。而馬士英泄泄，傳旨不許，義師遂散去。遷蘇嵩嘗鎮督糧參議，以書役李纘雲等七人留銀不解，立寘於法，亨亦削籍。紹宗即位，召侍講。福京亡，隱西關外柳橋。矮屋一椽，杜門不出。有無賴以通海訐之，清帥逮責十五板。於是林宏衍桁楊到官，鄭奎光下獄，餽八百金得免，一時衣冠之禍烈矣。

棻，字南陔，嘗熟人。崇禎十年進士。授福安知縣，推八郡廉吏第一。調建安，直道不阿，山寇起，飭備兵械，巨璫爲虐，守正力拒。遷主客主事，改儀制。

宏衍，字得山，閩縣人。右都御史材子。任户部主事。隆武時，累陞温台副使，爲政清平。子之蕃，自有傳。

奎光，字章甫，侯官人。萬曆三十四年舉於鄉。歷青田教諭、龍泉知縣，省刑罰，設保甲，革耗、節費、修城。累遷户部主事、員外郎，出爲處州知府。皆隱居卒。

徐芳，字仲光，南城人。父德耀，字養貞，以孝友稱。周朝瑞被逮出餞，從傅冠團練鄉兵，江西亡爲僧。芳，崇禎十三年進士。授澤州知州，以治行第一。遷驗封主事。紹宗即位，調文選，諭曰：「朕實心救民殺虜，至從前僨誤，皆出任使非人。爾職典銓曹，爲國擇賢能，奚啻勝兵數萬。」芳首薦揭重熙、傅鼎銓。會有劾重熙守州時事者，言於曾櫻，白其誣。已薦重熙江撫，上可其言。汪觀請用劉中藻、李蘧、宗室議淴同撫浙，櫻不可。觀論其誤國，芳言櫻秉國鈞重臣，要地故宜參與。浙西方用兵，多設一官加一累，三人未見其可。不從。林蘭友按江歸，疏詆櫻、楊廷麟、萬元吉。芳言奸邪黨比陷正人，降蘭友光禄録事。小人切齒，謂芳、湯來賀爲西黨。尋改編修，留延平。福京亡，與李長世、楊天宰、石鏡、柯荔標、陸彦龍、袁繼衮皆入山。兄英，字伯升，歷國子典籍、助教、中書舍人。國亡不出。

長世，字聞孫，吉水人。邦華孫。任中書舍人。從史可法軍，陞簡討。與子錦衣繩武隱青原。

天宰，字玉宸，龍溪人。登黄道周門，講學榕壇鄴山，攝衣上座，時稱都講。崇禎末，以貢北上，至鎮江而威宗凶問，隱碧湖。隆武時，授簡討。窮困，寄食人家卒。

鏡，字可日，福清人。隆武時恩貢，廷試庶萃士。國事不支，人或言及，怒髮上指曰：「君輩不敢知，吾不降辱以負所學必矣。」福京亡，歸里爲僧，日與人言忠孝事。偕僧幻來、白漁子爲方外遊，山頂水涯無不至。偶患腰病不治，曰：「此身應死久矣。隱忍至今者，以老母故耳。今已矣。」笑誦南華經而卒。

荔標，仙遊人。恩貢。廷試庶萃士。慷慨有大志，落寞以終。

彦龍，字驤武，仁和人。父允，字汝錫。諸生。杭州亡，執下獄死。彦龍，諸生，博學。南京亡，與陸培謀起兵，不果。監金聲軍。謁福京，上戡亂六策，授待詔。汀州凶問，入武夷山。聞父下獄歸，逾月卒。

繼袞，字子袞，宜春人。崇禎十七年歲貢。授孔目。

劉以修，字懋卿，閬中人。崇禎十三年進士。歷福清、閩縣知縣，慈祥寬大，一清如水。郭之奇督閩學，命藻鑑文藝，所拔多名士。又嫻武畧，都督缺官，當事破例委任。值閩清寇作，披韎韐躬行間，直搗巢窟，羣盜悉平。紹宗即位，與包象乾、熊興麟募兵汀州。進文昌化書，詔刊布之。隆武二年，與葉子發同遷編修。六月，與閔肅主考天興鄉試，韓元勳、王孫蕃監試。榜發，中式胡甲等一百七十五名，副榜六十五名。而是科關節倖獲者甚多，周之夔、劉霖懋磨勘布政司原卷不通者，疏糾之。上命方元會復試，落四名，餘俱准爲舉人。逮同考王三俊下獄，追贓萬兩，助水師餉。未完而福京亡。博雒陷福京，命是科舉人赴粤授官，一時熱中者爭就試，貧者有名不能去，富者揚揚之任，被刼半道，或爲義師所誅，或失城而身首異處，得全節者尠矣。

子發，字方苞，莆田人。崇禎十年進士。歷安福、昌邑知縣。北京亡歸。弘光時，擢惠州知府。

肅，字同生，烏程人。崇禎十六年進士。授簡討，轉編修。以福建僉事與閔度降於清。

元會，字仲極，莆田人。崇禎十六年進士。山東道御史，巡視南城。

三俊，紹興山陰人。崇禎十三年進士。歷盧龍知縣、興化推官，終福建僉事。

艾逢節，字際泰，嵩溪人。崇禎十七年歲貢。歷福州訓導、國子學録。淹洽博聞，名重一時。隆武時，擢司業。福京亡，隱盧峯下，琴書自娱。子敏，杜門承志。

同時冑監之可紀者：

胡世及，字伯承。涇縣人。舉於鄉，授國子監丞，歸。卒年八十。

袁紹書，字士馨，揚州通州人。國子監丞。

林琦，字玉衡，福清人。崇禎九年舉於鄉。授國子博士。先中原亂，同友人李其香集古來忠義事曰倫史鴻文，梓之。語弟子曰：「吾性剛不能俯仰，異日致命遂志，當以此殉。」及汀州變聞，隱海壇君山，結屋桃花隖上。巨猾陳甲圖霸島中，以謀要琦。琦大怒，罵且毆之，遂被殺。

張煙，字生白，天興永福人。監國魯王時，亦爲陳乃孚所殺。

弟熼，字自何。工文章。悲憤嘔血數斗，去諸生。入高蓋山，終身不出。

黄見泰，字士必，福清人。崇禎三年舉於鄉。授國子博士。屢上封事，上知其忠，以勢格留中，鬱鬱乞歸。福京亡，束髮山居，設紹宗像，白衣素冠，朔望朝拜，痛哭死。

張綸，字道羽，閩縣人。隆武元年恩貢。上見其試策，謂爲真實經濟，可措施行。與十義士同選庶萃士，授國子博士。福京亡，杜門不仕。居父母喪，哀毁骨立，鬚髮盡白。服終不茹酒肉終身。有田租自給，國亡後，佃逋過半，竟不肯治。

朱啟繪，字白賁，安福人。副貢。選庶萃士。上疏中旨，授國子博士。

陳兆甲，字克鼎，天興長樂人。恩貢。選庶萃士，授國子博士。清逮，免歸。

蔡慶旺，字于曾，晋江人。隆武二年舉天興鄉試。授國子博士。降於清。

黄守誼，字屺依，陽春人。歲貢。授古田訓導，立學舍文社課士，剛直不阿。陞國子學正。卒年七十三。

萬之奇，字心嘗，安陸人。副貢。授長沙教諭，佐督撫中軍，遷國子學正。清召不出。卒年七十二。

子年大，道州學正，死難。

饒希夔，字彦粹，大埔人。崇禎十七年恩貢。與從父璒捐餉招兵，拒漳寇梁良全城。授國子學正。清舉鄉飲，不赴。

璒，字用恒，萬曆三十一年舉於鄉。授寧海知州。豁丁口亡絶者萬一千有奇，復業者二千家，築奇威二所城。國亡不出。

李大宏，字屏岳，寧都人。太學生。舉文行，授國子典籍。福京亡，於邑死。

鄒衍甲，莆田人。

歐陽濬，汀州歸化人。儲賢館士。行事不詳。

許譽卿，字公實，嵩江華亭人。萬曆四十四年進士。授金華推官，遷吏科給事中。楊漣劾魏忠賢，譽卿亦疏論其大逆不道。又言：「廠衛立枷廷杖内操諸禍，不爲早除，必貽後患。」忠賢大怒，尋以論救趙南星、高攀龍，鐫秩歸。威宗即位，忠賢誅，將大計天下吏，奄黨房壯麗、安伸、楊維垣冀收餘燼，屢詔起廢，輒把持使不得進，引其同類。譽卿時已起兵科，具疏爭。尚書王永光故附璫，仇東林，至是掌銓，陰護持黨逆。譽卿又疏爭。於時薛國觀亦璫孽，遂合訐譽卿爲東林主盟，結黨亂政。譽卿疏白，即引去。

崇禎七年，起故官，歷工科都給事中。時江、淮告警，疏請增兵設督，以衛祖陵。温體仁票旨止之。明年，張獻忠毁皇陵，譽卿憤詆張鳳翼固位失事，温體仁、王應熊玩寇速禍，且曰：「皇上法無假貸，獨於誤國輔臣不一問乎？」卒不聽。已以資深當擢京卿，吏部尚書謝陞希體仁意，出之南京。文震孟不平，語侵陞，陞亦怒，疏攻譽卿營求北缺，不欲南遷，爲把持朝政地，遂削籍。言官交薦，不用。安宗立，起光禄卿。平湖太學生陸濬源爲兄兵部員外郎澄源訟逆案冤，阿馬阮指，牽涉三案，並詆譽卿。譽卿疏辨曰：「諸臣以推戴皇上爲正，均從倫叙起見耳。光廟母子無間，先帝身殉社稷，何嫌何疑？而小人無端播弄，假手濬源。皇上追削體仁謚，萬口稱快，濬源乃頌其平章之功。甚矣，若輩之黨奸欺上也。」阮大鋮益怒，將興大悲獄，指爲五十三參之首。紹宗立，召大理卿。福京亡，爲僧，名雪鼐，久之卒，年七十七。

李青，字映碧，興化人。大學士春芳五世孫，禮部尚書思誠孫。崇禎四年進士。授寧波推官，遷刑科給事中，請宥績溪李世選假赦之獄，熊文燦撫張獻忠，極論其失策，以久旱，請寬刑，忤旨，貶浙江按察炤磨，憂歸。起吏科，出封淮王。

會北京亡，復命南京，進工科都給事中。上言：「陛下自中州播遷後，櫛風沐雨，備極辛苦。漢光武之不忘麥飯豆粥，唐太宗之不忘質衣僦舍，皆從安樂憶艱難，以勵儉也。陛下亦宜持此自勵，則安不忘危，侈源塞矣。否則奢用必至多藏，多藏必至厚斂，厚斂必至煩刑，恐全盛之天下，膏血亦殫，況今日乎！乞申飭内外，廢無用之金玉，罷不時之傳奉。勿謂奢小而爲之，勿謂儉小而不爲，則宗社幸甚，臣民幸甚。」又言：「當今各鎮自爲守土計，增設兵馬，需求器械，曾不念司農之艱；各監局辟爲御用計，增索金錢，務求華靡，曾不顧司空之匱。公私交困，何以應之。乞敕各部察見徵之數，通行會計，量入爲出。」皆報聞。

是時廟堂但修文法，飾太平，無復有報仇雪恥之志。而青於其間，亦請追謚開國名臣十四人，武、熹兩朝忠諫諸臣十四人，左光斗等九人，奪成祖朝奸諛大臣胡廣謚，予陳瑛惡謚，更請追封馮勝、傅友德爲王賜謚，祀功臣廟。歷朝闕典，次第行矣。懿文太子時已尊爲孝康皇帝，青請還孝康、興獻於專廟，與恭皇同祀，又請祀孝宗爲不祧之宗。不聽。北京之陷，鎮遠侯顧肇迹等十五人被殺，朱國弼等請如殉難例，贈蔭廟祭。青言肇迹等或禁或拷，半膏賊刃，非殉難也。同時文臣如内閣丘瑜、方岳貢等，何嘗不以拷禁死，而褒譏相半，祠祭猶懸，何獨文武異施。乃已。又請裁宮中獸炭，歲省費一千八百餘金。議者謂時政雖亂，言官尚有權，惜所爭者細，無裨大計也。

青在省中，號爲清正。嘗陳虜寇相持，請申飭中外，亟圖自修，末言内治之説。引規時事，謂子胥之揣句踐曰：「爲人能辛苦。」何謂辛苦？毋荒於燕觴，毋荒於瓊宮、瑤臺、南金和寶是也。晋大理左丞。

明年二月，再晋卿。與郁汝持請改思宗廟號，修實録及惠宗實録，並允之。四月，遣祭南鎮。紹宗起故官，兼侍讀。福京亡，隱居閩四十年乃卒，年八十二。

兄濳，字啟美。太學生。澹泊不入公門。

汝持，字子衡，嵩江華亭人。崇禎十六年進士。大理評事。

余日新，字君又，龍遊人。崇禎七年進士。授漳浦知縣，嚴保伍、築戍鎮綏盜，清税汰羨，爲黄道周所重。以御史巡按山東，捐逋賦，停膠、萊海運，陳三府俵馬之害，止關、寧米豆之供。又薦劉宗周、惠世揚、鄭三俊、道周、章正宸，劾陳啟新、趙之龍。以禦寇功，轉太僕少卿，未行而濟南陷歸。弘光時，與王志舉俱提問。志舉者，原任巡按蘇嵩御史，以貪下獄，時已降清，無可踪跡而止。日新事亦尋解。紹宗即位，起貴州道御史，擢大理卿。福京亡，入山讀易卒。

張晉徵，字恭錫，秀水人。崇禎七年進士。授閩縣知縣，勤於撫字。忤上官，調婺源，遷刑部廣西司主事。道周下獄，力爲調護。轉貴州司員外郎，恤刑河南。出爲建昌知府，流寇至，益王走，守禦全郡。又計禽渠曹斗墟等。歷建南副使，與羅萬爵、張文煇、李允佐、班衣、陳績、郭軻、楊陞誠等迎立紹宗，陞福建按察使，擢大理卿。福京亡，歸。

弟泰徵，字萍止。去諸生。

萬爵，字澹研，蕪湖人。萬曆四十七年進士。授南海知縣，遷南京浙江道御史，疏劾樞臣趙彦、督臣張我續、尚書白所知，又請止帶徵。弘光時，詆周鑣並及東林，自詡與阮大鋮、張孫振有定册功。出爲福建鹽法僉事，加光禄卿、大理少卿。

文煇，字仲文，鄞縣人，文烶弟。崇禎七年進士。授禮部主事，累遷徽寧參議，陞建寧參政，加大理少卿。清兵迫，多方守拒，一郡以安。嵩關陷，沈水死。

允佐，字其鼐，福清人。崇禎七年進士。歷奉新、泰順知縣。寇亂，命吴一庫、吴惟資爲練總，破沈可耀，保全鄉里。遷大理評事、寺正右丞。

一庫，字君充。守備。惟資，字必奇。皆泰順人。

衣，沙縣人。崇禎三年舉於鄉。瀏陽知縣，遷大理評事。

績、陞誠，不知何許人，皆都司僉書。

蕭士瑋，字伯玉，泰和人。萬曆四十四年進士。授行人。崇禎改元，册封秦王。同官當使琉球，規避相排，爭之甚力。以議左光斗卹典，出補河南按察知事。久之，自大理評事遷南京祠祭主事。申明洪武欽録簿，以國法扶佛法，嚴禁僧徒之掠禪宗賣詩句者，而酒肉博塞次之。改文選，歷考功郎中。左良玉兵東下，留都震動，士瑋抗言曰：「毋句卒，毋登陴，毋徙民居。高皇帝陵寢在是，開九門延之，誰敢闌入者？」熊明遇倚以自强。安宗立，擢光禄卿、太嘗少卿。南京亡，以兵會彭期生泰和。紹宗召太嘗卿。福京亡，歸隱草野，嘻嘻咄咄，痛哭祈死。士瑋爲文奇崛，晚坐卧春浮園中，著書樂道以終。

弟士琦，字季公。選貢。

楊錫璜，字嬰孺，晉江人。萬曆四十七年進士。授金壇知縣，調建德，冰兢自守，爲政務去煩苛，置孳生館，令無子獄囚得納室生子，不至祀滅。有權貴縱弟恣肆殺人，嚴緝鞫實置法。謫唐府長史，與紹宗潛邸相得。遷徐州判官，陞深州知州。以不合於時，告歸。北京亡，削髮哭臨。紹宗即位，與熊維典、吴應琦同召。錫璜以舊恩，遽擢太嘗卿，年已八十。未幾，乞骸骨，賦詩禮遣馳傳歸，並予路費，敕有司月給米四石，夫四名。官其二子中書部郎，唐王聿鐭建號，起廣東巡海副使。卒年九十。

維典，字約生，南城人。崇禎四年進士。歷兵、禮、吏科給事中。糾商周祚徇私。弘光時，遷户科都給事中，督催浙江兵餉、金花錢糧，覈南漕吏侵匿五萬金。疏以民窮差煩，恐滋驛騷，請停催餉各差。又劾統鏓，「目前大勢，偏安不可恃。兵餉戰守」四字，改爲『異同恩怨』四字。一二人之用舍，始以勳臣，終以方鎮，惟筆舌之是爭，可笑也。且以匿名而逐舊臣，疏賤而參宰輔。飛章告密，端自此始。末及廠衛内臣之害。不報。福京陞大理左少卿，轉太嘗卿，管理南九義兵餉。江西陷，隱居卒。

應琦，字景韓，桐城人。萬曆三十二年進士。授太嘗博士，遷浙江道御史，巡按雲南，戢沐藩驕獷，修學宮，免貢金。巡視順、永、保、河，諸璫不敢犯。安宗立，改刑科給事中，疏陳周仲璉卑污無恥，請下理。移大理少卿歸。福京擢卿，改太嘗。未幾卒，年八十二。子用鈐，事別見。

林胤昌，字爲磐，晋江人。天啟二年進士。授南京户部廣東司主事，調職方。有衛總爲兵所辱，訴之侍郎，侍郎責兵謝之，已而兵告衛總尅剥軍糧，侍郎又欲處衛總。胤昌謂果尅剥，當以官評劾之，仇口不可信，且名分者上下所以相維。若兵丁訕上得志，異日何以約束？侍郎是其言。尋告歸。

崇禎元年，起稽勳，調驗封，諸臣以忤魏忠賢慘死者，子孫陳乞，立爲題復，予贈蔭。又請加顧憲成、馮從吾等贈蔭，以風厲理學節義之臣。遷文選員外郎，大選急選皆協羣望。陞稽勳郎中，酌定舉貢官生論年取選，衆服其公。吏書有揑造私書者，疏參送刑部懲處。假歸。

十一年，起補驗封。雲南土司禄洪子姪爭襲，撫按議四分其地，各管夷目。胤昌疏駁，謂倫序未明，國憲未伸，應令勘議。新建伯王守仁孫先達、子業宏爭襲有年，議者謂兩不應襲。胤昌愕然曰：「新建伯可使絶祀乎？」爲按譜系，以王先通襲。議遂定。明年，改文選，條上六事，皆切中時務。又言：「人才匱詘已甚，銓地啟事綦窮，乞敕廷臣各舉所知。」疏入忤旨。楊嗣昌、薛國觀素不喜胤昌，遂媒孽以罪下獄，削籍歸。家居講學，從遊者日衆。安宗立，召右通政，未赴。隆武時，以太常卿召。福京亡，隱竹洋山。清召不出。後鄭成功攻泉州，欲內應，被逮死。

子逢泰，崇禎九年舉於鄉。三水知縣。

鄭崑貞，字十師，龍溪人。崇禎七年進士。授行人，遷山西道御史，巡按應天，免應天等府十二年前民欠罪贖，疏劾閣臣張四知，又劾鳳督高斗光舒城破踰月，始調楚兵自潛、桐進，所至逗留，直聲大著。

十四年，邊事亟，疏言：「自建虜據義州，前撫方一藻進復義之策，當事闇於機，未幾而建虜果圍錦州矣。其圍錦也，深溝以困之。蓋誘我之兵萃於此，別有啟疆之謀。欲解錦圍，須俟其相持稍懈，漸出奇計以驅之，豈有統全軍而注之孤危之地，首尾全無顧應，墮其術中如今日者。昨樞臣會議云『寧遠見兵三萬，撫鎮皆得』。人夫兵三萬，非不衆也。今圍城析骸之餘，望救中國，即長圍未解，建虜亦未敢突而窺寧遠，是救錦之聲勢，正是爲寧之實着。若撫鎮擁此三萬人，不敢越寧城一步，萬一建虜以困錦者反而圍寧，則區區寧遠，其不足爲關門之蔽明矣。」

左良玉擅自武昌東下，南京兵部尚書熊明遇束手無策，特疏劾明遇議論虚憍，全無實着；操江顧肇迹采石本其信地，未嘗一出，一旦左兵順流直下，誰爲扞蔽。報聞。良玉兵去蕪湖二十里，遠近震恐。崑貞移書諭之曰：「陪京乃高皇帝陵寢重地，將軍一望石城，當必灑太真之熱血，飛處仲之遊魂。」復詣營責以大義，良玉惶愧引還。馬士英請點兵衛鳳，兵過徽涇掠，鄉民拒之，因誣奏金聲殺兵，禍叵測，崑貞力白其事。又捐俸治黄山、采石孔道，行旅便之，號鄭公隄。

弘光時，疏劾朱大典，擢尚寶少卿，忤士英歸。從黄道周講學鄴山。紹宗即位，轉太嘗卿。福京亡後卒。

同時林宗載，字允坤，同安人。萬曆四十四年進士。授浮梁知縣。無賴緣璫棍獻民田，假爲上用，一邑皇恐。宗載察其奸狀，置之法。釐剔糧弊，人服其精明。天啟初，歷兵科、户科、刑科給事中，户科都給事中。山海餉費二十九萬，請查核。省可。又請因餉檄兵，因兵檄官，侃侃中時弊。陞太僕卿，改太嘗卿。終養歸十餘年卒，年七十。

劉光震，字肩吾，永新人。崇禎四年進士。歷漳州教授、國子助教、南京儀制主事、員外郎、兖州知府，去苛汰冗，復孟氏田，不迎中官。調雷州，守城拒寇。遷洱海副使，擢太嘗少卿，母老歸。福京亡，涕泣卒。

葉應昌，衢州西安人。選貢，太嘗丞。請張慎言改折，擢少卿。以勞瘁卒。

許志才，字成孺，歙縣人。大學士國孫。任尚寶丞，陞太嘗丞。以敬慎稱。

弟志寧，字以道。任中書舍人。清召，皆不出。

周世鎮，字元朴，黄安人。諸生。任太嘗典簿。張元始擬薦部郎。福京亡，入山，年尚少，清徵力拒。

方士亮，字君繩，歙縣人。崇禎四年進士。授嘉興推官，調福州，遷兵科給事中，與同官遇謝陞朝房。陞言：「人主以不用聰明爲高，今上太用聰明，致天下盡壞。」又言：「諸君不必言款事，皇上意已決。」士亮偕言官劾陞誹謗漏洩，陞遂削籍。已而連劾陳新甲、張福臻、徐世蔭、朱大典、葉廷桂、吕大器、馬爌，請召用姚思孝、何楷、李化龍、張作楫、張焜芳、李模、詹爾選、李右讜、林蘭友、成勇、傅元初，而恤已死者吴執御、魏呈潤、傅朝佑、吴彦芳、王績燦、葛樞，薦方岳貢、陳洪謐，多見采納。周延儒督師，士亮贊畫軍前。延儒敗，士亮亦下獄。十七年春，釋歸。

弘光時，起户科。南京亡，從金聲軍。紹宗即位，擢太嘗卿。上北征，命與何九雲輔導唐王聿鐭。福京亡，久之卒。

汪惟效，字漢石，祁門人。崇禎四年進士。授青州推官，調督師參贊，遷户科給事中，疏請召鳳督入衛，又劾首輔陳演。轉工科都給事中。北京陷，不受李自成命，歸。紹宗召太嘗少卿，卒。

馬及時，字能因，綏德人。崇禎十三年進士。歷邯鄲、良鄉知縣，累擢太嘗少卿。福京亡爲僧。

羅萬象，字光大，南昌人。萬曆三十七年舉於鄉。歷瀏江、天長知縣，明敏有惠政。崇禎末，遷南京户科給事中。安宗立，劉孔昭訐張慎言、吴甡於朝，萬象爭之曰：「慎言生平具在，甡素有清望，安得目謂奸邪！」孔昭伏地泣曰：「慎言舉用不及武臣，狺狺不已。」萬象曰：「此朝廷也，體統安在？」朝罷，即疏言：「諸勳臣謂今日用文不用武，皇上有封者四鎮矣；新改京營，又加二鎮銜矣。武官布列，原未曾缺，何嘗不用武臣？年來封疆失事之法，先帝獨寬武臣，而武臣之報於先帝者安在乎？祖制以票擬歸閣臣，參駁歸言官，不聞委勳臣以糾劾也。使勳臣得兼糾劾，文臣可勝逐哉？」已請設記注侍班官。王坤督催浙、直、閩金花銀，萬象疏論曰：「先帝正以三餉疊加而敗，今中使復出，威令嚴重，厨傳供億，有司必奉承爭先，囹圄桁楊，生民塗炭，東南半壁，不堪再壞。」坤即辭止。馬士英薦阮大鋮，又言：「輔臣薦用大鋮，或以愧世無知兵者。然大鋮實未知兵，恐燕子箋、春燈謎即枕上之陰符而袖中之黄石也。伏望許其陛見，以成輔臣吐握之意；禁其復用，以杜邪人覬覦之端。」不省。命巡按江西，乞歸。紹宗立，召太僕卿。福京亡，爲僧。

同時鄧啟隆，字漢卿，安福人。天啟二年進士。授寧國推官。清苦自勵，治獄多平反。遷山東道御史。請盡法處分逆黨，昭法紀。調貴州道，巡鹽兩淮，疏通鹽法，括夙儲數十萬充國用。安宗立，擢太常少卿，諭祭桂王常瀛。昭宗立，改太僕卿。卒年八十七。

陳天定，字祝皇，龍溪人。天啟五年會試中式。時魏忠賢方熾，不對策歸。海寇不靖，將窺郡城，與施邦曜商捍禦策，繕鄉兵，築土堡、鎮門二岸。賊夜以舟泊浦頭，破之，自是不敢内犯。崇禎四年，始補試成進士。授行人，遷文選主事，屏絶常例，時稱開門吏部。黄道周謫江西，解學龍薦之。上怒。逮下刑部究黨與，詞連天定，尋復官。弘光時，轉考功員外郎，與林明興同主廣西鄉試。紹宗即位，命册封靖江王亨歅。入爲太常少卿，陞太僕卿。福京亡，偕門人方進爲僧，名圓慧。久之卒。

明興，本名明順，字孝臣，海澄人。崇禎十三年進士。歷翁源、增城、東莞知縣。博羅歐陽洞盜攻城，城守經旬，以勁旅挫其鋒，釋被虜男婦二百五十餘人。十七年七月，盜劫逕口，與指揮同知周之錡剿之。之錡失律走死，明興躬入賊壘諭之，留三日，民爭輸金往，而賊已聽命送歸，乃以金修學宮。陞貴州道御史。

進，字漸侯，龍溪人。諸生。

同邑又有吴公布者，字大生，幼孤力學，工詩文。隆武元年恩貢。福京亡，隱北溪鑪山，共天定、進爲方外遊，世號鑪山三逸。

楊仁愿，字内美，泰和人。崇禎七年進士。授大理評事，遷山東道御史巡城，特疏劾魏炤乘，著直聲。

十五年，請寬東廠，疏畧：「臣伏讀聖諭申飭交結内侍之律，因稽高皇帝時初無所謂緝事之令，臣工不法，止有明糾，無陰訐也。臣待罪南城，所見詞訟，多假番役，妄稱東廠，甚者誣人作奸，挾仇首攻。夫餌人以陷禍，擇人而肆喙，惟恐其不爲惡，又惟恐其不即罹於法。揆之皇上泣罪解網之仁，豈不傷哉！伏乞皇上先寬東廠條例。夫東廠寬而刑罰可以漸省。抑臣又有請焉，外臣獲罪，但敕撫按檻車送詣闕下，未爲不可。但緹騎一遣，有資者家産破散，無資者地方斂餽，爲害滋甚。」上嘉納之。命東廠所緝，止謀逆亂倫，其作奸犯科，自有司存，不宜緝。并戒錦衣較尉之横索者。出巡鹽兩淮，清稅甦困。弘光時，改雲南道。紹宗即位，起河南道，擢太僕卿。後守忠誠。國亡久之卒。

同時陳瑜如，字瑾儒，莆田人。崇禎十六年進士。歷中書舍人、職方郎中、太僕卿。隱終。

淩超，會稽人。爲櫻贊畫。崇禎末召對，自詡知兵，命往通督行營贊畫，大失望。又陳七奇三正，不報。隆武時，櫻薦才堪方面，以監軍僉事入爲太僕卿。疏言：「急做實做，不出君謀臣斷。」又言：「急舉、實做、密察三事及謹慎二字，與以浙人辦浙事，用奇用正，時至機動。」上命入閣佐閱章奏，以言官合詞糾之，乃止。終事不詳。

郭正中，本名凝之，字大來，海鹽人。天啟四年舉於鄉。授仁和知縣，遷廣安知州。馬乾得代州，親老不能遠離，正中曰：「古人以柳易播，寧不可再見乎！且固欲以巖疆自效者也。」力請相易，不許。推纂曆法，力言：「中曆必不可盡廢，西曆必不可專行，四曆各有短長，當參合諸家，兼收西法。」詔遂仍行大統曆與回回、新法並行。正中慷慨論列天下大計，言人所不敢言。以爲日月頻食，京師頻食，京師地震，此冤獄所致，宜因熱審之例，廣爲寒審，清貴人之獄，先及罪宗。一言天下之亂，繇於貪吏，欲懲貪吏，莫若顯清望之名臣，令其表帥百僚，風厲有位，如劉宗周、李日宣、黄道周、華允誠；一言先儒吴與胤、陳真晟、章懋、蔡清、王艮、羅洪先、羅汝芳、高攀龍、鄒守益九人，應祀兩廡；一言銓政之弊，官吏皆出頂首，此真貪之根也。故事吏部始進，其月旦在同鄉，其衣鉢在前任，以餽遺爲頂首，今使方正大臣，保舉其可爲銓司者，不問知推科道，各部俱得改用，亦不定幾省人數，則銓司之頂首可革矣。胥吏甲乙相傳，官不爲政，以頂首爲資産。今使郡縣官，保舉小心任事之吏員，充賦到部，考定名次，分役各衙門，則胥吏之頂首可革矣。又言：「衛所之軍，宜隸有司，民壯之設，非供役使。」疏入，上嘉納之。

崇禎十一年抵代，聞京師戒嚴，請提兵入衛，督撫壯之。代當兵後，流民未集，正中相與休息。一年間，決罰者二十六事，州以大治。正中少師攀龍，兼通天文曆數、壬遁奇門、兵機韜畧，傷鬱鬱無所見。自疏九短一長，謂：「短於干禄，短於理煩，短於養安，短於催科，短於馭下，短於徇勢，短於交際，短於營薦，短於營陞。若夫兩軍相當，劍戟相摩，決勝敗存亡俄頃，則差有一日之長。已矣，願挂冠東門而去。」遂歸。

弘光初，以邊才擢兗東副使，與曹州副使袁樞並命，振刷綱目，訓厲士卒。時中原多盜，無敢犯兗東境内。史可法舉監淮揚軍，守邳、宿。所至除秕政，汰冗濫，嚴冒功，每上陳封事，皆四鎮所不便。劉澤清上章劾之，正中抗疏，不報。南京亡，至杭州。清兵迫，命子忠祥縋城勸四方舉兵，中道被殺。正中謁福京，紹宗困高牆，因正中言得小挺，繇此德之，恨相見晚，以潛邸故舊待之，陞太僕卿兼御史。福京亡，入廬山，卒。

忠祥，字吉臣。選貢。同知。被執馬牧港，不屈死。

樞，字伯應，睢州人。尚書可立子。任詹事録事。歷太僕丞、户部郎中。終養在籍。崇禎八年，流寇犯境，破家大募鄉兵，禦寇保城有功。安宗立，起睢陳歸參政，寇至，登陴固守全城。改曹州，命下不行，爲澤清所劾。諭三日之任，不則拏究。後赴越其杰軍前效用。調大梁參政，督餉直浙、閩、廣，至杭而清兵迫。隆武時，起户部郎中。終事不詳。樞博學好古，以書畫名家。

子賦誠，歲貢。融縣知縣。降於清。

李佺臺，字仲方，泉州南安人。萬曆三十五年進士，乞教職，授鎮江教授。歷國子助教，户部主事，員外郎、郎中，南韶參議，與平銅鼓嶂及九連山寇。遷雲南按察使。普名聲獄多羅織，平反之。調荆西參政，定江賦。陞湖廣右布政使，改金衢參政，修江山橋。歲饑，振多全活。進浙江左布政使，遷南京光禄卿。紹宗即位，仍故官，未幾乞歸卒。

孫昌裔，字子長，侯官人。萬曆三十八年進士。授湖州教授。歷户部主事、員外郎、郎中、杭州知府、浙江屯田水利副使、參議兼督學。得士稱盛，貴人關説不從，中之歸，代佺臺爲光禄卿。子學稼，自有傳。

張國經，字印棠，龍溪人。天啟二年進士。嶺東副使。流寇迫，土賊蠭起，以嚴法繩之。改海北，入爲光禄卿。

黄廷師，字調雨，晋江人。萬曆四十七年進士。進賢知縣、户部主事，榷税九江。累擢武昌僉事、光禄少卿。

趙明鋒，字仲㦸，東陽人。崇禎四年進士。授中書舍人，典陝西鄉試，封盟津王。歷稽勳主事、祠祭郎中，陞光禄卿歸。杜門研經史，以壽終。

曾植，字季鋙，峽江人。選貢。黄道周薦泉州同知，拒番舶餽九千金。武弁秦士匯將刑，釋之，後僭稱王於仙遊，植至即降。累遷參議，入爲光禄卿。

戴亮采，惠安人。好經世，薦擧光禄少卿。

黄道臨，揭陽人。崇禎三年舉於鄉。光禄少卿。

田宏恩，英山人。萬曆四十六年舉於鄉。光禄丞。

李敬問，字翼衷，南海人。尚書待問兄。任光禄丞。寇亂，出資立栅，鎮安地方。晚歲以詩酒自娱。卒年七十八。子象豐。

管一煒，南陵人。選貢。光禄丞。

劉襘，字肖西，中部人。光禄丞。卒年八十。

吴應徵，字休文，歙縣人。光禄丞。工二王書法。

族子快士，字夢予，三試冠浙士。國亡，自火其文。

夏時傅，字獻叔，景陵人。歲貢。光禄丞歸。

畢汝懋，字惟修，石埭人。光禄正。福京亡，投水，漁舟拯之，髠髮入陵陽山。卒年七十一。

倪參化，字未孩，瑞金人。知縣，遷光禄正。

劉廷兆，字石櫟，永新人。光禄正。後死難。

駱天閑，字仲翰，南平人。天啟五年進士。歷宜興、嘉興知縣，儀制主事。南京亡，與龔廷祥謁文廟欲自刎，爲僕持去。福京召尚寶卿，遷鴻臚卿。隱居卒。

楊廷瑞，不知何許人。以序班，與欽天博士謝堅、黄漢白、吴太音扈從入閩，陞鴻臚丞。衢、嚴急，催兵將出關。

吴應蛟，歙縣人。任俠。鴻臚丞。子鼎，選貢。授推官。父子偕隱揚州。

李望越，字凝一，萬安人。好義。官鴻臚序班。入山冠卒。

凌世韶，字蒼舒，歙縣人。崇禎七年進士。授福清知縣，坐催科不力，謫汀州經歷。歷寧化知縣、嚴州推官、户部河南司主事。弘光時，遷郎中。與金聲義師。兵敗，謁天興，擢尚寶卿。福京亡，爲僧黄山，名大時。

王鼎鎮，字禹烈，西華人。崇禎四年進士。授西安推官，多平反。關中大饑，嚴約束、招商，人心以安。遷廣西道御史，按廬、鳳、淮、揚，禽潁、亳巨寇。擢川北參議，改衡永。不一年，陞尚寶少卿。弘光時，晋應天府丞。南京亡，召尚寶卿。福京亡，降於清。

江愈敏，泰寧人。崇禎元年進士。自海陽知縣，累擢尚寶卿。

江日炤，字彦明，歙縣人。恩貢。自文華殿中書，陞尚寶卿，入山。洪承疇、張天禄起用，不應。

張嘉胤，新喻人。參政茂頤子。歲貢。授上林苑監正。清起饒州知府，固辭。

周廷瑚，宜賓人。舉於鄉，授湘鄉知縣。寇至，乞師沅州，復城，從何騰蛟軍，入爲南城兵馬司歸。

熊德陽，字日乾，南康建昌人。萬曆三十五年進士。授高明知縣，調德清，憂歸。起上海，歷兵部主事、刑科給事中。劾管工内臣侵蠹金錢與選婚内使騷擾驛遞諸不法事，乞降旨詰問。又言：「宮府原自一體，嚴於府而寬於宮，非法之平。」齊進忠盜御爐，陵監曲護之，必請下法司提問。奉差祭告北鎮，往反遼東，軒輊經撫入告。廣寧敗，疏攻兵部尚書張鶴鳴，請用世宗戮丁汝夔、神宗逮石星故事，與王化貞並按。魏忠賢及給事中郭鞏疏詆熊廷弼並傾德陽，德陽斥。倪思輝、楊漣、李應昇、周宗建抗疏救之，葉向高、鄒元標請賜還。已而漣劾忠賢二十四大罪，疏引德陽斥爲奄七罪，於是傅會者爲點將録及德陽。

崇禎初，入爲兵科，副黄道周試浙江。安宗立，起原官，以太僕少卿候陞。紹宗召大理左少卿。福京亡，清召不出，隱雲門，卒年八十。

子士元，字伯高。崇禎十七年選貢。

士愷，字仲高。天啟七年舉於鄉。不仕。時稱真孝廉。

文士昂，字台仙，攸縣人。天啟二年進士。授華陽知縣，地高若旱，教民築陂作筒車，大興水利，歲以大熟。遷工科給事中，疏請停刑，河、陝大饑，疏飭撫臣發賑，無拘向例。又力陳中官監軍之弊，出爲威茂僉事，轉臨安參政。入覲，次偏橋，聞張獻忠警，與李若星、陳賡以土漢兵自辰嘗出拒。北京凶問，痛哭歸。

安宗立，擢雲南左布政使，涖任而南京亡，歸里聯合何騰蛟、堵胤錫、楊廷麟、萬元吉圖恢復，與守吉安，事敗歸。紹宗即位，起太嘗少卿，未赴而福京又亡，遂隱凉江，平居素衣冠不改。永曆二年，金聲桓反正，邑人引楊邦柱土兵攻城，士昂謀内應，事洩被執，慨然曰：「南京亡已許一死，今得死所矣。」移送武昌，同年王守履勸降，作詩拒之。八月二十七日，不屈死。

朱國昌，字慎旃，合肥人。崇禎七年進士。以知縣遷南京四川道御史，疏劾駱養性。安宗立，行宫章奏雜投，國昌疏請班制宜肅，繼請上先恭王、恭妃尊謚。時北來逃官紛至，國昌疏言：「北京之變，三督撫一時并逃，駢集南京。未雨乏綢繆之防，禦寇無死綏之勇，方之賣國降敵，止爭先去。律以失陷封疆，尚多一逃，乞敕廷臣申明大法。」因力劾丘祖德輕棄地方，郭景昌泊舟清凉門外，欺飾辨疏，且論一切惡孽，命御史驅逐。復疏言：「寇入京城，自閣部以至庶僚，無一不青衣小帽，叩首寇廷。至寇衆已去，又思藏頭换面，駕言不屈，潛踪覓綫，冀燃死灰。如梁兆陽、何瑞徵等萬口唾駡，至若劉大鞏等恥心蕩然，當行正法。」劉良佐攻臨淮，國昌抗疏「江淮湯沐邑，何物么麽鼠竄之餘，鴟張至此，乞即痛剿。」尋巡視京城。朝講設東廠，詔選淑女，較尉有突入民家搜索女子至投水者，國昌皆力爭極言，不少避忌。後出督學蘇嵩嘗鎮，加太僕少卿。紹宗立。起故官。福京亡，隱居卒。

同時黄日芳，字蠡源，沔陽人。崇禎十三年進士。授霍丘知縣。歷朱大典軍贊畫，監劉良佐軍協剿史。可法薦職方郎中，與秦士奇督餉高郵，以敏練稱。可法在軍，事必躬親，勸以「書檄委幕府，兵餉委胥吏，相公董其成可耳。」又曰：「兵者殺機，當以生意行之；將者死官，當以生氣出之。汾陽聲伎滿前，窮奢極欲，何嘗廢公。」可法笑不答，旋命防河、清河、高郵。清使至，辨論不少屈。後與士奇駐邵伯，揚州陷歸。紹宗立，起太僕少卿。福京亡，不入城市十餘年卒。

王兆熊，字念葛，福寧人。世襲千户。孝友有大志，嘗曰：「寧爲讀書士，不作執戟郎。」弘光時，以選貢條上八事，參史可法軍，授浦城訓導。紹宗入閩，扈從，出使温、台，上稱其真忠如金石，真清如冰玉。遷待詔，專理乙覽書。累擢稽勳主事、郎中兼御史。修永安關，命與通判李如梅、夏南薰分赴浦城、嵩溪、政和、建陽招商，疏通米船，及禁官兵擅拏米舟。國用匱乏，請勸官民助餉，以兆熊主其事。尋陞太僕少卿使蜀，未行而福京亡。衰絰出門，與妻子訣曰：「譬熊今日死。」每至通逵，下拜曰：「若祖父衣食何家，天子殉國，胡不起！」間赴永州，隱黄溪。永曆元年八月，不食卒。妻妾聞而經死。

朱子覲，紹興山陰人。崇禎六年舉於鄉。自衡州推官遷工部主事。弘光時，命濬吴滿、白茅。紹宗立，累擢光禄少卿，監黄鳴俊軍。

方紹宗即位，以勸餉遷者：

木增，字生白，麗江人。知詩書，好禮守義，世襲土知府。萬曆中，以征蠻軍興，助金二萬餘，賜三品服。又助遼餉一萬。北勝高蘭亂，疏言：「法紀弁髦，尾大不掉，不治將有隱憂。」以兵禽斬之。三殿建，助金，陳十事。遷參政左布政使，至是再捐餉三千，擢太僕少卿。未幾致仕，年才三十。子懿，亦捐金三千，授四川右布政使。

邵明俊，侯官人。巡撫捷春子。捷春爲楊嗣昌誣陷死，明俊疏頌父冤，贈兵部右侍郎。初授兵部主事，自陳有精微要法、火攻奇器，且捐資措辦，命回天興制造。又助餉三千，賜金匾曰「義冠閩臣」，轉武選郎中。降清。

徐可久，字長白，贛榆人。歲貢。授永定知縣。劣生王叔光等數千人反，攻大埔，聞武平陷，勢益張。可久以鄉兵設奇直擣其巢，禽斬二百餘人平之。大埔賊萬人來犯，堅守七日引去，多方綏撫，開布血誠，民賴安堵。尋勸金五千二百，擢户部四川司主事兼長汀知縣，以道升用。清兵至，一門死。

蔡嗣銓，字祖生，晋江人。歲貢。寇熾，鬻産千金上庫。海寇亂，曾櫻命督造器械，捐金置銃八十、長槍五百、筤筅五百、竹將軍一窩烽火器火槍四十備用。沈猶龍、路振飛疏叙通判，以「忠義之門」表其閭。授海澄知縣，卻餽金。歸而家落，貧困以終。

薛瑞泰，字幼安，侯官人。恩貢。嫻掌故，獻書授司經正字，以年老不任事辭。復捐金，晉五經博士，命專訪遺書。

又上幸南平，民張安禮、林中柱、張孝直數百里躬進米豆酒漿，遠迎王師。命御營兵部分賜諸將并予序班冠帶，賜號「忠良處士」，各給銀牌，以旌義舉。古田一都水口驛民有輸助者，亦賞銀牌。

梁應龍，字霖海，海陽人。崇禎元年進士。授太平推官，執法無私。權蕪湖榷關，蠹吏斂手，相戒毋犯。宣城有富人無子死，一婢有孕，親族利其產，迫婢配奴，既舉男，斥爲奴子，訟理久不決。應龍廉得其情，立其子爲後，而杖族之豪者，人咸頌其明。調保寧，寇充斥，日夕繕城守，立梁山、土地二關扼寇衝，其防始固。十年，寇陷南江、通江，侯良柱冒上捷功一千九百級，遮殺行人足數，衆大譁。應龍奉御史符按之，亂乃戢。十月，李自成自寧羌三道入，良柱戰死，迫成都，應龍已內召，猶日調度戰守五閱月，寇解然後去。歷兵部主事、戶部員外郎，出爲福寧參議，禽賊魁陳任。紹宗立，擢太僕少卿。福京亡歸。永曆七年，與郝尚久以潮州反正，郭之奇疏陳應龍心懷忠義，宜陞用。事敗，隱居三十年，卒，年八十一。

弟應華，崇禎十二年舉於鄉。有氣概，遇亂見才畧。

謝紹芳，字劍緒，甌寧人。萬曆三十七年舉於鄉，授海寧知縣，遷浙江道御史。崇禎十一年，疏陳宜乘入川之賊未反，出滅階、文之賊。又言：「張獻忠降，須令立功自贖。所部數萬，宜安置房、竹，開荒自給。楚撫以重兵扼險，毋令得入洞庭；江撫駐兵扼守，毋令得入鄖陽。」旨命熊文燦調度。紹宗即位，起掌河南道，上恢復機宜，安撫浦城。與周維新守大安關，陞太僕少卿。建寧陷，從王祁自焚卒。

同時張明熙，字贊皇，句容人。崇禎元年進士。授高要知縣，平李之奇、鍾六。劉香橫行閩、廣，犯省城，内籌軍實，外事捍禦，心力交瘁，禽山賊陳萬、謝廷桂、鍾淩秀，九連山銅鼓嶂平。歷吏部主事、員外郎、嶺南副使。獻忠蹂臨武，朱衣點據城湖，沈猶龍圍之不下，明熙抵連州，厲將士，嚴賞罰，遂復臨武，禽衣點。清遠岫賊又起，設伏搜山，禽剿納降，編里甲，嶺南肅清。轉興泉。仙遊山寇亂，募民密詢，得其巢窟，出奇剿殺，斬四人，餘皆散遣。晋太僕少卿。福京亡歸。妻陳、子士驪、妻胡廣州陷死難。士驪，字子駒，扶喪歸。

金之鑛，字伯陶，吴江人。崇禎三年舉於鄉。自衢州知府入爲太僕少卿。

蔡鵬霄，字子搏，晋江人。崇禎元年進士。授嘉善知縣，均徭役，立城堡，稽核漕兑，免白運苦累，禽積盜數十人。改鉛山，遷四川道御史，巡按宣大，威惠大著，三載再巡，馬羊金粟一無所取。陞太常少卿。紹宗起太僕。歸，杜門十四年，不接賓客。卒年七十六。

霍得之，字叔求，南海人。天啟四年舉於鄉。歷中書舍人、營繕主事、員外郎歸。起太僕少卿。卒，年七十六。

范鈔，富順人。萬曆四十一年進士。太僕少卿。

易宏襄，字天台，廬陵人。太僕丞歸。卒，年九十。

王維夔，字邦佐，永嘉人。萬曆四十七年進士。授南城知縣。建昌爲益王封邸，撫御得宜，宗人斂跡。天啟元年，分較鄉試，鍾炌、鄒毓祚咸出其門。遷兵部主事，轉員外郎，督江西學政，文風丕變。陞荆南參議。寇蹂荆、襄，繕兵治餉，堵禦無遺力。擢江西左布政使。入覲日，聞吉、袁陷，星馳調兵餉應援。事平，會推巡撫，以積勞引疾歸。紹宗起左通政。賦性仁厚，林居恤貧振飢，鄉邦尸祝。卒年八十。子錫瑄，刑部司務。錫琔，青田教諭。

柴世埏，字蓮生，仁和人。天啟元年舉於鄉。授崇安知縣。明敏清惠，有逋賦者鬻妻以償，世埏曰：「爾賦宜完，爾情可憫。」贖歸之。自虞衡主事，累擢興化僉事、福寧參議、光禄少卿、左通政。

熊經，字南石，臨川人。崇禎元年進士。歷上海知縣、福州知府、刑部江西司郎中，擢通政右參議。

陳道暉，字景和，内鄉人。崇禎四年進士。授壽光知縣，反宗藩侵民田。歷户部主事、員外郎，榷稅蕪湖，陞郎中。出爲濟南知府，未任，轉福建督糧參議。紹宗擢通政右參議。福京亡，一門殉難。道暉死而復甦，愛永安栟櫚山水，宅焉，皆隱居卒。

林銘球，字彤石，普寧人。崇禎元年進士。授行人，諭祭唐王，封岷王。遷江西道御史，疏言：「治兵固急，保民宜先。」又申救洪承疇免逮，薦黄道周起廢召用。魏呈潤以爭監視宣府，中官王坤劾御史胡良機事貶外，銘球論救，並劾坤巡十庫及惜薪司侵蝕物料，中貴咸憚之。巡視西城，所轄西山，多勳戚莊田，傔從怙勢爲虐，彈治不少假借。巡按宣大，特敕大閱，卻邊帥餽遺，劾總督梁廷棟失律，論如法。移湖廣，出金助寶慶學，增舉額。流寇充斥，奉敕監軍護陵，與平劇盜呂瘦子及大疑山寇郭子奴。熊文燦受張獻忠降，銘球與王瑞栴，左良玉謀俟其至執之，文燦不可，獻忠果走。岷長史吴從哲陵道府害民，糾之。岷王反訐，禍且不測，卒降河南按察僉事，以護陵功，補光禄監事。北京亡，受李自成命，遁歸。紹宗即位，陞大理右副。福京亡，與郭之奇謀起兵，以勞瘁卒。子儁胄，字介文，崇禎十七年恩貢。永曆時，授職方主事，與郝尚久反正。後隱崑山，清召不應，卒年八十九。

霍子衡，字覺商，南海人。萬曆三十四年舉於鄉。繇海康教諭歷國子助教，户部司務主事、員外郎、郎中，出爲袁州知府，廉潔自持，政聲丕著。蘇觀生立唐王聿鐭爲帝，擢太僕卿。廣州陷，語妾莫及三子應蘭、應荃、應芷曰：「禮臨難無苟免，若輩知之乎？」三子皆曰：「惟大人命。」子衡援筆大書「忠孝節烈之家」六字，懸諸中堂，易朝服北向再拜，又易緋袍謁家廟，先赴井，莫從之。應蘭偕妻梁及女十姑繼之。應荃、應芷偕其妻徐、區又繼之。惟三孫得存。有小婢亞長見之，亦從井死。

應蘭，字偕生；應荃，字仲偕；應芷，字季偕，皆諸生。

同死者：陳嘉會夫婦衣冠水死。諸生郭景相與妻黄及女。樊良佐與妻周、女婦十餘人。黎士奇與妻樊、子諸生禺。李應春母樊。舉人樊于震與孫玉瑆、玉球大駡投水。樊廷槐父蜚譽，與其從父崇韜，程萬、朝坦，弟國璋、日觀，皆男婦同經。

嘉會字同之，番禺人。隆武二年舉天興鄉試。永曆時，贈子衡太嘗卿，應蘭、應荃、應芷禮部主事。

梁朝鍾，字未央，番禺人。崇禎十五年舉於鄉。善文詞談論，爲蘇觀生所倚。福京亡爲僧，名函機，字妙明。唐王聿鐭至廣州，倡兄終弟及議，共與擁戴，授簡討。自計曰：「時急矣，官死、不官亦死，孰若官之，不以一日盡生平乎！」或以爲賀，曰：「事至此，誰獨懵者，鍾求速死耳。當弔之，何賀也？」立朝四十日，豐姿嚴正，未嘗以倉卒廢典型。兼兵科給事中，擢國子祭酒，疏辭曰：「書生拜官，一月而爲人師，天下後世當謂臣何？不敢奉詔。」改司業。廣州陷，整冠帶北面成禮，復拜辭家廟，自投於池，爲鄰人救出。清兵叱去髮，大罵，中三刃死。

季父克載，諸生，爲僧。

同學陳學佺，入山，不知所終。朝鍾，永曆時贈禮部尚書，謚文貞。

贊曰：紹宗稽古右文，福京草創，汲汲闢四門，興貢舉，臨雍講經，開館修史，追東京之遺軌，成一代之大典。於時翰詹卿寺胄監之長燕翼、廷鑨、士春、孔嘉、復儀、載鼇、垓、芳、以修、逢節、青、士瑋、士亮、天定以儒雅顯，熊佳、亨、譽卿、胤昌、崑貞、萬象、仁愿、德陽、士昂、兆熊以節概稱，日新、錫璜、正中、佺臺、國昌、應龍、紹芳、維夔、銘球以幹翮著，皆雍容矩度，應含吕鐘，固盛世鵷鷺之列也。廣州立國益淺，而干戈戎馬，不廢弦歌，子衡、朝鍾視死如歸。君子觀於此，始信有明三百年士氣，蓋不與鐘虡同銷滅也夫！

南明史卷四十五

無錫錢海岳撰

列傳第二十一

王瑞枏 子家琦等 陸青源 子若禾 王孫蕃 孫穀 李長春 甘惟燦 毛鳳彩 劉霖懋 黃起雒 羅之玉 謝長文等 黃宗昌 弟宗揚 宗庠 從弟宗臣 詹爾選 徐養心 鄭友玄 任天成 陳良弼 夏繼虞 游有倫 艾南英 族人命新 章世純 羅萬藻 楊文瓚 父秉鼐 兄文琦 弟文琮 文球 林銘几 陳國元 朱作楫 翟翬 黃慶華等 汪觀 葉向曜 蔣平階 族日馴 鄭耀星 張儼 陳一球 趙庾 徐州彥 牟道行等 田華國 李瑞唐 王國翰 從子涼武 涂仲吉 兄伯案 諸永明 陳南箕 弟覲 張若化 子士楷 弟若仲 倪俊明 胡接輝 倪于義 韓日將 何家駒 戴兆 萬霈圻 張于屏 李大則 張倜 徐必昌 吳玉爾 鄭楚勳 郭振培 張純仁 陳興門 張映室 朱弼 游昌業 陳加邵 莫禦 張必籙 余廣孝 蔡鎮 劉佐 方之翰 璩伯崑 王萬祚 江思令 陳學伊 吳志開 屈動 吳适 張星 黃周星 子樀 許令瑜 子齋

吳道新　劉含輝　陳履貞　毛羽皇　于沚　戴長治等　謝泰宗　楊時化　蔡國光　王龍賁　賴良佐
傅元初　朱光熙　沈宗墧　吳賢胤　曾世袞　李躍龍等　胡兆憲　顧其言　葉得興　熊緯　歐養素
林長蕃等　張翂之　兄昂之　胡夢泰　子龍存　諸國昌　萬發祥　龔棻　子孟明　林珽　周瑚　王其弦等　曾嗣宗　錢謙亨等　於斯昌　柳昂霄　黃肇基　袁從諤　劉孟鍧　劉應泗　符溯中等　劉起鳳
聶邦晟等　盧觀象　符廷中　彭靄　莊以湓等　鍾良則　吳允孚　謝瓚等　周世光　徐餘慶等　李魯　黃三錫　鄒宗善

王瑞枏，字聖木，永嘉人。天啟五年進士。授蘇州推官，兼理兑運。軍民交兑，恒相軋啟衅，瑞枏調劑得宜，歲省浮費三萬金，上官爲勒石著令。尋改河間，入爲工部主事，轉職方員外郎，遷鄖、襄僉事。會張獻忠據穀城求撫，熊文燦許之。瑞枏以爲非計，謀於林銘球、左良玉，將俟其至執之。文燦固以爲不可，瑞枏言：「獻忠以撫愚我，我豈可以撫自愚。」文燦恚，謂撓撫局。瑞枏曰：「非撓撫，實濟撫也。今良玉等力能辦寇，南漳賈一選、光化周仕鳳四面分防，皆爲勁旅，當召布於穀城近郊，下令撫剿。夫寇未創而遽撫，彼將無所懼。惟示之以必剿之勢，乃心折不敢貳，否則玩而嘗我，我何以制其變也。」文燦不從。瑞枏知事必敗，亟陳隨征、歸農、解散三策，又不從。復自爲檄諭獻忠，獻忠恃文燦庇己，不聽。瑞枏曰：「天下事可知矣。」已而混世王、整世王、常國安、王光恩、惠登相逼處均、房間，復乞撫，文燦又力持之。瑞枏曰：「爭撫必墮寇計，且倉卒間前後受撫，鄖、襄爲寇藪矣。」明年，獻忠果反，瑞枏已以憂去。獻忠留書於壁，言己之畔，總理使然。列上官姓名及取賄歲月多寡於下，題其末曰：「不受張獻忠錢者，鄖襄道王瑞枏一人耳。」繇是名大著。

安宗立，召太僕少卿，極陳有司虐民狀，旋告歸。魯王監國，命以左僉都御史兼理軍餉。上言：「餉臣練臣宜不擾於民，以固人心。」未幾，方國安爭餉，瑞枏言：「正兵義兵均是兵也，當計八府正額若干，當核正兵義兵若干，而後均給之；不然，是激變也。」國安不從。已紹宗召至閩，命督理浙東兵餉，尋晉副都御史掌院。閩地全陷，温州亦亡，清招降不應，避之山中。有欲薦之者。永曆元年五月望，爲瑞枏生日，從容拜家廟，置酒高會，良久不出，則縊死寢室矣。遺命五日而殮。及有司驗視，正五日云。

子家琦，字奇玉，去諸生，痛哭死。家琛，亦去諸生。

陸青源，字嗣白，平湖人。崇禎七年進士。授增城知縣，寬平練達，鞫獄不輕用鞭笞。盤古峒賊久梗王化，青源至，引數騎叩賊巢，温言慰諭，賊遂投戈降，按籍遣歸，民賴安枕。歷龍門、從化、東莞。召對，陳時政十事，遷雲南道御史。浙江白糧北運，累疏請官運，報可，葉廷秀、劉宗周、金光辰等忤旨遭譴，疏救甚力。又請召用倪元璐、陳子龍。馬紹愉使清，爲所屈服，并受貂參，上疏劾其辱國，因進安攘七議。巡按福建，請用宗周、徐石麒、黄道周、廷秀。道出淮安，疏請援師悉留淮上，聽史可法調用。

時盜賊蠭起，行部漳州，梁良攻城，計禽奸宄辛泗斬之。郡多山寇，青源廉其黨在城者，絶其内應，以壯士七百人鼓噪而出，執其魁李寅，寇乃退。

北京之變，痛哭倡義，與道周、蔣德璟募兵勤王，捐資製造火藥軍器萬計，願提兵三千爲先驅，馬士英尼之。紹愉、阮大鋮起用，疏請立賜屏誅，而用金光辰、葛徵奇，末云：「明知言出禍隨，然臣應死而不敢避死。」不省。任滿復命，值南京陷，聞變太息曰：「與其不義生，寧守義而死。」時石麒家居，相與傾家起兵城守，斬知縣朱圖龍，所部於諸軍爲最勁。隆武元年七月十三日，城陷。謁福京，上親征急務六事。擢左僉都御史協理院事，以浙、閩脣齒，請餉十萬犒江上師，疏十三上，獲允。御史柴世榮副，行至衢州，有潛謀邀劫者，世榮請俱去，不可，獨冒險抵江干，歷諸營頒給。軍方乏餉，得犒歡聲雷動。士英縱本營兵劫餉，傷青源，手縶之，左右皆遇害。青源數士英誤國之罪。魯王聞狀大驚，命士英、方國安釋之，不聽。未幾，清兵渡江，毛有倫與副總兵沈起龍約入閩，不從。曰：「前所不死者江南半壁耳，今何之！」遂赴江死，或曰爲士英將趙體仁所害。

子若禾，字元祈。去諸生。研史。卒年七十一。

王孫蕃，字生洲，雄縣人。萬曆四十六年舉於鄉。授昌平學正，遷濟寧知州，爲政寬平。入爲陝西道御史，薦起廢倪元璐、范景文等，兩劾監軍中官劉元斌殺掠罪，并陳剿寇方畧。威宗御中左門，手其疏示百官，暴元斌罪，下之獄，直聲大著。巡視南京中城，出按淮揚。

安宗立，劉孔昭訐張慎言，孫蕃疏言：「先帝裁文操江、歸武操江，亦未見作何事業。且吏部職司用人，除推官、升官外，別無職掌。慎言治事南銓，底册靡憑，或用人偶不合，勳臣宜平心入告，以候上裁，未有呼大小九卿科道於廷，而大罵冢臣，如今日之異者。安國在尊君，勳臣尚未聞乎！」已陳東南形勢，畧言：「審天下之勢者，貴因乎時；而制一時之宜者，先扼其要。今日定恢復規模，或以區區在東南守備，然必防守固而後可以議攻討，乃爲策之善也。夫大江以南，獨稱安土者，特此襟帶水耳，於此時當以屯江爲萬里長城。近彭澤、京口已增二鎮，可謂識扼險之宜矣。然彭澤有道臣，有督臣，層層彈壓，節節關通，上流衝要，或無他慮。京口負山枕江，控扼三關，襟帶百越。并鎮矣，而不議設監軍道，何以重彈壓乎？嘗鎮道已鞭長不及，則道臣所宜專設者也。說者謂京口并鎮，不如孟河。孟河雖近海口，鹽梟出没，是一隅之險，而非合籌東南大勢也。孟河故以把總部之，沙唬船二十二，水陸官兵止九百四十三員名，實存見兵少，水軍戰艦增設若千，仍於京口并鎮爲長也。夫金山東連大海，西接神京，去三江會口，僅隔一江。昔韓世忠屯兵扼金人於此。江防考所載額設官兵三千八百多名，戰船百艘。今存見兵六百名，戰船十餘艘，即支持緑林之充斥且不足，何暇鞏固皇都而稱鎖鑰重地耶？是亦不可不早計者。」又言：「客兵不可盡恃，應亟練土著」，因薦金聲練兵上江，沈鼎科、葛麟練兵下江，何剛、周鑑、官撫辰練水師京口。報聞，上御經筵，命侍班。尋掌河南道，請補孫承宗、鹿善繼謚。巡按江西，阮大鋮起用，復疏劾之，矯旨爲民。留居廣信，與高允茲、譚國禎議兵事，傾千金助餉。紹宗即位，起掌道監軍督學，加大理卿。上中興八議，上皆嘉納。旋監天興鄉試，力言馬士英罪大，不可復用。擢僉都御史。福京亡，隱居延平，閉門樓居注易。卒年八十二。

孫瑴，字子㽦，華容人。萬曆三十五年進士。歷杭州推官、兵部郎中、山東參議、遼東南路監軍、江西副任，調密雲，累遷浙江參政、按察使，以僉都御史巡撫遼東歸。紹宗立，起僉都御史。國亡後隱景陵卒。弟瑴，事别見。

李長春，字叔茂，安福人。天啟二年進士。授廣州推官，遷浙江道御史。首疏罷緝較、録遺賢、減漕舟、禁私謁。崇禎二年，上召周延儒獨對文華殿，與毛羽健、田時震合疏言：「漢臣有言，所言公公言之，所言私王者無私。今召見不以師濟，而以獨侍；清問不以朝參，而以燕閒，更漏已沈，閤門猶啟。延儒賢者，必將形跡自遠，不冒昧以就功名。如其不然，何取於斯人而用之。」疏入切責。長春繼劾延儒營私入賄。上怒，逮下獄擬辟。已之東市，科道力救，不聽。大學士成靖之長跪會極門，自辰至酉不起，得免死，戍邊衛。已以天旱，與錢龍錫、易應昌、張鳳翔、杜齊芳俱釋，一時有五君子之稱。安宗立，起湖廣道，轉太僕卿。南京亡，與義師。紹宗擢右僉都御史，兼太僕卿。福京亡，歸隱。卒年八十三。

甘惟爃，字君及，海澄人。崇禎元年進士。授定南知縣，遷貴州道御史，劾陳新甲寡謀誤國，請速令舉賢自代，不納。出按長蘆，監河道，遷漢中知府。弘光時，轉爲廣西糧儲副使。紹宗起陝西道太僕少卿，上疏乞休，上以其趨避降級，尋擢左僉都御史。福京亡後卒。

毛鳳彩，字樸卿，壽昌人。崇禎七年進士。華陽知縣。紹宗起湖廣道御史，加太僕卿、僉都御史。入清，繫免。卒年七十四。

劉霖懋，光州人。崇禎十六年進士。自寧德、閩縣知縣，遷湖廣道御史，降於清。禽巨盜羅成業等。寇亟，力保全關西人，以卓異召。行至楚，憂歸。

黄起雒，字應僖，莆田人。天啟四年舉於鄉。自潮州推官累陞僉都御史。福京亡，髡髮，名無山老衲，懸蒲爲門，賣畫自給。山水如大癡名家。

羅之玉，字田生，南海人。崇禎十二年舉於鄉。慷慨有大志。唐王聿鐭建號，自兵科給事中，擢僉都御史，與謝長文並命。聞聿鐭出奔，追扈至龍津羅村岡。聿鐭欲走肇慶，爲清兵所執，之玉從死瓦窖。

長文，字伯子，番禺人。歲貢。以詩古文名南園社。歷鄖陽教授、鄖縣知縣、户部主事、員外郎。廣州亡，爲僧，名今悟，字了聞，先後居雷峯、丹霞、香山。族人淩霄，去諸生爲僧，名今日，字大牛。詩文有奇思。後居廬山卒。可南，亦隱市橋鄉。

黄宗昌，字長倩，即墨人。天啟二年進士。授雄縣知縣。中涓戚黨横，下車咸置於理。調清苑，不建魏忠賢祠。崇禎初，入爲山西道御史，請斥矯旨僞官，言：「三殿叙工，正當先帝大漸之時，豈能安閒出詔？凡加銜進秩，皆忠賢之官也。」上命汰叙功冒濫者，宗昌爭曰：「臣所糾乃矯旨，非冒濫也。冒濫猶可容，矯僞不可貸。」遂列上黄克纘、范濟世、霍維華、邵輔忠、吕純如等六十一人，乞罷免。上以列名多，不允。尋劾去逆黨尚書張我續、侍郎吕圖南、通政使岳駿聲、給事中潘士聞、御史王珙。又疏糾温體仁熱中枚卜，欲以結黨破公論，箝言路。後周延儒朋比馮銓，謀入政府，宗昌發之，復上貪穢數事。上怒，停俸半年，巡按湖廣。岷王禋洪爲較尉彭侍聖等所弑，參政龔承薦不以實聞，獄久不决。宗昌至，羣奸始伏辜。上責問諸臣失出罪，宗昌糾承薦等。時體仁、延儒已入閣，以爲不先劾承薦也，鐫宗昌四級，歸。十五年，清兵圍城，率鄉人固守得全，仲子基死，其妻周及三妾殉。北京亡，復固守。紹宗立，起河南道御史，道遠未聞命。清兵至，宗昌不去髮，幾不測。後二年卒。少子埈，少年有文，感憤死。

弟宗揚，字顯倩。萬曆四十年舉於鄉。推官。崇禎十五十七年，傾財助守全城。

宗庠，字我周。崇禎十六年進士。通政司觀政，歸，不仕。

從弟宗臣，字我臣，尚書嘉善子。崇禎十二年舉於鄉。任中書舍人，歸隱。

詹爾選，字思吉，撫州樂安人。崇禎四年進士。授太嘗博士，遷廣東道御史。請起用陳子龍、湯開遠，已因劾陳啟新，并劾謝陞、温體仁不加駁正，尸素可愧。未幾，錢士升以爭武生李璡搜括富户之請，忤旨乞休。爾選言：「人臣所以不肯言者，其源在不肯去耳。輔臣肯言肯去，臣實榮之，獨不能不爲朝廷惜也。」又言：「輔臣以執爭去，皇上宜鼓舞之不暇，顧以爲要譽耶？人臣而沽名，義所不敢也；乃人主不以名義鼓天下，使其臣爲尸禄保寵，習爲寡鮮廉恥之世，又豈國家所利？天下明知一切苟且之政，拊心愧恨，有難殫述。輔臣不過因一事代天下請命耳，而竟鬱鬱然以去。所日與皇上處者，惟此刻薄不識大體之徒，毁成法而釀隱憂，天下事尚堪言哉！」上覽疏震怒，召九卿科道同爾選入武英殿面詰，滿朝股弁。上聲色俱厲，曰：「朕有何苟且？」爾選從容對曰：「上所行一時權宜耳。但揆之聖賢中道，未免爲苟且。」上問：「何事苟且？」曰：「錢糧加派。」又問，曰：「搜括抽扣。」再問，曰：「百官齺助。」反覆數百言，侃侃不少屈。上命錦衣提下，爾選叩頭曰：「臣死不足惜，皇上幸聽臣，事尚可爲；即不聽，亦可留爲他日思。」上愈怒。大臣力爲申救，僅削籍歸。十五年，沈迅、左懋第相繼論薦，召還。未赴而北京陷。安宗立，首起故官。羣小憚其鯁直，欲令外補，遂不出。紹宗即位，起故官。永曆十一年卒。

徐養心，字無所，江陵人。崇禎四年進士。授當塗知縣。張獻忠破和州，難民數千滯江干，不得渡，兵且迫，將赴水，養心急以舟濟之，皆得全活。又張炬鳴礮江岸，獻忠乃退。遷南京雲南道御史。首疏論錦衣馬直，巡倉風裁凜然。安宗立，改江西道，疏言：「李自成使孟長庚城江陵，獻忠復有取荆檄，萬一順流而東，潯、蕪單弱，樞輔尚屬築舍，不幾以京師爲孤注耶！總督死者熊文燦耳，其他欺飾失律之罪爲何？」清兵迫，力請收復山東，并命王變早行。尋代周燦巡按江西。威惠甚著，乞終養歸。紹宗即位，起雲南道。福京亡後久之卒。

鄭友玄，字元韋，京山人。天啟五年進士。授青浦知縣，判斷如流，邑無滯政，年雖少而吏多憚之。改華亭，縣若督賦，使十里均任輸，及額者不詣縣，課畢登。暇設義學，文風丕振。遷雲南道御史，論奄寺變置軍政，養豎總戎跋扈薊門。嚴旨切責，坐欠漕折戍。安宗立，起故官。疏言：「周延儒貪倍，薛國觀，溫體仁奸又毒於延儒。今延儒、國觀相繼伏法，獨體仁以先死逋誅，乞將體仁官蔭資産，或顯斥嚴追，或比秦檜繆醜之謚，貌其形慝，勿令延儒、國觀獨恨地下。」朝議韙之，乃追奪體仁蔭謚。尋督理兩淮鹽法兼河道，憂歸。紹宗即位，黃道周薦盛年方剛，深心遠識，可驅除亂孽，詔起雲南道。未聞命卒。

任天成，字玉仲，舒城人。崇禎七年進士。授大理評事。恤刑兩浙，摘伏如神，及得情，則哀矜多平反，死者亦自以爲不冤。遷江西道御史。時上信任溫體仁，又遣中官王應朝等監視諸邊餉，張彝憲總理户工二部。天成上治亂關用人疏，舉國稱快。熊開元、姜埰下獄，熊汝霖、章正宸亦以言事貶戍，論救率獲罪，天成力爲疏請，畧曰：「汲黯面折，淮王謀寢，國有直臣，社稷之福。昔唐太宗問魏徵曰：『比來朝臣不言事，何也？』徵曰：『陛下虛心采納，必有言者。』宋臣蘇軾有言：『臺諫固未必皆賢，所言未必皆是，然須養其鋭氣而借之重權者，將以折奸臣之謀而救内重之弊也。』矧今佞諛風生，繞柔成習，自數臣獲罪，天下以言爲戒。臣願陛下赦其微愆，復還諫職，則挾奸懷貪擠正黨邪者，尚當有藜藿難采之忌。太平之基，無疆之休也。」又上疏劾鳳督馬士英擁兵縻餉，不出壽春半步。並請嚴責任，廣蠲恤。不報。十七年，巡按浙江。整肅紀綱，疏劾金汝礪、繆沅身汙僞命；張嶙然、方胤昌爲寇親任，一歸一未歸；李樹、徐家麟俱受僞職；魯㮚、王自超、吴爾壎、魏學濂爲寇留用。學濂自經，諸人猶戀身家，臣誼安在！以許都餘黨復畔，罷歸。紹宗立，起江西道故官。天成與龔鼎孳爲姻亞，鼎孳降清貴顯，貽書招之，不起。作辭書未就，以事入内，妻湯盛服坐房中，驚問故，曰：「聞君將有行，妻亦將改適矣。」天成笑曰：「相從數十年，乃不知我素志耶！然夫人之言，金石也。請即以是爲謝。」使者聞之，不持復書而去。隱居二十餘年卒。

陳良弼，字元扶，澄海人。崇禎十年進士。授行人，册封靖江王、益王，餽遺無所受。遷南京山東道御史，巡視中城。十五年，江上戒嚴，申保甲法，繕守城垣，奸宄屏跡。左良玉窺伺江左，留都洶洶，爭避江北。良弼嚴飭武備，誓與民死守無他志，人心始安。疏薦方震孺、袁繼咸、張亮克任封疆。北京危，與史可法等馳檄勤王。

安宗立，轉河南道兼太常少卿，首疏請優卹北京殉難諸臣。降臣項煜南還，混入班行，顔色無怍。良弼劾曰：「先帝升遐之變，千古異嘗，總繇大小臣工結黨納賄，淆亂紀綱，事極勢窮，以至爲貪邪斷送。賊到之日，或迎或竄，忠烈寥寥，可嘆也。先帝何在？煜逃生未已，忽混入班次，且彼居清華，嘗以文見稱，既不能與范景文、李邦華諸臣捐軀殉難，或黄冠紫衣，任其所往。乃突如其來，俯首貪戀，意欲何爲？萬一自媒得售，使載筆者記之曰『翰林學士項煜偷生逃免，仍與某官』，寧不污史册而戾聖治哉！」疏上，煜遂下獄。阮大鋮起用，上言：「『魏逆竊權，羣小扇毒，嚴春秋亂賊之義，必先申其治黨之法。此從逆一案，先帝所以示丹青之信也。臣何仇於大鋮，正恐從此諸邪悉出，逆案盡翻。使久定之典，紊於一日，何以服天下而垂後世。」不省。錢謙益浼李沾薦起用，復上言：「陛下以親以賢，當正大統，乃龍江覲駕，謙益邪議撓正，時沾相對詫異，與臣並持公論。及事定，謙益猶見身密間，沾對臣曰：『此時尚議論不歸正乎！』今忽以謙益與黄道周、黄景昉同薦黄扉。臣憂奸人銓用，心不可測。當陛下前，不惜一死爭之。退仍與沾爭，沾謂爲吾鄉不得不調停矣。調停同鄉情面，不顧紊亂朝廷，是何心哉！謙益大節已失，公論共斥，閱沾薦疏，原借名正人君子，而於衆瑜中混之瑕耶！從來誤國宿套，牢不可破。願以臣疏與沾疏懸諸國門，發下文武臣共疏奏，沾無以屈也。」後以太僕少卿督學應天，與夏繼虞並命。紹宗即位，召雲南道。福京亡，歸里卒。

繼虞，字揖諧，溧陽人。崇禎六年舉於鄉。歷懷寧、蕪湖知縣，欽州知州。暱大鋮。以御史巡按應安，拒左夢庚兵江上。南京亡，降於清。

游有倫，字明上，婺源人。崇禎十三年進士。授行人，册封桂王。安宗立，遷江西道御史，督理九庫，巡視西城，滌除諸弊。馬士英、阮大鋮畏之，啖以厚利，有倫曰：「可喪廉恥以邀寵禄，負國而羞家學乎？」黄耳鼎、陸朗、宗室統鑠疏訐姜曰廣、徐石麒、劉宗周，各予告去。有倫乃上疏曰：「今日國事淆亂，不知禮義廉恥爲何物，明知君子進退不苟，故以含沙之口激之速去。甚至有嘗人所不忍道者，瀆於君父之前，其視皇上何如主乎！臺省中微有糾劾，則指爲比黨，相戒結舌，真所謂前有讒而不見後有賊而不知也。」又言：「今國家遭變，正同舟遇逆風時也。故必人人從君國起見，事事爲朝廷究心，合謀而算，大與小和。内外有一體之維，師濟見一心之雅，於以雪恥除兇，斷可必矣。」有倫迭糾不法，言甚切直，馬、阮銜之，命出按廣西。未行而南京亡，歸從金聲軍。紹宗即位，起江西道。清召山林，不出，式廬不見卒。

艾南英，字千子，撫州東鄉人。諸生。於學無所不窺。萬曆末，場屋文腐爛，南英深疾之，與章世純、羅萬藻、陳際泰以興起斯文爲任，刻四家文行之世，世人翕然歸之，稱爲章、羅、陳、艾。天啟四年舉於鄉。對策有譏刺魏忠賢語，停三科。崇禎時，會試久不第，而文名日高。與錢謙益相應和，排詆王、李、鍾、譚，不遺餘力。有僕坐法，南英爲怨家所訐，黜舉人。安宗立，周燦援恩詔疏請復其舉人。南京亡，入山。益王慈炲起兵建昌，羅川王由核詣門謀舉事。南英與兄南庚、諸生楊師古爲招族人命新集諸紳，揭重熙、王廷垣、丁潤生、謝德溥招劉名琦、楊猶龍、潘丹竹等三十六將，就家歃血訂盟，得七八千人，復撫州。以清技用馬衝陣，陣動即敗，創爲戰車，設銃眼，施火攻。其後清追由核金谿山谷，以車扼險，衝不得動。清兵退，壯士追之，得全勝。金聲桓以書來招，答曰：「無文山之家而浪起義，有淵明之里而不敢歸耕。」由核薨，入關，守兵阻之，叱曰：「天下有不知艾千子者乎！」乃聽入。謁福京，陳十可憂疏。紹宗召對，自辰至酉，嘆曰：「向以爲才子，詎知爲識時俊傑！」授職方主事，尋改廣東道御史。進陳文集，上優詔答之。湯來賀解餉十萬至，擢貳兵部，南英爭曰：「解餉微勞也，且指揮僚佐可任，何足爲大功，遽峻擢高爵。」不聽。鄭芝龍閉關自守。復三上疏劾其貳心撓駕，致親征之期坐失，無以取信天下，慰元元。語直，至憤絶不欲生。已聞出兵粵東，大聲曰：「即走浙，事可倖；走粵，立敗矣。」汀州之變，寓延平林園，北拜痛哭自經死。

命新負將才，自金谿復撫州，秋毫不犯，後依永寧王由槱。重熙兵敗，入山卒。南英肯任事而負氣陵物，嘗與陳子龍論文，南英主先秦、西漢，子龍主東漢，至攘臂相詈，人誚其褊。四家中惟際泰早世。

世純，字大力，臨川人。天啟元年舉於鄉。授翰林孔目。崇禎中，官柳州知府，年已七十矣。聞京師變，憤惋卒。

萬藻，字文止，臨川人。天啟七年舉於鄉。崇禎中，行保舉法，倪元璐以萬藻應詔，不就。弘光時，授上杭知縣。邑中多寇，暫支河稅，旋上司檄解，軍心不一，力請得免。練勝龍二百人將起，禽斬其魁，民始安堵。紹宗立，擢禮部主事。南英死，哭而殯之，數月卒。

楊文瓚，字贊玉，鄞縣人。父秉鼐，字公鼎。素謹厚，而以名節勗諸子。江上之役，親率子弟從軍，授監紀推官。文瓚，崇禎十二年舉於鄉，監國魯王授監軍御史。時紹宗即位福京，擁戴者各爲其主，不合力圖恢復。文瓚至紹興，啟請見，會王病不朝，拜於榻下，泣言：「閩、浙宜合，主上宜稱王姪奉正朔，異日先後復京，於義爲正。」王動容，下文瓚啟。時廷臣方以開讀禮爲爭，皆不謂然，張國維、張煌言尤力排之。文瓚知言不行，乃間關謁福京，手刺血草疏。召見西殿，伏奏：「閩、浙同舉，浙當其衝，閩蔽其後，若無東浙，焉有八閩。願急發十萬餉頒浙東將士，閩、浙勢合，事尚可濟。」文瓚哭陳，上亦泣，即賜食，撤御前燭送之還邸，立除貴州道御史。以温州饑，命與總餉提督都御史吴晏奇按視。至泰順，疏發帑金三千振給歸。上下詔親征，已不果行。

文瓚上四難六失疏曰：「古云創業難而中興易，臣謂中興十倍創業。是必具旋乾轉坤之畧，兼卧薪嘗膽之志，禀英明神武之姿，兼審幾觀變之識，而後可爲恢復之事，所謂智勇深沈堅忍以濟也。故自來中興之盛，必推光武。臣觀今日之勢，與光武甚相侔，又正與光武大相異。光武承莽篡之後，不過綱紀陵夷，人心散亂，故一反正而輒定。今寇横於前，虜乘於後，兩京淪陷，瓦解土崩，此不易爲者一。光武時，公孫述、隗囂、王郎諸寇，雖一時並起，可徐戡靖，亦可因藉爲功。今豫、楚、川、陜亂離已非一日，而積貯空虚，人民凋瘵，此不易爲者二。光武起兵舂陵，合平林，入武關，取雒陽，據中原以控天下，地利最勝。今海隅偏陬，累卵危逼，此不易爲者三。昔平林諸將小敵怯，大敵勇，雲臺濟濟，復見漢儀。今名勳數藩而外，落落鮮儔，此不易爲者四。然以陛下智勇天錫，且八閩天險可以制勝，此天資中興之基也；矧寧、紹義旅奮起壁壘，江上雲望王師不能朝夕。陛下若奮揚威武，順天應人，正在此日，所謂萬不可失之機也。乃不審緩急之勢，察遠近之情，發雷厲之令，以振赫然之怒，致守者復失，聚者復散。臣竊爲陛下痛之，此所失者一也。夫得天下有道，得其心而已，親征一詔，引領以待陛下。若如期而發，暫出劍津，隨發一師，隨遣一將，陸續接應，以慰輿情，則四方知陛下誓師之誠，徯蘇我后，日可竢已。乃一月而數易其期，參差其事，人不諒陛下之艱難措置，而反議發憤未雄，是不以詔服天下，反以詔疑天下也。此所失者二也。凡所遲滯，總以爲師行糧從，司農告匱之故。然光武不階尺土，何處積有數百萬金錢，且八閩烽火無警，征賦如故，即先以舊餉給舊兵，便可徵發，隨議勸輸議徵解，時可協應軍前，何患脱巾之變，況古嘗有備三日糧以決勝者。陛下奮旅一舉，宜一心籌畫兵餉，餘可勿問，則心力專而物力亦聚，經營一月，即可啟行。且陛下自正位以逮今，雜費亦幾數十萬，乃偏於兵餉不給者，何也？此所失者三也。夫閫以外，將軍制之，運籌帷幄，決勝千里，衝鋒折俎，賴有前驅。陛下若先選一副將勇敢當先，而大將軍以爲後勁，則進可賞之以功，退可加之以法，庶令行禁止，師出以律。今遠不及制而進不可期，此所失者四也。爵禄所以奔走天下，豪傑之士皆有富貴之心，故戰必勝，攻必克，懋爵賞以待膚功；不然，爛羊之謠，古譏之矣。今元勳重藩，功奠河山，即酬以弘恩不爲過，乃若勳未建而爵先盡，則泰生驕，驕生佚，成暮氣矣。此所失者五也。治國之道，首先節用，況今軍旅煩興，苦無點金之術。今陛下仰屋深憂，而賚予頻繼，雖云激勸微權，然以緊急之需，應不急之用，獨不念江干兵卒至今有單衣卧雪者耶！此所失者六也。以此六失當彼四難，臣所以痛哭直陳而不能爲陛下解也。臣自同錢肅樂等起義，已捐軀不顧，又何有乎功名！然矢力戰守者，無非欲還一抔淨土於朝廷。今師老糧匱，旦夕莫支，且魯國主視師江干，憂勞成疾，臣民共惻，惟恃閩師一舉。今望失雲霓，人情遂多同異，臣故不憚兩番跋涉，哀請速駕，正以王師至而羣情自服也。陛下苟蹕三衢，以彈壓控制，則内可呼應八閩，外可督率浙東，又中可防禦徽、寧，通聯江右，誠要區勝地也。且臣鄉所以不克取勝者，其故有二，一不合心，二不合力。欲合心力，則必聯絡浙、閩，欲爲聯絡，則必收羅人望，人望來則依歸衆，依歸衆而恢復之事成矣。」上嘉納之。已而親征爲民所阻，復不果行。

文瓚再上疏曰：「臣前陳四難六失之説，幸蒙上鑒納，今朔日爰方，臣深幸天下事猶可爲，不意復有百姓之阻。夫擁留懇切，固屬百姓至情，然未體陛下一匡天下之心，愛之反以誤之矣。夫閩地不經兵燹，親征之舉，正所以保全八閩。況若臣鄉百姓乃起義之民也，罄骨竭脂以助餉，民已在湯火之中，豈忍坐視一身之手足痛癢，漠不相關？矧錢塘一水，撑持半壁乾坤耶？夫濟人當於其急，救人當於其危。今師老糧匱，危在旦夕，且士不一心，兵不合力，將不用命，非重以陛下之赫靈，必不能陵厲前進。臣故欲陛下暫出以謝天下之口，以信天下之心，以一天下之勢，則四海昭見陛下矢天誓日之志，自然一乃心力，罔不用命矣，又何慮異同疑怨之不可釋哉！」諸疏皆名言。上命巡按雲南，力辭，請如前旨，得領餉入浙，以圖會師。鄭芝龍尼之，不果。陞掌道，防建延三關便宜行事，召募義旅。

初，文瓚振泉州時，上詢知有兄文琦。臨軒召試之，對言：「今日宜作馬上天子，未可狃承平積習。」上韙其言，以恩貢授惠安訓導，旋加監紀推官，運東餉，監惠安諸軍。是年六月，浙東亡，仙霞告急，弟文球奉父就兩兄商所向，亂兵突過，執父去，重索萬金，不則烹。文球散髮狂號，路人憐其孝，不數日，得錢數千緡，齎入寨。兵以數不足，欲殺之。文球對父長號，兵感動，令奉父歸。

文瓚行甫至境，而浙江潰，清兵至仙霞，偕走泰順竹園。時浙中止舟山未下，而寧、紹、台山寨大起，文琦與王翊最善。永曆二年翻城之役，文琦獨主西南一道，已爲謝三賓密揭告變，並列文琦、文瓚名，旁及文球。或勸之逃，文琦曰：「吾以義動，臨難不赴，且將陷父於危，安用義爲？然偕死無益，吾力任之。」因遣弟輩入閩。文瓚不肯，乃獨令文球變服走。文琦就訊，慷慨無撓詞，但言文瓚不與謀，請釋之養父，而自請速死。時華夏已獨承是獄，欲盡脱諸同難，文琦不可，與夏同死，文瓚得釋歸。未幾，復爲三賓所仇逮辟，延頸受刃，大呼高皇帝不絶口而死。文球入閩，肅樂已卒，遂參劉中藻軍，次年福寧陷，亦死。時秉鼐無恙，僅存子文琮。迨秉鼐卒，爲煌言聯絡中土，往來海上。以降卒告將引趙彪軍，遂亦被逮，至省賦絶命詞，自扼吭以死。庶弟文珽、文玠及諸從子戍，死中道，家再被籍，一門無遺。

文琦，字瑶仲。文琮，字天璧。諸生。職方郎中。文球，字天琅。都督府都事。皆魯王所授。事聞，贈文瓚僉都御史，文琦兵科都給事中。

林銘几，字祖册，莆田人。崇禎元年進士。授中書舍人，遷湖廣道御史。疏陳流寇蔓延，防入楚，則鄖撫宜揚兵襄、樊；防入吴，則淮撫當鞠旅潁、壽；防掠齊、魯，則東撫亟須簡練青、濟，控制濮、曹，皆中機宜。又參總兵張應昌觀望，守道李春旺退縮。巡鹽浙江，剔奸弊，捐羡餘六千三百兩助餉。改按江西，忌者交至。轉山東副使，歸。紹宗即位，起湖廣道御史。疏陳中興大計。福京亡，入山。永曆二年，卒。時上好求言，陳國元陳迎送之害，上諭本縣印佐迎送上司止於郭外，敢有再行違諭者，察出一體從重治罪。法在必行，決不輕貸，立碑以示。朱作楫陳時政，上曰：「身處掖垣，能卻暮金。」賜旌廉天字銀牌。翟翬以復仇自任，扶服謁福京，疏陳上失。上曰：「言言藥石。」於是黄慶華疏言「虜宜急剿，免縻兵餉」及「和斷速密」四字。汪觀疏言：「恢復機宜」，葉向曜疏言「衢州告急」，上皆優詔報之。

國元，臨海人。浦城典史，遷兵部司務。

作楫，會稽人。吏科給事中。

翬，字去文，江陰人。諸生。與里人王繼日謁福京，授中書舍人，不受。同入深山死。贈待詔，并賜銀二十兩，敕撰文勒石曰：「生既盡君臣之義，死亦凛夷夏之防。名稱大明正士，實關天地綱常。」

慶華，晋江人，汝良子。崇禎六年舉於鄉。歷簡討、山東道御史、侍講。先後捐助二十六萬。山寇作，倡義保鄉里，上命加級寵之。

兄慶星，字俞平。副貢。户部主事。卒，紹宗贈大理丞，謚忠安。

弟慶貞，字俞正。諸生。職方主事。

覲，字我生，休寧人。詹事偉子。崇禎十五年舉於鄉。授職方主事，守徽、寧。遷福建道御史，加太僕少卿，監督南直。

向曜，字麗日，金華人。崇禎三年舉於鄉。歷中書舍人、職方主事、貴州道御史。

蔣平階，本名雯階，字大鴻，嵩江華亭人。諸生。少入幾社，從陳子龍遊，以詩古文名一時。性豪雋，有古義俠風。南京亡，與族人日馴謁福京，授兵部司務，遷浙江道御史，疏言：「一官五月而易數人，一人數日而更三命，百里而督撫並設，巡方與中使並差，皆害政之大者。」又言：「疑人復留用，募兵不問餉。有聽言之名，而未收其用。去鋪張而存實意，相天下機而務持重。」上皆褒納。鄭芝龍專政，抗疏劾其跋扈，人咸壯之。福京亡，因周謙通黄斌卿，説吴勝兆反正，傾家助子龍餉。永曆元年，從張名振接應嵩江，颶風舟覆得免。勝兆敗，入太湖軍，偕錢枏被執致南京，幸脱。再遊山東、直、浙，聯合忠義。清刊章名捕急，遂黄冠亡命，以青烏術自給。後至會稽，樂其山水，遺命葬焉。

平階詩文詳贍典麗，天文、地理、陰陽、曆數，洞究無遺，尤諳兵法。久之，清舉鴻博，不應。每談幾社人事，感激跌宕，涕淚隨之，聞者哀其志焉。卒以道士服殮，年七十一。

日馴，字用孔。好武，精騎射，與平階赴義，爲裨將同召，未竟所用，後遁於醫。

同時鄭耀星，惠安人。崇禎三年舉於鄉。山西道御史，疏言諸臣虚聲多，實際少。永曆元年十月，起兵復城。

張儼，晉江人。選貢。甌寧教諭，累遷兵部主事，疏請定廟算而後動。

陳一球，字非我，温州平陽人。諸生。崇禎初，羣奄用事横征，陳時政二十事，官吏皆得罪，數十年之害祛。爲羣小所訐，戍鎮東衛。黄道周、曹學佺薦中書舍人，疏陳輔車之義，出使舟山，勸斌卿計戢魯兵。魯王陞江西道御史，不應歸。上皇躬六誤時事九非疏，不用讉歸，十餘年卒。

趙庾，字渙之，吴江人。崇禎七年進士。授甌寧知縣，守拒潰兵。同考天興鄉試，遷儀制主事，改文選，疏陳時事。福京亡，爲僧名愚大。一夕，舟覆天台死。

徐州彦，巴縣人。天啟四年舉於鄉。歷光澤、邵武知縣，職方主事。疏陳入蜀事，具列劉泌、牟道行、田華國、楊展等戮力恢疆，且言張獻忠殺戮川民，生民未有之禍，上爲揮淚。

道行，字篤之，宜賓人。天啟五年進士，授中書舍人。上太平十四策。歷稽勳主事、文選員外郎，歸。寇亂，自高縣入烏蒙，募兵復叙州，遷監軍僉事。

弟道顯，歲貢。南寧知縣。兄弟偕隱。

華國，字素履，重慶忠州人。選貢。寶慶同知。平袁有志亂。

李瑞唐，麗水人。恩貢。疏恢剿三策，以擣淮，爲恢南京復直浙之神著；以出兵九江，爲收南昌固嶺南之急著；以奇兵襲江口，以偏師復徽、寧，爲上下應接之緊著。又言養民、任賢、生財、節用、奬廉、懲貪五要。上謂爲學古通才，授中書舍人。

王國翰，字翼之，曲周人。諸生。從姊壻路振飛淮上，謁皇陵，至高牆，見紹宗，心異之，往來省視，禮敬備至。及上即位，召振飛，國翰與從子涼武從，授中書舍人。陳中外大計，以去橫賦、戢悍卒、固民心爲急，論事無所避。上益喜曰：「箴規朕躬，應改圖者，改過不吝。」遷貴州道御史。鄭芝龍有異志，舉朝一無言者。嘗以科斂民間銀米，與之力爭上前，不少假。上目侍臣曰：「此朕之李勉也。」親征，兼掌軍政司印，涼武以都督同知掌寶纛。國翰疏請澄叙上下臣工。上在延平，命與太醫院徐淑卿設藥肆濟貧民。天暑多疫，又與淑卿、胡兆龍、朱士選、王大華施藥四門。及至汀州，警聞日迫，舉朝不知，急奏人情恇怯，傳敵騎已迫近郊，上宜速發，與涼武待命行宫前。已聞車駕西幸，追及韶州仁化，則韓王璟溧也。路太平徵兵樂昌，依之。涼武卒與司餉户部員外郎蔡光璧死汀州。國翰於明年二月，歿於全州。

涂仲吉，字幼安，漳浦人。通政一榛子。一榛與顧憲成遊，三疏詆湯賓尹，故訶東林者必及一榛。天啟中，引疾歸卒。仲吉，太學生，黄道周逮詔獄廷杖，申救者皆獲罪，仲吉擔囊萬里上書，謂：「道周通籍二十載，半居墳廬，一生學問，止知君親，雖言似過戇，而志實忠純。今喘息僅存，猶讀書不倦。此臣不爲道周惜而爲陛下天下萬世惜也。昔唐宗恨魏徵之面斥，至欲殺而終不果；漢武惡汲黯之直諫，雖遠出而實優容。陛下欲遠法堯、舜，奈何出漢、唐主下？」威宗大怒，予杖椂，指折不少挫。下獄，問者究主使，仲吉曰：「此豈容人主使，可剖吾肝呈至尊，以明道周之無罪。」竟遣戍。然語微聞於上，頗心動。崇禎十五年，道周起原官，爲仲吉席藁請命，得釋歸。北京亡，與兄伯案謀舉勤王師，當事者不之許。安宗立，授待詔。紹宗即位，方震孺薦擢山東道御史，巡按廣西。方拜命而汀州變聞，祝髮中左所，不食十餘日，嘔血卒。

伯案，字虞卿。一榛歸里，緹騎四出，有戒心。伯案色養以孝聞。魏忠賢敗，一榛已先卒，徐世溥致書曰：「昔歐、蘇以黨人躓不用，叔黨、叔弼僅文墨守父訓。范文正之子，乃能承父志耳。今在虞卿矣。」崇禎十五年舉於鄉。紹宗徵之，謝不往。語仲吉曰：「上不駐蹕荆南，動四方勤王之師，乃退守閩中，羈旅溫鐸之手，乾符、廣明之事不遠矣。吾何望哉！」福京亡，隱文山之陽，蒐羅舊聞，詳具君臣行事本末，以推見治亂所繇，其大者留史、授命録。留史者，言遼事。授命録則兩京死節之臣，其畧曰：「崇禎甲申，乾坤崩裂，天子殉國。一時朝紳，魚貫稽首，出就寇廷。蓋自石勒、侯景而降，禄山、朱泚而上，未有辱於斯者。在内決志者二十餘人，在外死綏者四人。嗚呼！國家二百七十年，歲具馬幣聘名士，所以畜士大夫者道甚隆，遜志而後，僅見此數君子耶！乙酉之變，大臣棄其君，吏棄其土，民棄其髮，乾坤一大變也。竟此寂寂，無爲唐之舞馬諸伶擲揄地下乎！劉、黄諸公，向中朝所指爲黨人者，不忍視其國之亡，嘯狡童之歌，作辨亡之論也，皎哉與日月爭光矣。若夫處於牆陰，不挂朝籍，柴市止水，差肩齊驅，是亦貴於皋禹，壽於彭鏗也。」已而里門被屠，所著書悉毁於火。又迫遷界之令，流寓湖州。嘗太息謂其子曰：「吾父子兄弟以文章起家，思以節義挽回天下。吾痛夫家國之禍，其始也以封疆爲起衅之地，其終也以封疆爲報復之私；其始也議戰，戰不足而議守，其終也守不足而議款；其始也奄官礦税而釀戎禍，嘗侍漸且典兵，其終也戎寇交訌而用宦官。軍容遂陵邊帥；其始也朱穆發疽於侯覽，魯公爭坐於朝恩，其終也子弟悉合乎黄巾，禁鑰竟開於緑幘；其始也以一隅騷天下，召募加派，歲彌以甚，其終也騷天下而亂天下，膚剥復潰，大命以傾。夫宦官小人，陰類也。相因而至，易重垢復，春秋嚴夷夏，詳哉其言之矣。誰生厲階，至今爲梗，吾於光、熹以來，是非終始，瞭若觀火。今悉毁於兵，他日舉三十年事，疑以傳疑，舜篡尹誅，幾何不爲東野之語，汲之冢也。悲夫！」晚客死浦城，門人問後事，無一語，但曰：「只此便是太極。」端坐而逝。

方仲吉救道周下獄，有諸永明者，字合甫，崑山人。諸生。叩北寺，餉以百錢，請侍道周，亦得罪下獄，日爲道周櫛沐。弘光時，同授待詔。妹適顧泰初，與小姑幼女字王啟榮，崑山陷，皆井死。

陳南箕，字元聞，安福人。崇禎九年副貢。北京亡，與弟覼北望痛哭，爲威宗斬衰。隆武時，授浙江道御史。福京亡，歸里，棄妻子入歐公山中。山界江、楚，峭壁懸崖，人跡不至。南箕、覼偕隱二十年，相對不語。有所欲，則覼視其顧眄指畫，輒喻意。間有來訪者，拱揖而已，與言不應，貽書不省，即火之，題咏不存稿。衣垢不澣。初入山，嶺南道絶，廣鹽不至，郡人食淮鹽。時淮陽久陷，鹽從淮至，遂不食食淡。即糜粥不充腹，怡然也。方弱冠，兄弟同營域，爲左右穴，中通檽，幾死後相見。暇則携壺讀，且飲於穴。

覼，字二止，崇禎九年舉於鄉。南箕歿，亦去妻子，獨處山中讀書，人亦罕見。邑令慕之，淩晨步往，入門無人，隨一奚童出曰：「家主昨日上山。」曰：「我亦知爾主必不見我者，但得一登堂足已。」後清兵搜山，見其不薙髮，執送有司鞫之，曰：「不忍忘國，深山全髮。」勸之薙，曰：「惟有一死。」令子具棺，尋縱歸。兄弟終完髮死。

張若化，字雨玉，漳浦人。崇禎九年舉於鄉。少從黄道周遊。道周以言事下獄，若化青衣小帽，雜廝役中，時入獄問起居，左右之。紹宗即位，授江西道御史。與鴻臚丞程大器從道周北伐。福京亡，蕙衣竹冠，食貧茹苦，擣柏葉以代蔬。山居四十年，足不入城市，未嘗以姓名通有司。勵志獨行，不標講學名，疾惡守義，懔不可犯。時兵荒盜起，羣戒曰：

「慎勿犯張公廬。」鄉人依以避亂，終其身，盜不入境。所居丹山，在羣山中，巉巖阻絕，日夕雲霧往來，茅茨數椽，上漏下濕，豺虎交横。時曳杖孤往，登陟羣峯，徜徉泉石，嘯歌自得。鄭成功在思明，倪俊明出仕，及鄭經西復漳州，遣馮錫範幣聘之，未赴。卒年八十八。

子士楷，字端卿。窮性命之學，工詩文。福京亡，自以大明遺臣子，杜門不仕。久之卒。

弟若仲，字聲玉。崇禎十三年進士。授益府長史。以禮匡宗藩，請崇寬大、戒嚴切，不納。以去就爭，王爲之改容。以母病乞休歸，母歿廬墓，聞狐兔嗥嘯，泣下嗚咽。紹宗起參議。福京亡，從兄丹山五十年。清修獨善，藝圃一區，果蔬薯蕷，度給賓祭，餘悉種梅，栽蒔灌溉，身自爲之。時蓑笠牽犢飯隴畝，與野人處。清帥慕見，固拒。

俊明，字偉吉，南靖人。崇禎十六年進士。歷靖江知縣、兵部員外郎。

胡接輝，字東升，廬陵人。萬曆三十七年舉於鄉。授天台知縣，遷南京四川道御史。疏汰江、浙新賦。巡按南直，淮、徐旱蝗，吴澇風灾，請賑多全活。寇警，立烽墩火礮，檄兵赴皖，親之行間，設重兵巢縣，扼全湖。薦史可法、淩義渠。崇禎十三年，自劾以勵同仇。掌河南道，以老乞休。紹宗即位，起故官。福京亡，悲憤卒。

與接輝同臺者，倪于義、韓日將、何家駒、戴兆、萬霖圻、張于屏、李大則、張倜、徐必昌、吴玉爾、鄭楚勳、郭振培、張純仁、陳興門、張映室、朱弼、游昌業、陳加邵、莫禦、張必籙、余廣孝、蔡鎮、劉佐、方之翰、璩伯崑、王萬祚、江思令、陳學尹、吴志開。

于義，榮昌人。崇禎四年進士。福建道御史。

日將，字晉陽，蕭山人。崇禎十三年進士。自吉安推官遷湖廣道御史。福京亡，以壽終。

家駒，字如飛，惠安人。崇禎十六年進士。授温州推官，調嘗州，平反冤獄，全活三百七十二人。

兆，長泰人。天啟二年進士。授永嘉知縣，安靜如古循吏。遷廣東道御史。

霖圻，字若霖，宜興人。崇禎六年舉於鄉。授新昌知縣，軍書旁午，從容止暴，興學安民。陞陝西道御史。皆隱終。

于屏，邵武人。萬曆四十三年舉於鄉。金堂知縣，遷河南道御史。

大則，字可行，金谿人。萬曆四十六年舉於鄉。授建安知縣，遷遵義通判，未赴，陞浙江道御史。清兵至，或勸他去，曰：「未去建安，城固吾城也。」倡率兵民死守旬餘，力竭，與子諸生上苑自經死。

倜，字掌卿，洪雅人。崇禎十二年舉於鄉。授青田知縣，力賑水災。遷廣西道御史。從王祁守建寧死。

必昌，字心一，建安人。隆武二年舉天興鄉試。刑部主事。與倜同死。

玉爾，字玠軒，金谿人。崇禎六年舉於鄉。授桂平知縣，遷儀制主事，轉山西道御史，廉靜正直，崎嶇浙、閩間。福京亡，悲憤絶粒死。妻丘聞訃不食死。

楚勳，字叔恢，莆田人。天啟四年舉於鄉。授雩都知縣，天華山神香錢千緡，宗藩欲有之，還之民。遷山東道御史，陳守禦策，疏救鄭三俊、劉宗周。北京亡，南歸，仍故官。隱澄溪。

振培，字芥子，鄞縣人。崇禎九年舉於鄉。與楊文瓚入閩，薦江西道御史。福京亡，死於兵。

純仁，霍山人。選貢。保德同知，遷福建道御史。

興門，欒亭人。崇禎十三年特用。銅仁推官、四川道御史。

映室，字文宿，儀真人。崇禎十二年舉於鄉。自永豐知縣，遷吉安推官，悉力拒守保全危城。轉監軍副使，兵敗入山。起四川道御史。

弼，字彥志，休寧人。諸生。貴州道御史。福京亡，與妻張死於兵。

昌業，鎮海衛人。崇禎三年舉於鄉。黄道周薦浙江道御史。

加邵，鄰水人。天啟進士。雲南道御史。

禦，字擴如，高明人。天啟七年舉於鄉。授清平知縣，拒寇有功。歷太嘗主簿、博士，遷浙江道御史。

必籙，大埔人。崇禎三年舉於鄉。廣西道御史。

廣孝，海陽人。崇禎九年舉於鄉。湖廣道御史。

鎮，海陽人。崇禎九年舉於鄉。江西道御史。

佐，字鳳南，上杭人。恩貢。授霍丘知縣，平大别山寇。遷貴州道御史，以救御史魏允貞謫，爲時所重。起巡上江督糧，乞歸，猶劾文武數人。福京起掌貴州道。

之翰，建平人。萬曆四十年舉於鄉。福建道御史。

伯崑，字山甫，桐城人。副貢。授武寧知縣，政平賦均，大盜熊化元自歸。遷廣東道御史。歸隱十餘年，不入城市。

萬祚，會稽人。恩貢。授弋陽知縣，寬大爲政，在任九年，捐俸建城修隄。遷四川道御史。

思令，字子九，仁和人。天啟元年舉於鄉。黔陽知縣，遷山東道御史。隱不見一人。

學伊，侯官人。天啟元年舉於鄉。麗水知縣，遷河南道御史。

志開，字丹成，嘉興人。諸生。福建道御史。福京亡，入山。數年歸，素冠麻衣，人問不答。每與郭都賢話舊，對哭失聲。年八十，居蕭寺，乏食卒。

屈動，字靜玄，嵩縣人。崇禎七年進士。授南京户部主事，遷員外郎，榷北新關，除關蠹，革長單，未及期而正供足，乃全蠲他稅，羨額猶五千金，盡附奏入。商民悦之，爲祠仁和倉下。陞南京吏科給事中，條上三疏，核軍籍，議蠲振，疏錢法，舉朝奉爲昌言。神宮監盜陵木，劾抵於法。朱純臣奉旨視陵，縱卒肆掠，劾之革廕。陳奏講學勤政，皆得温旨。憂歸。服闋，起吏科都給事中。十三年，司外計；明年，司内計，先後糾拾大員四十餘人，疏薦勞吏方岳貢、陳洪謐，邊才方震孺等十餘人，皆樹功名，時稱得人。爲人沈毅，少言笑，所得奉悉以佐親黨貧者。邑有義助漕項銀五千，大爲民累，動疏草付盧世㴶代題得免。十三年，河南大飢，盡發家藏粟數千石，煮粥以振，鄉里賴之。

安宗立，起故官。與陳獻策、錢源、韓接祖同召。紹宗即位，晋户科都給事中。福京亡，歸，感愴成疾。或勸出仕，曰：「國亡何以生爲！」歐血數升卒。

吴适，字幼洪，長洲人。崇禎十年進士。授衢州推官。安宗立，遷户科給事中，疏言：「維新五事：一曰信詔旨。朝廷之有絲綸，所以彰示臣民，俾知遵守。邇因事變錯出，前後懸殊。用人之途，始慎而繼以雜；誅逆之典，初嚴而終以寬。禁陳乞矣，而矜功誦冤者章日上；重爵賞矣，而請蔭乞封者望日奢。鎮帥屢責進取而逡巡不前，軍需頻督轉輸而庚癸如故。欲期畫一，宜重王言。一曰核人才。人才爲治道所從出。頃者典籍無稽，錢神有徑，人思躍冶，初任輒冀清華。官多借題，行間每增監紀。羶逐之謀愈切，卸擔之術偏工。起廢而薰蕕並進，懸缺則暮夜是求。以致薦牘日廣，啟事日登。今後求才務寬，用人務嚴，寧重嚴於始進，毋追恨於僨轅。一曰儲邊才。將帥之畧，豈必盡出武途？如唐之節度使，文武兼用，内外互遷。請飭中外，蓬蓽之彦，非韜鈐之畧勿講；辟舉之選，非軍旅之才勿登。技勇騎射，日日講求，共激同仇，以振積懦。一曰伸國法。陷北諸臣，已有定案，但恐此輩輦金求翻。既以寬其不死者，昭皇上之浩蕩；尤當絶其覬用者，明臣子之大防。一曰明言責。祖宗設立六垣，與六部相表裏，是故糾彈之外，復有抄參。倘掖垣僅取充位，則白簡止貴空懸，抄發本章，一胥吏事，豈先王設官意哉！望陛下亟進讜言，見諸施行，毋批答徒勤而實效罔著。」

又疏言：「國恥未雪，陵寢成墟。豫東之收復無期，楚、蜀之摧殘頻甚。又況畿南各省，到處旱灾，兼之臣鄰，消長多虞，將帥玄黄搆衅。伏惟陛下始終兢惕，兼倣祖制，早午晚三朝，勤御經筵而親儒臣，尚茅茨而省工作，嚴爵賞而重名器。諸凡無藝之征，一概報罷。被灾之地，確覈酌緩。墨吏必懲，蠹胥必殛。根本之計，孰大於此。」尋又疏：「請定期日講，俾博聞有道之臣，朝夕左右；舉行午朝，俾閣部大臣以及臺垣散秩，咸得躬膺清問。即於披對之餘，采疾苦以疏民隱，核功罪以勸疆臣，明是非以黜邪佞。」及姜曰廣、劉宗周去位，适又抗疏言：「曰廣、宗周歷事五朝，忠心亮節，久而彌勁，應亟賜留。」疏入，皆不聽。有上書言開化德興雲霧山可開采助國者，李國輔具疏請往，适疏言：「雲霧山即封禁山，北通徽、池，南連八閩，東抵衢、嚴，西界廣、信。唐宋以來，每爲盜藪，其間深谷窮淵，虎狼接跡，險阻極目，無徑可攀。且地接祖陵龍脈，爲神京右臂，歷朝禁止樵牧，封禁所繇名也。英宗初年，遣官采木，於是地方棍徒，互相扇惑，攘奪小民，兼多内外官屬供億之費，數邑坐困，民不聊生，近山良民，遂鳥獸散。大盜鄧茂七等聚衆數萬，藉以爲窟，合四省兵力討之，十四年乃勘定，奉旨炤舊封禁，往禍可鑒也。臣竊以爲不便。」國輔亦疏請中撤，俱不許。既而馳視，如适言，報罷。蔡奕琛以戍籍特起少宰，會推之日，适言於朝曰：「今日乃冢臣獨推耳。言官僅備畫題，不敢參駁，何名會推耶！」同官感其言，託故不赴。科臣至者惟陸朗一人。繼舉黄鳴俊、熊奮渭、李永茂堪任督撫。趙之龍薦陳爾翼。适抄參爾翼頌魏忠賢，薦崔呈秀，不可用。之龍大怒，再疏爭之，适言：「祖制科臣專封駁之權，未聞勳爵參駁正之司。勳臣黨邪求勝，不幾背明旨而蔑祖訓乎！」尋柳祚昌薦程士達督理京營。适抄參祚昌非有標營之責，何得侵樞戎職，奪銓部權。慶遠知府郭儀鳳疏言挂冠勤王，且誣方震孺貪狀。适駁參郡守無勤王之例，挂冠非入援之名。儀鳳不候憲檄，非奉明綸，擅離職守，飾詞妄瀆。察撫臣清執有素，儀鳳穢跡著聞，必懼題參，先行反噬，自應嚴究，以杜刁風。

光禄丞張星疏求考選科道。适參星以縣令躁進，挂察典，不惟清華望斷，亦已仕進階絶，無端幻想，欺君實甚。中書舍人張鍾齡以監軍請給部銜。适參職方何官，監軍何事，若果報國有心，何官不可自效，藉口贊畫，輒請高銜，躁進尤甚。保定侯勳衛梁世烈請襲爵。适參國難以來，雖王侯重臣，翻羅鋒刃。而其間脱身圖存，埋名溷俗者，固亦不乏，該勳何以逆料其家之必殲而忍以子嗣乎！萬一本宗匹馬來歸，將奪諸該勳而授之乎，抑姑仍之且兩封乎！該勳世受國恩，誠恢復有志，何難倡諸勳舊，破家從軍，上爲先帝復仇，下爲諸勳雪恥。爾時訪問本支，有無存否，然後請諸朝命，光復祖爵，不亦休乎。昔李晟收復長安，令軍中五日内不得輒通家信。今長安未復，非諸臣問家之日也。尋遂安伯勳衛陳濬請襲，适又參自都邑變遷，山河阻絶，世次無憑，單詞莫信。該勳一請再請，視五等之封，同土塊之乞，將與菜傭都督一醉告身，可以乘時拾芥而攘取乎！适於疏劾抄參不少假借，而部臣竟置不理，旋駮旋用，於是職掌掃地矣。明年，進兵科右。左良玉兵東下，适疏淮揚戰守事宜，并參牟文綬從兵譁掠，致建德、東流摧陷，方國安於銅陵西闕及南陵城外聚兵攻擊，赤子何辜，遭此塗炭，此與畔逆何異。方疏未上，人皆爲适危。适知不免，哭決妻子。奕琛票旨切責，謂适巧爲良玉出脱，下之獄。張孫振復言适爲東林嫡派，宜速正兩觀之誅。會南京亡，适乃遯去。紹宗立，起吏科右給事中。福京亡後終於家。

星，字東開，永城人。崇禎七年進士。清豐知縣，大勸農桑。清兵至，孤城拒清兵，力守得全。遷開封州知州，攝南樂，決斷無滯獄。轉光禄丞。以會試出薛國觀門，罷歸。弘光初，起太嘗少卿。南京亡，隱於天台。卒年八十七。

黄周星，字九煙，上元人。崇禎十三年進士。方登第，上疏論楊嗣昌奪情事，著直聲。授南京户部浙江司主事。北京亡，長號不欲生。紹宗即位，擢工科給事中，極言時政。上曰：「三寒心處真可寒心，盜賊公行，民生凋劫，兵將退縮，左藏罄懸，罪訛蜩沸，角户分門，全不以國恤爲念者，大小文武諸臣之罪也。政教不行，威令不行，舉措刑賞失中，廷議紛紜狡竊者，是則朕躬之過也。從今君務改絃，臣亦須猛省。」

福京亡，走古田，依工部郎鄭甲居，改姓名田吉生。清有跡之者，乃走。久之，又變姓名爲黄人，字署似，流寓湖州，授徒、書扇、鐵筆爲生。首藍絨巾，身素服。每逢上忌，設位祭奠哭泣。周星性狷介，詩文奇偉，晚年與孫旭交厚。永曆三十四年，有司以鴻博薦，敦迫上道，曰：「苟活三十餘年矣，老寡婦其堪再嫁耶！」乃自撰墓志，作解脱吟，與妻子訣。旭往秦，周星祖之，中酒嘆曰：「吾死在旦夕，不及重見矣。」旭驚問故，曰：「吾死，朽骨埋岳廟旁。」五月五日，左臂書絶命詞，縱酒飲一斗，大醉，書「謝枋得，宋室忠臣，止欠一死，吾今不死，復何待！」衣冠沈南潯河死，年七十三。

子椅，字禹公。負才志不試。旭後亦爲僧。

許令瑜，字芝田，海寧人。崇禎十六年進士。授仙遊知縣，庀城垣，礪兵械，招武勇，行保甲法。北京亡，與典史丁明理平林尾郎亂。又與知府楊芳蚤、守備劉時衍、協守趙士挺、武進士楊瑞鳳斬李芳聲。林熙寰、林紹隆、李玉胤反，調守備宋載明城守。遊擊林朱光索餉掠不進，令瑜與典史錢塘徐先覺以兵搗巢，斬熙寰等。鄭芝龍將施傳畧，止之。張肯堂、陸清源、高允茲薦遷主客主事，同考天興鄉試，陞吏科給事中。福京亡，清召不出，隱翠薄山，日痛哭卒。

子龠，字大辛。去諸生。著書。

同時科臣之可紀者：

吴道新，字湯日，桐城人。天啟七年舉於鄉。授國子助教。降李自成，南歸，遷工部主事，轉吏科給事中。隱白雲山。

劉含輝，字四勿，耀州人。崇禎元年進士。歷恩縣知縣、高唐知州、吏科給事中，言「秦中開采不便，乞免陝西八年以上逋賦。」陝兵乏餉，洪承疇兵散，泣告於上，言：「孫傳庭兵少，請予邊兵一萬，於春夏賊飢馬疲，州縣守城堡，川兵守隘，諸督撫合力追擊，可蕩平。」不用。十年，劾鄖撫陳良訓殺良冒功。以不附中官，十年不調。十六年，命赴蘭州，回至山西而北京亡，與子諸生思遠入閩。起兵科兼大理丞，憤卒。

陳履貞，字喬嶽，泉州南安人。崇禎十六年進士。歷行人、户部主事、禮科兵科吏科給事中，侃侃不阿。後監鄭鴻逵軍，從征。福京亡，杜門，立朱子祠武夷、安平。

毛羽皇，字儀伯，武進人。崇禎十六年進士。自香山知縣遷刑科給事中。

于沚，字止水，金壇人。崇禎十六年進士。自户部主事遷户科給事中。降清。

戴長治，字季修，秀水人。崇禎十六年進士。授程鄉知縣。寇至，冒矢石捍之，境内帖然。遷兵科給事中。歸隱二十年卒。子樹聲，哭父三日死。

長治從弟長汎，弘光元年恩貢。史可法參軍。杜門。

謝泰宗，字時望，定海人。崇禎十年進士。授番禺知縣，盤古十八峒百年逋寇，王師征不克。蘇鳳宇稱王，衆萬人。泰宗爲南路監師，合軍勦，出奇計禽得鳳宇。其黨謀篡之，有旆而伏山巔者，鳳宇望見而呼，縛裂，左右不敢近。泰宗下馬手搏之，卒致軍前，斬以徇。參將欲戮降數百人，以金盤玉帶爲壽，戒入即勿言。泰宗峻卻之，而極論其枉，降者獲免。上功第一。遷都水主事，中蜚語，謫泉州推官。寇警，乘障巡徼。調南安，坐貪，罰八千金助餉。紹宗即位，黄道周薦兵科給事中，命赴浙江。福京亡後，入柴樓軍。張存仁疏薦，不應。卒年七十。

楊時化，字季雨，陽城人。萬曆四十七年進士。自行人陞户部科事中，疏言：「裕軍需，恤窮民。」改兵科，劾高平知縣喬淳貪虐坐贓；追論御史石三畏陷張慎言，請召慎言，處分三畏；又劾太僕少卿李魯生導啟中旨。弘光時，起故官。紹宗召户科，卒。

蔡國光，字士觀，同安人。崇禎七年進士。授高安知縣，免浮糧二萬餘。轉刑科，革嘗例。調巨鹿，修城，給民牛種。遷禮科給事中。北京陷，受楚毒歸。起故官。卒年八十三。

王龍賁，字上白，泉州南安人。崇禎十六年進士。授行人，使廣西，自精膳主事遷工科給事中。爲僧。

賴良佐，萬安人。萬曆四十一年進士。户科給事中。

傅元初，字子仁，晉江人。崇禎元年進士。授浮梁知縣，定漕運折色。遷工科給事中，條議屯馬及閩海利源，請開海禁。歸卒。

朱光熙，字澹明，紹興山陰人。崇禎七年進士。授揭陽知縣。地生毒草，愚民自殺以相傾陷，出金盡購草入官，市桑麻江、浙，教機杼，民多樂業。禦海寇。振不俟請，全活萬計。調南海、樂亭，遷禮科給事中。福京亡，哭泣卒。妻周未一月歿。

沈宗壿，字以同，仁和人。崇禎十六年進士。安宗立，以行人諭祭吉王，未返而南京亡，與曹元芳謁福京，遷兵科給事中。催督撫軍應温、處，開陳大義，屢乞親征，選兵併餉。福京亡，與元芳歸。清徵，或勸出，曰：「不忍事異族也。」卒隱終。

吴賢胤，不知何許人。兵科給事中。

曾世衮，字長修，莆田人，尚書楚卿子。天啟四年舉於鄉。博學工文，官兵科給事中。

李躍龍，字鱗伯，福安人。諸生。劉中藻妹壻，薦兵科給事中。偕中藻攻福寧，民閉門拒守，單騎城下，諭以勤王大義，民開門迎之。後率兵至桐山天台嶺，卒於紫微宫。子先春，字茂初。諸生。監紀推官。

永曆二年，破産起兵，從朱繼祚復興化，兵敗。隱思明。

胡兆憲，金谿人。侍郎桂芳子。任刑科給事中。弟兆康。

顧其言，字公綸，上海人。崇禎十三年進士。授香山知縣。肅吏治，敷文教，捐俸建城，出粟振饑。遷工科給事中。福京亡，降於清。

葉得興，慶元人。薦舉。工科給事中。終事不詳。

熊緯，字文江，南昌人。崇禎十六年進士。授行人。兩京繼陷，每飲酒輒涕泗横流。其友曰：「昔狼瞫有言，吾未獲死所。子既有志，盍求所乎！」緯乃謁紹宗延平，擢兵科給事中。與歐養素、林長蕃扈從汀洲。遘變，從官迸散，從者止鴻臚謝甲及武臣三十六人。上至三元角，緯號哭入行宫，督二十人戰清兵。説之降，不屈，與養素、長蕃并中矢死。或曰緯從上潛遯。

養素，字元之，廣安人。崇禎十六年進士。授行人。安宗立，命王俞讜、馬直頒三詔北直，養素與中書舍人張翂之亦分頒雲、貴、浙江詔。遷兵科給事中，敢諫，貴戚斂跡。

長蕃，字尚晉，羅源人。隆武時，選庶萃士。

族長有，字尚義。劉中藻薦募丁壯團義勇。清誘降，不從，戰中矢死。

從子正時，字爾聖，殉。

翂之，字粱公，嵩江華亭人。崇禎十六年進士。授行人。與兄昂之齊名。

昂之，字匪激。天啟二年進士。授廬陵知縣。魏忠賢禁僞學，迫毁白鷺書院，不應。遷兵部主事，出爲保寧知府。張獻忠亂，力守全城，陞川東僉事，歸。年甫過壯，爲園佘山，與姚世醇、倪章同隱。妻徐，嵩江陷，以翦自刺死。

胡夢泰，字友蠡，鉛山人。崇禎十年進士。授奉化知縣。邑人戴澳官順天府丞，其子怙勢不納賦，夢泰捕治如法。澳借他事陰劾之，沈迅發其隱，澳下獄，夢泰聲益起。十六年夏，吏部舉天下廉能吏十人，夢泰與焉。上念畿輔殘破，欲得治行已效者治之，夢泰因調唐縣。京師陷，南歸。黄道周出師，夢泰拜疏請出湖東，擢兵科都給事中，奉使歸。協守廣信，傾家募士。規恢直、浙，與詹兆恒、周定仍守鉛山。甫登舟而分水關已失，知不可爲，乃入延平。隆武二年冬，與妻李仰藥死。

子龍存，與父友諸國昌行遁。不知所終。

國昌，字允吉，鉛山人。負膂力。

萬發祥，字瑞門，新喻人。崇禎十六年進士，改庶吉士。孝友，積學力行。北京亡，絶粒不死，南歸。隆武時，遷兵科給事中，兼編修。守忠誠小南門，城陷死。

時在籍及流寓官紳殉難可紀者：

龔棻，字建木，新建人。崇禎十六年進士。授廣州推官，招降羅明受。歷驗封主事、員外郎。募水師五營，督明受、黄志忠六千人入忠誠，城陷卧疾，卒擁出涌金門，投水死。累贈太僕卿、兵部右侍郎，謚忠毅。

子孟明，字兼生。兵部主事監軍，血戰隱茶陵，盡瘁死。

林珽，字質堅，閩縣人。諸生。户部主事。執死。

周瑚，行唐人。恩貢。授清澗知縣，拒寇全城。歷長寧、會昌，陞監軍職方主事。磔死。

王其弦，字赤友，安福人，御史績燦子。副貢。力挽二石弓，嫻韜畧。贊畫陳泰來關門，自推官陞兵部主事。與兄其定、弟其𠍴、其宑破家招兵，守東門，礮傷額。與其𠍴見執，駡賊死。

其𠍴，字孝皋。與其定、其宑皆選貢，監紀推官。其定、其宑入獄死。

曾嗣宗，字元聲，寧都人。諸生。楊廷麟募兵，傾家資三千餉軍，授兵部主事，從至吉安、忠誠。廷麟曰：「事急毋從。」曰：「與公同事，奈何危舍而去。」竟入，同死。

錢謙亨，字尊生，寧都人。崇禎十二年舉於鄉。兵部主事，水死。子崐，諸生。募兵高安，執死。

於斯昌，字文言，黄岡人。崇禎十二年舉於鄉。兵部員外郎，被執至南昌死。

柳昂霄，黄岡人。工部主事。

黄肇基，南昌人。兵部主事。

袁從諤，字昌言，郴州人。崇禎十三年進士。授中書舍人。募砂兵三千人，佐萬元吉守西門，躍烈燄中死。僕寅兒中礮死。

劉孟鍹，字和倪，安福人。天啟七年舉於鄉。中書舍人。守建春門火死。

劉應泗，安福人。崇禎三年舉於鄉。中書舍人。

符溯中，字昉奇，新喻人。崇禎十年進士。歷旌德、德清知縣，廣東督學僉事，主客郎中。及兄道中，廩生。述中，字麟生。副貢。監紀推官。傾家招募，皆赴水死。

劉起鳳，字來儀，贛縣人。諸生。監紀通判。出金佐軍，與妻曾衣冠掠死。

聶邦晟，字時卿，贛縣人。精騎射，以湯陰主簿贊畫盧象昇。監元吉軍，遷監紀通判。與妻劉、子士㦗、士焕一門百餘人死。

盧觀象，字子占，贛縣人。選貢。萬曆間，自左軍都督府經歷遷河間通判。天啟初，上屯田條議，轉屯田同知。左光斗巡撫畿南，議復汪應蛟所創屯政，力贊之。值魏忠賢勢張，乞歸。安宗立，請馬士英招津淮鹽徒數萬成一軍，不報。隆武時，起兵部員外郎，捐資改府治爲行宫迎駕。陞副使，佐城守，緋衣一門四十餘人沈水死，年七十四。子芃，年十四，水死。

符廷中，臨江人。監紀通判。執死。

彭靄，泰和人。諸生。監紀推官。城守水死。

莊以湓，贛縣人。歲貢。自廣州教授擢監紀知縣，經死。弟諸生甲，撞石死。

鍾良則，字毅城，瑞金人。監紀通判。守望江門經死。

吴允孚，字體仲，嵩江華亭人。嘉胤從子。崇禎十三年進士。南安推官，佐守死。

謝瓚，字謙吾，贛縣人。歲貢。歷南康教授、馬平知縣，與妻桂、子廪生胤繡及妻月、從子胤斗正衣冠死。

明登，字君禄。與妻羅、子佛生水死。

又同邑周世光，字九炤。選貢。萬州判官致仕。携幼孫投井死，年九十二。

徐餘慶，及男婦十餘人水死。

徐孝義，駡寇，一門水死。

陳必顯，一族三百餘人同死。而官伐皆不詳。

李魯，字得之，上杭人。天啟四年舉於鄉。北京之變，山寇蜂起，上杭尤甚。當事議募鄉兵，魯曰：「四鄉皆寇出没之區，召募之兵，慮即寇也。兵寇雜伍，此以城與寇耳。在城者當大户捐資結義以固城，在鄉者當大户鳩宗築寨以固鄉，無瑕可攻，寇當潛寢。」乃上書於張肯堂曰：「治病者未進藥石，先調臟腑；獵獸者未加擊刺，先布網羅。臟腑固而後藥石有效，網羅設而後擊刺無虚。寇即病與獸也，兵則藥石擊刺也，民則臟腑網羅也。欲剿寇，必使民有固志；欲固志，必先有守禦；欲守禦，必先築寨堡。何也？鄉民各戀身家，心膽易摇，平時團集易，聞警潰亦易，團集適爲累耳。若鄉寨四布，家累悉有憑依，耕耘不廢。寇至清野，掠無所得，且疑設伏扼隘，進退狼顧，不待交鋒而氣已銷阻過半矣。然後以大兵夾剿之。譬網羅設而擊刺隨，獸即奔突安往乎！不然，崇山複谷，深入則虞墮伏中，持久則運饋難繼。我往賊去，我去賊來，勞逸之致，便皆在賊。且賊害如梳，兵害如櫛。生趣既窮，民盡爲賊矣。即今賊起一年，而民情已三變，始而人皆避賊，一變而貧者通賊，再變而從賊矣，近則富民亦不得不通賊矣。往綏寇初發，事亦類此，禍延宗社，可不畏哉！夫上失其道，民散久矣。聽民自爲結約，不可得也。董勸責在上耳，宜令鄉之大户，各歸之寨，不立寨者，以通賊論。賊來量力戰守，有備牛酒金錢媚賊贖屋者，以接濟論。奸民從賊，聽寨長公結，與衆棄之，官留難者，以縱賊論。官兵所至，不許入寨，强入寨者，以虜掠論。如此極力施行，不出期月，可保太平百年也。」書上，肯堂稱善，諭各邑舉行保甲，而城中富民交口謂魯張皇多事。

及弘光元年夏，南京、江西皆陷，魯誅茅於幅員山中。紹宗即位，閩中山寇益張，沙縣李昌元數千人就撫，龍巖林海符、仙遊林熙寰百餘人伏誅。上曰：「賊首累累，誰非赤子，乃至犯不赦之條，朕深切憫念。」曾櫻貽書譙魯曰：「嫠不卹緯，匹婦猶知之。志士仁人，乃宴宴居息耶！」魯乃詣福京，上中興封事：

其一曰簡忠誠之士以救時艱。近世論人，動曰救時之才。至問所謂救時者，儇巧通方士耳。夫儇巧通方，乃改身鬻面之别名，破滅人國則有餘矣，有謂救乎？臣愚以爲天下無無才之人，但心有誠僞耳。心誠則大才可大用，小才可小用；心僞則小才害及小，大才害及大也。凡處必擇便安，言豫持兩可，微長即欲自炫，護短惟恐人知者，僞人也。受職而蹇蹇匪躬，奏對而侃侃不回，功與人同而不私，過與人見而不諱者，誠士也。親誠遠僞，在人主力持其衡而已。

一曰加守令之權以練士兵。今寇賊所至，在在崩潰者。無他，守令不兼兵，士著之師少也。既無兵權，寇至束手，惟有逃耳。雖其人之不肖，亦事勢使然也。昔成周卒旅軍帥，統於鄉遂大夫；漢則郡國民兵，領於太守；唐則諸道府兵，領於刺史。臣愚謂宜慎擇守令，假以兵權，省召募而專料士兵。古者五家爲比，五比爲閭，四閭爲族，此民數也。五人爲伍，五伍爲兩，四兩爲卒，此兵數也。然則五與十者，先王所以分民，即將之所以治兵也。守令治民，即治其伍，有故，則猝然爲百人之集。守令治兵，但治其隊，有故，則猝然爲千萬人之集。以民食膳民兵，久則守令皆良將，而郡邑皆金城。昔句踐以生聚教誨殪夫差，光武以舂陵子弟殲尋邑，小如馮驩之用薛，尹鐸之用晋陽，皆未嘗募烏合以戰豺狼者，得富强之本計也。

一曰達小民之情以禁貪暴。夫天之去地，不可計道里，然天之所爲者，皆及於地，而地之物，無一不暴於天，中無障隔故也。人主高居如天，天下之情僞，與萬物之求暴於天無以異。乃上澤不下於民，民恫不達於君者，則中間之障隔者多也。今牧吏殃民罔極，監司未必知，知未必言，甚有猫鼠而倒置黑白者，天地之通永絶矣。臣愚謂宜頒詔中外，許民詣闕自陳，或見耆老而詢之，則吏奸無可藏，而貪暴之風可輯矣。民之利害得，則守令之賢否得，舉措之得失亦得，故詢事在下，而萬情可盡也。周禮外朝列庶人之位，而太僕有鼓，以達窮民，故君安坐而見天下之事。文、武、成、康稱明君，繇此道而已。高皇帝微時，親見貪官毒民，及定天下，於府州縣制申明亭，老人頒聖令一道，官有爲民患者，耆老奉令至公廳直諫。三諫不悛，耆老赴京奏聞，以憑拏問。高皇帝豈樂民之以下訕上哉，不得已也。願陛下力復祖訓也。

一曰罷捐借講屯練以足兵食。國初九邊腹裏，各有屯田，有官屯、民屯、商屯、腹屯、邊屯諸法，所謂養兵百萬，不費民間粒粟者此也。承平既久，侵没難問。然按籍履畝，大半可稽。法當清覈故田，簡汰軍衛，漸復祖制。今虜寇蹂躪之餘，必有無田之人，與無人之田，誠得忠勤廉幹之人，或民屯如虞集之策，或兵屯如李泌之謀，此皆可計歲責效者。不然，變通屯練之法，合計一城分幾坊，坊有長，一坊分幾甲，甲有長，甲統於坊，坊統於屯練之官，陰以兵法部勒之。官訓其長，長訓其屬，有技、有試、有董勸。平居各食其食，無額支之糧；有警各伍其伍，戰守相敵而動，在城守城，在鄉守鄉。法似保甲而警策過之，意似雄邊而不煩抽丁貸粟，因民各保身家之心，爲捍衛封疆之用。又就簡練什伍中，密察才力出羣者，假以事權，於是貴介得以撫用健兒，單寒得以傭募於殷富，即睚眦可化爲同澤同袍，萬衆一心，於强寇何有乎。此則隨地隨時可施行者。否則捐助借助，於上似無賴而薄廉恥，於官則貪婪而廢國法，於民則斂怨愁而生意外之虞，可爲憂危者此也。

一曰審形勢以圖恢復。明詔初下，決計親征，謀者多謂直指錢塘。臣愚以爲魯王畫疆而守，文武不憚征繕，宜下温詔，即以兩浙委之。夫漢高捐齊、楚以與信、越，光武委河西以與竇融，究之齊、楚、河西皆歸於漢。今清兵分道以攻南直，閩豈能分道禦之？使宗子果能人自爲戰，豈非維翰維城之藉哉！王師惟當直取江右。江右披山襟湖，可東提兩浙，西絜荆湖，控閩粤，三方輻輳，據上遊以望孝陵。不然，則急駐荆南，控湖北以制中州，引滇、黔而接巴、蜀，庶幾風雲空闊，豪傑必攀附而來。若羈旅閩中，指臂不靈，兵食肘露，恐日月逾邁，朝氣漸衰，非日闢百里之洪謨矣。

一曰奮乾健之行以作士氣。臣愚謂中興之君，視創業尤難。創業之君臣，同起於危難，志有進而無退。今共事者，大半承平優養之餘，捐軀意少，懷土情多，稍見凶危，輒生退阻。臣嘗恨宋高有李綱爲之相，韓、岳爲之將，卒奄奄不振者，本其苟且偷安之心，牢伏於中，故汪、黄、秦檜得窺見其隱而牽制之也。光武起自舂陵，不數年而天下定，雖其恢廓大度，委任得人，究其根本，乃在戰昆陽，渡滹沱，歷濱危阨而不阻，及其拔邯鄲，擊銅馬，徇燕、趙，皆親履行陣，熟習艱險，有以鼓勵將士之氣也。今六飛遠駕，雖天子自將行邊，實同草昧起義之舉也。鑿凶秉鉞者，文也；共飢渴，同甘苦，自夷於士卒者，實也。禮下召對，降仰神聖者，文也；分痛癢，同禍福，自偶於庶僚偏裨者，實也。臣願陛下戒宋高，法光武，則忠智效死，天下歸心，南北不混一者，未之有也。

疏入，上大悅，謂魯留心世務，乃有用之才，授工部主事。并詔先行保甲法於閩縣、侯官。十二月，移蹕建寧。時三關單危，禁旅不滿千，所調之兵，隨到隨遣，新募者或未成旅，一路有警，輒空營赴之。魯奏言不定營制，不簡精鋭，聽其逍遥逐隊，雖源源踵至，恐左右終無一兵，語云「葵猶衛足」，豈有萬乘而孤露無衛乎！明年六月，江上潰，魯王航海，魯奏言：「藩籬已撤，即重兵扼險，猶慮不濟。況關兵撤近安海，四境蕩無鎖鑰，人情泮渙，忠義灰心，去閩當如避焚，抉網別任格人，以共濟大業。」上以疏語指斥鄭芝龍，留中不發。會汀州報流寇犯上杭，魯因言：「急守莫如汀城，急練莫如汀兵，此爲嶺嶠咽喉，務令呼吸相應。陛下果即東巡，臣當執殳前驅。」上嘉嘆之，改職方，給敕印，令兼道抵汀，而流寇已圍上杭，時七月下旬矣。

魯與周之藩、黄三錫及司禮監王禮謀，謂大駕且幸汀，而上杭圍不解，則禍變且生意外。會總兵濮甲逃兵至，與張孟談招之來歸。乃投檄賊營，譬曉之，賊果捧檄色動。魯乃單騎詣賊壘，把其魁張恩選之臂曰：「幸甚，諸君值魯，乃富貴催人也。」賊愕然問故，魯曰：「天子早晚入粤東，諸軍部勒一軍爲護衛，便爲禁旅親軍矣。恩賚逾他營一等，粤地繁富，十倍閩中，諸君食國餉，佩將印，豈非富貴迫人乎！」諸賊合聲稱善。魯曰：「客營淡泊，當取豚酒相勞。」因刑牲歃血曰：「從此爲一家人矣。」安插定，乃入上杭，宣布屯練節目，即前封事中所條陳者。杭民丁甲獨不從，曰：「驅羣羊而搏猛虎，此自詒伊戚耳！」魯曰：「爾生父且不識，又識保衛鄉里耶！」蓋丁嘗棄其父而謀爲富民之繼子者也。俄而汀州變聞，魯痛哭入山，丁昌言於衆曰：「清兵至，拒命者屠，滿城血肉，豈易李宦數莖頭髮耶！」衆惑之，擁魯還城，嚴衛之，將以獻博雒。魯曰：「我自行我意，與若何預？此豈狂國人人浴矢，不許一人潔身耶？」因椎心大哭，血淚迸落。久之，聲絶不續，則絶吭死矣。時九月五日也。有鄒宗善者聞之，走明倫堂痛哭，何家人熟睡，書衣裾曰：「先王之教，曰忠曰孝；聖賢之訓，曰仁曰義。殺身成仁，舍生取義；孝子忠臣，含笑相視。」衣冠自縊死。

三錫，字命侯，上杭人。諸生。立貞社。魯殁，入何應祐軍。

宗善，字本初，上杭人。諸生。

贊曰：紹宗即位，側席名賢，一時科道多先朝遺逸，然弓旌至者，大抵寒蟬仗馬，無所建白，不免有虛聲之譏。洎敵未入境，逃竄接踵，或竟望風屈膝，其爲天子知人累大矣。微瑞枬諸人，謇諤盡職，無忝司直，不幾令萬世笑福京言路無人哉！

南明史卷四十六

列傳第二十二

無錫錢海岳撰

吴易　孫兆奎等　沈自炳　自駉等　族自鋋　華京　趙汝珪　陸世鑰等　王鍍等　何英　劉座　崔秦姚廷瓚等　陸彦衡等　范班友　周瑞等　羅騰蛟　周耀始　徐鑛　沈泮　陳繼　汝欽命　沈璐　史坤生孫璋等　倪人撫　吴思等　吴振遠　弟宗潛等　沈天叙等　錢昌　馮時敏等　姜熊飛　沈鼎鉉　陳恂如　茹署文　周志韜等　趙涇　朱永祚等　曹子嘉　戴之儁　周謙等　李枝芳　鮑輯五　姚君範　儲章甫　張飛遠等　黄毓祺　子大湛等　弟毓礽等　徐趨等　鄧大臨　丁文瑗　王春　許彦達　薛繼周徐摩　李琦　黄衣工　高炤　唐世禎　程三錫　沈猶龍　子浩然等　吴培昌　黄家瑞　周蘭等　崔騰鯉等　眭明永等　子本等　李待問　弟之檀等　王雄　章簡等　常駒　張壽孫　翁英　倪允中　金聲子敦函等　從弟經等　汪宗友　汪宗文　江天一等　劉弘才　戴明恩　胡靖　閔遵古等　王世德　程士達　吴國禎　陳明卿　程羽申等　佘元英　陳尚遇等　汪以玉　洪在德　洪士魁　項遠　黄士良　程繼

約　許伯　范雲龍　江永清　萬庚　汪國偉　陳易　張廷豹　王六郎等　邵千斤等　許文瑾等　弟文玠

等　舒應登等　閔士英等　董正俊　汪志稷等　曹鳴遠等　曹文榜等　朱賁　吳道會　朱鳳律　汪益亨

丘祖德　子萃　鄭璧等　錢龍文等　沈壽堯等　莊見齊等　麻三衡等　湯廷玄　魏三　劉鼎甲等

徐肇基　沈壽隆　舒天長　趙臣成　萬麒　趙瑋　鄭繼元　汪三傑等　胡雲龍等

吳易，字日生，吳江人。崇禎十六年進士，未謁選。安宗立，授職方主事，監史可法軍。上中興四議。奉檄徵餉，未還而揚州陷。南京亡，與孫兆奎起義，著白抹額以標異，曰白頭軍，有衆數千人。文乘、夏復爲飛書料軍務，沈自炳、自駉、華京、趙汝珪、陸世鑰、范班友、周瑞、周耀始、徐鑛、沈泮、李勢、陳繼、汝欽命、沈際明等皆從之。弘光元年閏六月十一日，世鑰復吳江，易與議滙、吳志葵合攻蘇州失利，屯長白蕩，出没五湖三泖間。泮與汝十八劫掠，易討禽之，降其衆千四百人，獲舟七十。

清兵初至，未習水戰，易使部卒狎於水者，雜農民散處湖畔。清兵索人操舟，則散處者咸集，櫂至中流，鑿沈之，溺死無算。時王期昇、吳景亶等起兵西山，復長興，然兵不及易强，盧象觀、葛麟皆以師來歸。監國魯王擢太子太保、兵部右侍郎、副都御史，總督浙直，賜尚方劍，便宜行事，封長興伯。命朱大定以副總兵沈鎮、徐桐兵爲援。紹宗亦擢兵部右侍郎、僉都御史，總督浙直。王命與陳萬良恢復東南，熊汝霖兵援萬良，易帥兵會，幾克德清。清兵擊之，汝霖兵渡江，萬良入山，易出戰，急收軍。

隆武元年八月，博雒及總兵李遇春率五十四舟自平望抵白龍橋，列陣三十里，易、兆奎、自炳、自駉以神槍破走之。二十四日，吳勝兆敗象觀、麟，遂引兵追易塘口。兆奎伏鋭卒蘆葦中，襲殺甚衆，得舟二十。明日大雨，不設備，易部方釃酒賀，俄勝兆合四郡兵駐石椿橋，斷港汊，易軍無見糧，遂大潰。易與參軍陳恂及驍衛三十人潰圍走，父承緒、母沈及女皆投水死，兆奎等亦戰死，一軍盡殲。易舟重，三十人俱歿。易泅半里，從子某見水面朱履，謂易已死，以追兵急，不得挈取，繫舟尾。半里許，始舉視之，尚未死。張目問曰：「吾兵尚有幾何？」左右曰：「百人耳。」易曰：「速返追擊，此去必獲大勝。」果奪其輜重而歸。九月，許日新被執太湖死。秦煥、施子昭戰死烏渠漾、雙林、盛澤。庶吉士王崇簡、都水主事馮世翬自東烏漾降清。

二年正月十五日，易復吳江，斬知縣孔允祖。十六日，復陷。沈璐等守東城死。史坤生起兵黎里死。清屠吳江、黎里、盛澤、震澤。瑞、繼、朱斌、張貴、孫璋、倪人撫、陳槐復聚衆萬人長白蕩，爭迎易，軍復振，與浙軍相應。三月二十三日，土國寶來攻，命瑞拒之。二十六日，大破之於汾湖，斬三千人。蘇州戒嚴，璋攻嘉善大捷。蔣德慶以七百人應於蔣灣。

四月初，易復海鹽，斬知縣，不守，退西塘。五月，楊文驄疏陳易斬獲多，紹宗晉尚書兼副都御史，封忠義伯。魯王亦以清河、寶應、婁東、武康四伯，奮揚、平朔、復宇、度遼、儀漢、興原、滅虜、破虜八將軍印畀之。易登壇誓師，陳子龍臨其軍，將東聯西浙大舉，而杭州吳思、沈綸錫、沈士鑛、蔣翼文等願以三千人來附，崇德羅天祥亦以師應。於是馳書葉紹袁定計，密約黃斌卿海上，期汝霖江上至，而自以大軍應蘇、嵩，復南京。易兵號十萬，然皆烏合，不大受約束，餉乏，頗畧村鎮。清蘇、嵩、嘉兵攻之，此出彼入，偶遇互有殺傷。六月，江上潰，天祥亦戰死。郁振先敗千墩，事左，乃至嘉善，合人撫兵攻城不克，將謁紹興。九日，輕舟潛出，衆潰，飲璋家，偵者引清兵至，與璋父子皆被執。總督張存仁重易，館署中，勸降不應，薙髮不許。八月，遇害於杭州草橋門。臨命賦詩畢，北向從容拜曰：「臣事畢矣。」觀者皆爲流涕。同死者呂宣忠、吳振遠、沈天叙、人撫，監軍道朱世昌，將軍槐，總兵沈茂，副總兵施壽、吳明周，及馮時敏、馮一鷺、姜熊飛、沈鼎銓等。僧敬然葬之菜園。

兆奎，字君昌，吳江人。崇禎九年舉於鄉，授教諭。與弟聚奎傾財佐易募水卒，旬日間得三千人，魯王遷職方主事。或阻之曰：「清起遼左，自神宗以來，竭中華全力，僅足搘拄。南直所恃惟水戰，而大衆深入，險要悉破，舟楫無所用其長。大勢若此，而妄有所圖乎！」兆奎曰：「我豈不知，但恨三百年養士而義聲寂寂，我故欲以一身殉之，其成敗則聽之天耳。」清兵至，易衆入太湖。隆武元年七月，屯簡村，移梅家栅。兆奎與諸生趙汝璧數千舟進攻蘇州敗績。黄蜚在太湖，兵數萬，勸易連之，書未至，而蜚已自吴漴屯泖湖，合沈猶龍。時浙東李九成假名建義，以戰船千，宵晝劫掠。兆奎與易密謀，僞結好以弛其備，約期兩軍合營，或以大敵方强，不宜自翦羽翼。兆奎曰：「不然，今日之事，正如寸刃剸鯨，空拳搏虎，所恃以號令人衆者，惟此區區之信義耳。若縱彼焚掠，則所在之民，誰非寇仇，是敵未至而先自敗矣。」八月七日，遣驍將許甲統十三舟往討。先有黑氣如長隄，直撲九成營而隕。北風大起，塵埃漲天。未幾，復大霧，咫尺不相見。九成以爲易來合營，俄而礮聲作，兵四集。九成衆大潰，就縛斬之。所俘婦女皆遣還。又參將楊應泰大掠簡村，亦襲斬之。時起事諸人多驕暴爲民害，惟易、兆奎整戎卒，戒侵掠，衆頗效命。嘗敗清兵白龍橋、八斥。衆釃酒賀，而兆奎儆其下謹備。二十四日，清兵大集石椿橋，或勸走。兆奎曰：「今四圍皆虜，海其可至乎，事之不濟，我將横屍水上，豈能竄海苟活耶！」黎明，清兵八面環攻，時陰雨連旬，舉礮礮不震，持弓弓絃解。兆奎往來督戰，自寅至午，清兵益衆。父允貞水死，乃沈妻褚及女於水。易走，兆奎慮其妻女被辱，亦視赴水而後自沈。沈未死，爲追者所獲，械至南京。見洪承疇大言曰：「崇禎時有一洪承疇，身死封疆，先帝親祭哭之。今又一洪承疇，爲一人耶，兩人耶？」承疇曰：「咄，爾自爲一人事可耳！」驅出殺之。臨命賦詩，神色不變。

聚奎，字君祥；從弟瓊，字君瑜，被執湖州死。自炳，字君晦；自駉，字君牧，吴江人。副使琉子。兄自龍、自繼、自徵，弟自然。自龍遊擊，久之，卒。自繼，字君善。工詩文，隱。自徵，任俠自負，嘗參邊軍，辟賢良方正，不就，歸。知天下有變，造漁舟千艘太湖，練兵備非嘗。未幾，卒。

自炳、自駉皆諸生，少入復社，詞翰聞江左。自炳以中書舍人參可法軍。南京亡，與戴之雋收自徵舟以集兵，易軍所繇起也。自駉，易薦監紀推官，長白蕩之潰，走爛溪南，皆戰死。自駉力鬬，身八九創，赴水死，旗猶在手。

族人自鋌，字公捍，參將璨子。魯王授行人，奉使封易，後隱南村。

京，字壯輿；汝珪，字子玉，皆吴江人。諸生。從易舉兵，授監紀推官。衆潰，京驅妻子入水，格殺數人，與清兵搏，相持不釋，同溺死。二日浮出，屍數十創。汝珪亦死。

世鑰，字汝萊，吴江人。歲貢。家饒於財，氣雄才大，以忠義自許。東湖有十將官者，集衆千餘屯湖中，世鑰慮其爲亂，與王鍍、何英、劉座、崔秦、姚廷瓚、陸彦衡、王元壽、張行甫亦聚二萬人陳湖，戰船雲集，指揮出没，班聲如雷，號陸家營。薙髮令下，鄉人駭愕。弘光元年六月十日，十將官因邀世鑰起兵，與易軍合，王佐才恃爲聲援，以五百人助守崑山，未至城陷，即轉向蘇州。時兵多肆劫，惟世鑰傾財數十萬充餉，部下妄掠一錢者必斬，故一軍獨戢。以千人與魯之璵入蘇州不克，復合易軍。兵敗，完髮羅區北佛寺。勝兆反正，謀以陸墓、陳墓兵攻蘇，世鑰大集舟楓涇橋，十餘里不絶。事洩，行甫執死。世鑰久之歸，卒。

弟世鎧，字進之，太學生。首輸餉守崑山死。

鍍，字維度。子如濬，字甫瞻，去諸生。從軍，嘗操小舟周旋。

英，字本初，任俠。傾家招兵澱山湖，西接陳湖，東連泖口。部下有小霸王者，負勇力，持雙斧，敵遇輒辟易，後中亂矢死。清兵柵木圍之，英軍中卜者楊老大預知成敗，計命英詭爲田夫，逸去餘杭山中，久之，降清。皆崑山人。

座，字右銘，吳縣人。諸生。陳湖兵敗，被執斫死。

秦，太倉人。死陳湖。妻江都吕氏沈子自經死。

廷瓚，字仲雅，長洲人。諸生。王化貞副總兵。與龐士元、陳彦卿、楊桓、嚴蕚、王符等起兵陳湖。兵潰，士元、彦卿、桓、蕚執死，符水死。廷瓚執見勝兆，勸降曰：「若我故友耶！」曰：「汝猶知故友，獨不念故國耶！」大駡死。

彦衡，字國欽，長洲人。居角直。南京亡，大哭。七月五日起兵，敗死祖墓。

子臨章，字夷陞。諸生。先四日戰死。

班友，字偉公，吴江人。弘光中，爲遊擊，從易起兵。戰葉澤湖，中礮赴水死，殮時鉛彈徧體。

瑞，字毓祥，吴江人。諸生。長白蕩師既潰，與泮、勢、貴、繼復聚衆數千人朱涇四保匯。衆善鳥銃，斬江副將兵八百人，雄長吴、青、嘉三縣交，道路爲梗，軍聲復振，授總兵。隆武二年五月五日，泛蒲飲酒。清兵奄至，羅騰蛟戰敗，執死。易被執，瑞攻嘉善不利，將唐民望姚景明丁蓬賓、諸生程大儀沈匡戰死。七月，瑞與曹子如、洪庭桂謀攻金山執死。

騰蛟，字雲化，歙縣人。鄭芝龍將，官都督僉事副總兵，鎮瓜洲。與李成棟善，後從志葵軍。及敗，與陳存及總兵張廷選、副參遊劉炳張文周子敬、職方員外郎俞于回被執。成棟與之酒勸降，大罵，左右欲去其舌，成棟命馬嚼緘口，血横流，仍駡不絶口死。存等皆死。

耀始，字思橋，秀水人。諸生。兵敗走充浦，哭泣累月，不食卒。

鑛，字掌文，吴江人。兵潰入武康山中，卒。妾何埕賦絶命詞，經死。

泮，烏程人，居南潯，故宦裔。少無賴，與湖州拳師解明宇友，有衆千餘人，敗清兵城守。博雒至，明宇力拒。妻劉亦善戰，見事急，反射明宇降清。明宇死，泮以百餘人入山，山中義師乃起，已出入濫溪，劫客舟，遇清急則合戰，未嘗顯然樹敵。泮與清捕吴三交，泮起兵，三仍通之。清跡泮，三必陰縱之。三求不已，未遂，遂有隙。一夕至王江涇，三奄襲之，泮方飲，手格斬三及兵百人，浮湖去。後入湖州降清，諸捕訐之。隆武二年十二月，入獄死。

繼，吴江人。往來湖中，打生爲業。爲人勇捷，衆皆畏之，推以爲長。每戰左刀右弩，發無不中，中即倒。妻亦悍，提刀搏敵，皆披靡。清將楊之任出湖口，見繼舟多，懼欲走。繼自斜堰突陣，清兵潰，之任死。國寶立保甲，沿湖樹木栅，繼勢促，欲入江赴江西。將行得危疾，清兵至，不能戰，衆散，委之水中而去，妻不知所終。

欽命，字子申，吴江人。諸生。保鄉里，兵敗經死。子承澐爲僧。

璐，字伯玉，吴江人。城陷，與吕雲孚、沈約、陳宗道同死。

坤生，吴江人。武舉。腕刺「盡忠報國」四字。起兵黎里，兵敗被執，刃死。

璋，字玉章，嘉善人。歲貢。運糧同知。

子鉅，字若宏。諸生。職方主事。皆執赴水死，一門殉。

弟璘，字楚白。諸生。從扈舟山，兵敗歐血死。

人撫，字曼倩，嘉善人。諸生。職方主事。起兵與易合軍。

思，字孫尼；綸錫，字个臣；士鑛，字寶臣；翼文，字佑嗣，皆錢塘人。

振遠，字日千，又字石仙，吴江人。兄弟七人皆諸生。振遠與弟宗潛、宗漢、宗泌及錢昌以子弟别起一軍，授工正，歷監軍僉事兼職方郎中。隆武二年春，被執，誘降，大駡死。

宗濬，字方輪，改名系，又字東籬。負經世才，往來浙直，屢蹈危難。振遠執，以在魯王所得脱，歸結驚隱社，遁於醫。後又以文字下獄，卒年七十八。

宗漢，字廣平，本名振蘭，字九畹。往來志葵、蜚軍，佐振遠成一旅，授監軍僉事。振遠執，復欲起兵。會紹興亡，邑舉人吴翺引清兵大搜義師，乃隱遁，終身不薙髮。

宗泌，本名重暉，字鄴仙。詩酒好義。

宗沛，本名復起，字芳時。悲歌慷慨，詩獨往不浮，皆抑抑以終。

天叙，字文宗，吴江人。議洴副總兵。兵敗入山，熊飛等强出，集勇數百人，往來截清兵，斬遊擊范甲，邀敵東濫溪，手刃數人。被執至杭，大駡磔死。魯王贈總兵。

昌，字季申，吴江人。崇禎九年舉於鄉，授通判。南京亡，與崇明武生黄扶摇、邑人吴彦康練鄉兵自保。洴爲暴，其將許膏郁負勇力，有許甲者斬之，遂禽洴。紹宗將徵用，未赴，清逮獲免。

時敏，字子遜，海鹽人。諸生。與弟一鷺之南京。南京亡，易起兵，渡江謁魯王。時敏授監紀通判，一鷺授大理評事，命趣易出師。易敗走，時敏間出募兵。明年，易兵復振，渡江之師屯譚山，時敏、一鷺就約，中道被執。僕周尚文從死。

熊飛，字履先；鼎鉉，字沖遠，皆吴江人。諸生。與天叙邀清餉道，戰東瀊溪同執。又陳恂如，吴江人。起兵陳君夥應易青浦，施陶成爲參謀。尋與北沈村周明初不合，爲所殺。陶成降清。

茹畧文，字振先，餘杭人。敢果善戰，爲長興千夫長。湖州陷，入太湖，從徐雲龍復長興。長矛陷陣，所向無敵。後歸易，疏薦總兵。長白蕩敗，手斫數十人，身被十餘創，血盡而仆。兵疑其陽死，連刃之，兵去甦，捧其首走南潯，休於野廟。廟祝故識之，傅以良藥，百日愈。間之長興訪妻子，皆死。隆武二年正月，復與清兵戰於麻湖，援絶乃死。

周志韜，字鳳岐，嘉興人。善没，能水中數日不食，而行止自如。畧文死，與周湯四、許甲收餘衆自保。魯王授參將。六月，兵敗赴水死。

趙涇，字爾立，吴縣人。易薦參將。起義事洩，與百户周蕃、監紀推官虜象昇、參謀陸王錫被執不屈死。

朱永祚，字爾祥，烏程人，大學士國禎從曾孫。負拳勇，與弟啟祥團勇自保。爲易訓水師，屯泖澱，被執皆死。

曹子嘉，吴縣人。扈魯王舟山。王入閩，斌卿命入太湖聯絡，與金母舅葉秀芝從易軍，官總兵，薦挂定虜將軍印。二年冬，與唐世禎起兵澱山湖，有舟師千餘人。總兵許瑞、張應明及吴小乙、陸三大王、金蓬頭、季君倩、陳佑、丁惠等二十四人從之。永曆元年三月，與總兵施湯賢被執，見國寶不屈，大罵死。

戴之儁，字務公；周謙，字長吉，吴縣人。皆諸生。從易起兵，之儁出家資募水師自成一旅。授監紀推官，遷監軍御史。謙授參將，舟師出没蘆墟、長白蕩間，斬獲多。復嘉善，功最。長白蕩敗，周大佩、徐文龍被執洞庭山死。之儁、謙與陸坰僞降勝兆，教之通舟山，合子龍復南京。勝兆命與李枝芳招泖湖兵，詹世勳敗其事。永曆元年四月十六日，同勝兆被執對簿，承與世勳同謀皆死。之儁母某、妻袁同死。世勳戮。

枝芳，吴江人。從之儁僞降爲部領，亦死。

鮑輯五，青浦人。千户。可法故較，保珠里，兵敗隱。

姚君範，吴縣人。通壬遁。從易起兵，兵敗，亡湖州。謀再起，事洩，執見巴山。曰：「汝名知數，盍言今日事如何？」君範厲聲曰：「大明必復興。」遂死。

儲章甫，嵩江華亭人。隆武二年四月，起兵五竈應易死。

張飛遠，行六，或名張六，金山衛人。諸生。聚衆應易。二年五月六日，襲衛城。清將出戰，飛遠退走。初，飛遠約城中内應者墨其鼻，飛遠走，而城中人鼻尚墨也，悉就死。飛遠妻自經死。

蘇州從易起兵者：徐明臣、朱嘉柱、徐先、徐士格、葉大生、朱午、金諫、袁觀、朱于襄、顧俊昂、顧兆禎、蔡二、莫三童子、錢祺、浙江顧君綬皆先後戰死。朱國禎、張士恒、黃溪被執不屈死。

黃毓祺，字介子，江陰人。天啟元年恩貢。慷慨負奇氣，於學無所不窺，兼通内典。萬曆時，已擅盛名於東南。家有敘倫園，周延儒未第時，僑寓園中。一日夜談，毓祺舉案上硯擲之不中，歎曰：「恨不殺此誤國兒。」延儒枋國，有令欲因毓祺見，壽以千金，笑卻之。後延儒相業不終，人服其先見。南京亡，張有譽勸逃禪，曰：「不舉事何以報國，不授命何以成人。」力主起義。或危之，曰：「吾不忍世界子女受此慘禍，雖毒及家門，不卹也。」江陰兵起，助金築城，率弟子徐趨、鄧大臨、丁文瑗起兵竹塘，與閻應元協力城守。監國魯王授兵部尚書，總督南直義師，並獎諭城中堅守，命列名啟報，以俟除擢。毓祺啟應元等城守功。清兵日至，夜縋城請救於黃蜚，不應。會城陷，爲僧名印白，謀渡海，請兵於金公玉，僧浪仙洩其事於武弁王瓏。瓏以邑人殺其家口，銜恨次骨，嗾清兵逮毓祺，會先出得免。紹宗亦遥授尚書，總督浙直，便宜行事。自是奔走江海，專結客圖起兵恢復，因傳檄遠近。有云：「即如江上孤城，首倡人間大義，斬馘萬計，固守八旬，亦可見我非毳骨柔腸必不可扶之弱植，彼非四目兩口必不可勝之雄師，特係乎順逆之人心與盛衰之士氣。」檄出，四方響應。毓祺爲人平恕而謙，財物無所吝，無賢不肖皆樂爲用。諸假號慕其名，請受約束，期以隆武二年九月三吴並起。毓祺間歸葬親，事洩，遂於八月十五日夜，偵江陰無備，率弟毓礽及趨都督王春，都司沈三、陸義、鄧五、夏履素及子君玉等千餘人襲城，皆死。春得脱。義從株連死者二百餘人。毓祺入舟山乞師。

永曆元年正月，合師自舟山進發。錢謙益至海上犒師，颶風舟覆，毓祺墮水，賴勇士石政負之登陸。八日間至嘗州白土，約五縣同日起兵，復郡城。衆至數萬，五鼓薄城，燒北門入，爲知府夏一鶚、都司黄謀所敗。清名捕急，乃著道士冠，歷名山，託言求仙，所向輒陰結客。時淮上、皖中義師假史可法名，勢甚振。毓祺僞爲卜者，與許彦達遊通州，屢易姓名，或曰張睢，或曰趙漁，或曰王夢白、太白行者，衣穿履敝，乞食市上，仰天痛哭，擗踴嘔血，已乃類中風狂走者。後主如皋湖蕩橋薛繼周家，凡遊擊參將自海上來，雖滿裝，及入謁，則青衣垂手，衆疑之。將起義，遣徐摩致書謙益，提銀五千，用總督印鈐之。謙益知事必敗，謀卻之，持空函返。摩友人徽州張純一、張士儁，故毓祺部將，從武弁戰名儒轉輸無所措，謀於名儒，將以毓祺爲奇貨。名儒故與繼周隙，謂摩返必挾巨資，發之可得厚利，詣營告變。二年二月十三日，毓祺遂與彦達、繼周及子諸生以信同繫泰州獄。按察使一鶚毉楊廷鑑富，欲株連。毓祺曰：「身猶大明孤臣，彼實新朝佐命，各爲一事，馬牛其風。」一鶚大怒，酷掠，詰欲何爲？曰：「求一死耳。」七日移揚州，尋移南京，事連謙益、王覺生、許見玉等，毓祺慷慨如平嘗，鞫者命具供，奮筆書曰：「道重君親，教先忠孝。避禪已久，豈有宦情。義憤激中，情不容已。明主嘉誠，遣使授職，招賢選士，分所應然。衰憒曠官，死有餘責。謹抱印待終，身附子卿之義。」獄中賦小遊仙詩，自註，以授大臨。三年三月，獄成將死，大臨告之期，作絶命詞，命取襲衣自斂，趺足而逝。卒年七十。清人猶戮其屍，彥達等從死。

毓祺子大湛，一名晞，字子心；大洪，字子聲。皆諸生。當毓敗被執，大湛、大洪、大淳爭死，發配入旗。僧紹元傾資贖之，教授弟子，學行不愧其父。

從子永晟，字進卿。諸生。同守江陰，攻敵營死。

弟毓礽，字錫予。諸生。子大澳，一名覺，字子瞻。諸生。周旋櫜鞬，不避艱險。隱定山。

子安雅，字直方。高才，以布衣吟咏終。

趨，字佩玉，江陰人。諸生。年少有俊才，與春、李琦謀襲江陰。有陸安者，向兵道徐服遠告變，趨曰：「終一死也。」受逮不如起兵。沈三等死，趨猶執旗督進。及執，見知縣劉景綽，長揖不跪。左右曰：「非爾父母官耶！何不跪？」趨厲聲曰：「此故降臣，何父母爲！」令壯其志，擬釋之，言：「吾知子非謀逆者，豈有所親在獄欲篡之耶！」曰：「我何親在，不忘大明耳。」令曰：「若然，子必死矣。」曰：「我固不欲生，遂爲此。」令曰：「子誠奇士，吾將薦之以官。」趨乃笑曰：「汝爲本朝進士，位至監司，亦不卑矣。今降而爲令，汝且不能自擇，而爲我擇官乎？」令曰：「吾以吏隱耳。」曰：「汝外吏，欲去則去，天壤甚寬，何至含羞苟活，貽青史玷哉！」令大慚，連呼送獄。永曆元年正月，與王華、周景、陳枚卜、曹信臣、黃衣士遇害於市。

大臨，字起西，嘗熟人。募兵崇明。毓祺在獄，與高炤職納橐饘。毓祺死，贖其首歸葬，變服爲黃冠以終。

文瑗，字季玉，江陰人。諸生。兵敗後匿寺三十年，不薙髮，不改服。卒年八十六，以故衣冠殮。

春，江陰人。後與張一龍、徐義從攻嘗州西門死。

彥達，嘗熟人。武舉。

繼周，字長者，泰州人。

摩，字午參，江陰人。

琦，字奇玉，江陰人。市人與城守，毓祺薦授總兵。聚衆千餘人，與清兵戰，敗匿宜興山中，被執。琦貌魁偉，能言，清將異之，釋其縛，勸薙髮降，即薦之，與約爲兄弟。琦笑曰：「若以我丈夫耶，我降即非丈夫矣，而君何取焉？我事於今惟有速死。苟以醇醉我，甚快也！」清將即治具與飲。琦飲醉，唱大江東詞，旁若無人。清將及左右皆嗚咽流涕。唱已，起曰：「行矣，勿久留我。」出至市，引頸就刃。琦家畜一犬，嘗隨琦出入，琦死，犬舐其血盡，泣涕橫下，吠聲甚哀，良久赴水死。

黄衣士，以其黄衣衷甲，故名。當毓祺攻嘗州，以衆應之。兵敗被執不跪。問其姓，曰：「百家姓。」問何地，曰：「四方人。」問黨，曰：「多則天下皆是，少則我一人。」欲刑之，曰：「可殺不可辱。」乃送獄，與趨同繫。值許遂、鄒胤嘉破獄出，二人不去。赴市日，天晝晦。同死者二十餘人，皆失其名。

炤，字子返，江陰人。毓祺弟子。去諸生授徒。

同時唐世禎，烏程人。諸生。南京亡，與曹子嘉起兵應吴易。易敗，聚衆不散。累官都督總兵，病歸。黄斌卿疏薦福京。命以兵部右侍郎，總督蘇、嵩、嘉、湖軍務；程三錫爲僉都御史，提督軍務。原任辰州督師吕僻谷齎印至。隆武二年冬，屯澱湖、練湖，有舟二千餘。永曆元年三月，子嘉死，三錫赴山東合師。世禎與李華，遊擊柳雲、魏思慈、陳約、沈國寶、周秀卿、石二被執，見土國寶，罵其背主賣國，國寶送之巡撫盧傳。傳呵曰：「賊來。」世禎叱曰：「若降，我堂堂男子，反呼爲賊。然則若昔爲賊，今顧不賊耶？若祖若父皆賊耶？」挺立怒詈，戟手頓足不休。斧斷其齒，血狼藉滿口，口猶喃喃。杖四十，筋肉已糜，罵聲仍厲，竟死。

三錫，歙縣人。亡命。

沈猶龍，字雲升，嵩江華亭人。萬曆四十四年進士。授鄞縣知縣，遷御史，出爲河南副使。崇禎間，轉太僕少卿，以僉都御史巡撫福建。時江西妖賊張普薇作亂，遣遊擊黃斌卿協剿大破之，後以招降鄭芝龍，威名特著。擢兵部右侍郎，總督兩廣，兼巡撫廣東。安宗立，召添注右侍郎，未赴。南京亡，列城望風下，清安撫吳朿坦、參將洪恩炳至。恩炳，息縣人，故鎮金山，以政苛，上命許雲際代之，爲所剌殺降清者也。既至嵩江，徧搜郡望李淩雲、吴培昌等。郡人斬朿坦，共推猶龍奉義陽王朝墠起兵，設朝倉城。猶龍斥私資五千金，與黄家瑞、周藺、崔騰鯉、眭明永、陳子龍、李待問、王雄、章簡等募士數千，李向中爲兵道，史啟明爲知縣，黄金榜爲大將，守白鴉港，指揮常騊爲參將，蔡喬爲遊擊，與吴志葵、黄蜚合勢。隆武元年八月，貝勒博雒、總兵李成楝陷青浦，圍嵩江，待問、簡、單恂、張壽孫守四門。兵大半市井白徒、泖濱漁人，聞金鼓戰慄。金榜走。降紳董廷説降不許，將内應，事覺，郡人磔之。四日，有假韭兵號者突至，猶龍以爲信，開門納之，紅巾袜首者隨之入。俄而巾脱，皆辮髮也。衆驚呼城破，守卒盡潰，參將翁英衛猶龍出東門，中流矢，死於濠。

子浩然，字雪峯，本名明初，字東生。諸生。工詩書騎射，有雋才。任千户，授職方主事。後依黄斌卿舟山，監國魯王遷兵科給事中，與弟賚初從海上有年。舟山亡，爲僧。

賚初，字巖生。善詩文，不知所終。族人某，嵩江陷，護浩然兄弟死。

培昌，嵩江華亭人。崇禎十年進士。仁和知縣。

家瑞，字禎臻，滕縣人。崇禎七年進士，授汾陽知縣。調良鄉，歷祠祭主事、員外郎，出爲揚州僉事。以卻寇功，擢僉都御史，督理淮揚鹽法軍餉。紹宗立，召大理右少卿。嵩江陷，轉展至浦口，赴水死。

蘭，字雲聚，羅山人。崇禎十三年進士。大理評事。降李自成南歸，改行人。安宗立，賚詔河南，同時朱國壐賚詔陝西。蘭至嵩江，城陷死，而詔不去手。國壐，副總兵，後屯田四川。

騰鯉，寧國太平人。恩貢。授嵩江訓導。城陷，集七印坐明倫堂，清將誘降曰：「七印惟所欲？」騰鯉曰：「吾守死，非守印也。」與子善生同死。

明永，字嵩年，丹陽人。崇禎十五年舉於鄉。官華亭教諭。書示其子本曰：「我父命我名，修短視明。」與妻李自經於明倫堂，門斗三人從死。永曆時，贈尚寶少卿，謚忠節。

本，字允立。諸生。永曆八年春，與賀王盛同召，謁廣西，授行人，轉中書舍人。事洩，執拷慘，求筆書贊。又以墨大書「死」字，擲筆觸階死。

弟思永，字修年。諸生。研理學，擅詩畫，隱曲陽山。

待問，字存我，嵩江華亭人。崇禎十六年進士。授中書舍人。守城發礮，殺敵多。初夢袍服間有字曰「天孫織錦」，以爲中翰兆也，至是死織染局。魯王贈尚寶少卿，謚貞愍。紹宗贈太嘗卿，謚忠愍。

弟之檀，字衷定。諸生。王授中書舍人。坐謝堯文通表事死。妻錢嚙兵鼻死。有百户某者，城將陷，謁待問曰：「我先斷頭以待。」即自刎死。

雄，一名稽古，字成博，上海人。諸生。官濟南同知致仕。城守死。

簡，字次弓，嵩江華亭人。天啟四年舉於鄉。歷古田、羅源知縣，公廉節愛。遷職方主事，轉員外郎。守南門，被執不屈死。魯王贈光禄少卿，謚毅節。紹宗贈吏科都給事中，加尚寶卿，謚節愍。

從弟旭，字昇東。去諸生爲醫。

騊，嵩江華亭人。精武藝。城陷巷戰，斬殺相當。後入閩，不知所終。

壽孫，嵩江華亭人。崇禎六年舉於鄉。降清。

英，字際畫，嵩江華亭人。崇禎四年武進士第二。城陷，隱北橋。魯王擢副總兵。以堯文通表事連死。

又倪允中，字端甫，青浦人。兩手各握五百斤，行數百武，爲賈散千金任俠。與騊、喬守城，巷戰出，以親老，隱斜涇終。

金聲，字正希，休寧人。崇禎元年進士，改庶吉士。二年十一月，清兵自大安口入，京師戒嚴。召對平臺，疏薦所知僧人申甫有將才，能製戰車火器。命取車器入覽，授都司僉書，召對稱旨，擢副總兵，敕募新軍便宜從事。以聲爲山東道御史監其軍，召募得數千人，皆市井遊手。又爲總理滿桂所忌，委之當敵。甫不得已，結營蘆溝橋。清兵遶出其後，御者惶遽不能轉，殲戮殆盡。聲既痛甫亡而又恥無功，請練兵收桑榆之效，不許。再疏請罷，不許。請頒詔朝鮮，聯絡東江，張海外形勢，亦不許。謝病歸，詔起故官，不赴。以鄉郡多盜，團練義勇爲捍禦。十六年，馬士英遣李章玉徵黔兵討寇，過徽州大掠，吏民以爲寇，率衆破走之。士英信章玉言，謂聲與推官吴翔鳳主使，聲兩疏陳辨，上察其無罪，置不問。是冬，起修撰，未赴。威宗崩，慟哭嘔血不欲生。安宗立，擢左僉都御史，堅不起。

弘光元年六月，清兵陷池州，黟縣奴宋乞變，殺朱應期，清招撫使至。聲遂與汪宗友、汪宗文、江天一奉高皇帝像，率士民拜哭。劉弘才立「肅靖胡虜，撫綏桑梓」旗，斬使起兵。以從弟經、維主兵，汪觀主餉，天一曰：「徽州形勝地，諸縣皆阻隘可守，惟績溪平迤，當孔道，宜築關隘，以重兵據之，與他縣爲砥柱。」遂立十三營於各山，以十三副總兵守之。設叢山關，以績溪大鄣山爲中屯，一軍出太平翁嶺，一軍出旌德巖關，一軍出祁門祁山，勞瘁拮据，昕夕不暇休息，未旬日而鬚髮俱白。於是丘祖德、尹民興、温璜、吴應箕皆起兵，自績溪石埭出青陽至於江，自徽州出淳安、嚴州、金華涉江，及大江南北、浙東西，義師亦多響應。聲以戴明恩賫奏福京，紹宗命中書舍人童赤心奉敕晉聲兵部右侍郎、副都御史，巡撫徽、寧、池、太，提督軍務恢勦，兼翰林侍讀學士，賜「天賜忠臣」銀章。聲刊布詔書，曰：「使南中知閩地之有君也。」遂復旌德、寧國、涇諸縣，攻宣城，衆至十餘萬。會福京遣原任徽州同知陞太僕少卿林貞至，獎收無賴，别擁宗室華堞爲主，使客説聲曰：「公戴，即入閣辦事矣。」不應，有謂貞反復，當殺之以徇衆，亦不可。主客日相疑。都統葉臣攻叢山關，天一守禦二月，間出戰，殺傷相當。參謀朱家棟失律，疏請誅之以謝徽民。已祖德、民興等多敗歿。

隆武元年九月十八日，總兵張天禄、卜從善陷旌德，知縣胡靖，總兵徐遠，副總兵范長庚、黄嵩被執死。十九日，清以少騎牽制天一萬人，而間從翬嶺、新嶺入，聲兵五百赴援。

二十日，寧國陷，知縣張懋賢走，聲斬清將胡祥港口。胡鳴復與都司方應期、方德胤，守備孫英、程應通、汪良翰力戰死。惟聲在績溪，登陴晝夜戰不下。先是，聲與何通武命諸生朱備迎黃澍九江。二十一日，家棟畔，引澍詐稱援兵。聲見其故衣冠完髮，信之。績溪休寧遂陷。黟縣訓導范國章、祁門典史陳有忠降清。方事急，貞與兄都司棟，自練鄉勇五百入援不及。聲被執，呼曰：「徽民之守，吾使之，第執吾去，勿傷民。」揮天一去，曰：「君有老母。」天一不可。遂并致南京。時改服已久，聲猶峨冠博帶入，道路聚觀。諸大僚欽其名，館而加禮，洪承疇欣然迎見。聲張目大聲問曰：「爾相識否？」曰：「豈不識，是金正希。」承疇亦問曰：「爾識我否？」聲曰：「不識也。」曰：「我便是洪亨九。」聲叱之曰：「咄！承疇登甲第，受神宗、熹宗深恩，官司馬，死嵩杏，先帝震悼輟朝，與祭九壇，賜蔭二子，仍望祭立廟，祀春秋，此本朝忠義之臣。何物么麽，敢冒其姓名耶！」承疇怍，俯首，與聲金刀一冠一。聲怒擲地曰：「取大刀薙吾頭，此冠堪溺耳。」天一因溺之，承疇曰：「此老火性未除，吾不能再見。」屢使勸之降，不答。十月八日，衣冠遇害於通濟門，望拜孝陵曰：「臣力竭矣，虛負國恩。」賦絕命詞，端坐於地，撚鬚仰面飲刃，顏色不改。既死，屍不仆，年四十八。四輿人從死。承疇監刑回院，見聲儼然衣冠危坐堂上，恍惚數日不敢出。

方聲之南京，命僕相賢治棺。相賢治棺二，聲駭之。天一曰：「幸益而三。」聲益駭。

至是，相賢亦自盡。聲家被籍，戴明徵護其母妻幼子得全，次女及從弟相女擲樓死。僧海明聞聲死，市棺抱屍而殮，呵之不爲動。載棺過蕪湖，閔遵古見棺惡，爲之奔走。賈人蕭倫以所有善棺值百數十金者易之。事聞，上爲誅貞，贈聲禮部尚書，諡文毅。

子敦函，字靜思。諸生。任千户。敦滋，字務茲，熊開元壻。義士張青間關引謁福京，任千户。國亡，爲僧寧波大梅山，名可立。女道炤、法炤，爲尼吳中。

從弟經，字伯嘗；維，字季張，皆指揮。涇縣陷，分兵二千五百人復之。會清犯石埭，攻太平，復以千人拒之。後十九日，戰死新嶺。

輅，字左車。諸生。復寧國，禽佐貳官程德孚、孫士英，被執死。叔守備文煥，從弟守備章時、章寵、章亮、章緯攻宣城，皆戰死港口。惟輅免，隱居終。從子敦洵，字成允。從父隱横山。敦淳，從軍，中矢墮崖免。族康，字再生。從亡思明、滇京。

宗友，字彦輔，休寧人。崇禎七年進士。自龍溪知縣遷御史，巡按山西歸。

宗文，字景謨，歙縣人。監軍通判、職方主事。

天一，字文石，歙縣人。爲文磊落閎肆，困童子試者二十年。聞周鍾名，徒步往從之，歸語其友曰：「周君非佳士也。」比爲諸生，貧益甚，帬穿見尻。有謀脱官事者，啗以金百二十，不顧而唾。授徒淮上，淮之婦有截肝活姑者，請旌於守。守以其爲别郡生也，弗許，遂出槖金，以己名額其廬。適守出，鼓樂突前，衝其前導，守義之，置不問。晚年厭舉業，從聲講學。聲起兵，以監紀推官管大廳事。弟之龍、從子益、族人振鱗，九皋公、韓無疆、尊素及程鍾、程明幾、程起驥亦參軍太平。聲被執，天一歸拜祖母母及家廟，曰：「吾首與金公舉事，義不使公獨死，追及之。」大呼曰：「我金侍郎參軍江天一也。」遂并執。見承疇，掖聲歷階。承疇勸聲毋自苦，天一罵曰：「汝爲本朝大臣，無父無君，與禽獸何異，敢饒舌耶！」因朗誦先帝諭祭文。承疇不能堪，命左右斷其舌。天一罵益厲，稍近承疇，出袖中硯擲之不中。承疇大怒，揮出殺之。臨命大呼高皇帝者三，南向再拜迄，罵不絕口，磔死，贈禮部主事。弟天曙，臨陣受十三刃，右手削去中指，無退志，創重仆田中，日啖蘿蔔得不死。天一死，入山。

天表，字文月。扶天一柩歸，收其文，付天一門人洪祚永存之。從孫孟卿從天一死。天一妻子入官，門人洪瀾贖之得免。

弘才，字際盛，沔陽人。兵敗隱，清官守備，不應。

明恩，字棐臣，休寧人。諸生。職方主事，監議滌軍。

靖，字長叔，歙縣人。汝寧推官。

遵古，字無作，歙縣人。諸生。聲死，去衣巾。倫，字彝叔，閩縣人。祚永，字卜公，瀾，字遠生，歙縣人。同聲起義者。

王世德聞聲就執，自剄。中書舍人程士達，中軍總兵吳國禎、陳明卿、程士洪、余元寬、范天麟、潘文龍，指揮余公瓚、孫甲，副總兵程羽申、陳有功，遊擊佘元英、陳尚遇、陳士秀，都司汪以玉，守備萬全，百户鄭綱，武舉洪在德、洪士魁，諸生項遠、黄士良、程繼約，先後從聲及滎陽王蘊鈐攻徽州不克，被執不屈死。許伯、余度、潘桂、江玉瀾、江之永、方文煥及總兵范雲龍，指揮江永清、方武成戰死旌德。萬庚被執死南京。汪國偉與叔翥同戰死績溪。副總兵陳易戰死石埭。副總兵張廷豹戰死太平密崖關。王六郎與弟諸生伯子及周源儒戰死太平。邵千斤等戰死高梘橋。許文瑾、文玠兄弟起兵，文瑾被執死祁門。舒應登傾財從軍，兵敗歸隱。項大忠捐典肆佐軍，事敗亡命。其别部從高安王常淇起兵者。二年春，乞、朱太、林老死黟縣。五月，章仲武、洪成功、章應祥、任奇美、汪武敕、洪夏寶以萬人戰死績溪梧村。八月，陳始死休寧。十二月，文玠與監軍僉事江于東兵敗婺源，執死南京。從延津王常淯起兵者。二年六月，常淯自曹河海口攻婺源。八月晦，都督閔士英，副總兵鄭鵬遠、吴元德、程世樹、余大貞，監紀推官汪耀先、詹應麟、項逢聖，舉人董正俊二千人戰古箭死。十二月，汪志稷等攻婺源死。

世德，休寧人。諸生。聲記室。

士達，字去聞，休寧人。貢監。肇慶推官改。

國禎，字希岳，休寧人。參楚撫唐暉軍，剿寇有功。

明卿，字際明，歙縣人。武生。

羽申，字季上，歙縣人。崇禎九年武舉，稱程千斤。與弟及從子守箬嶺，力戰中矢，自刎死。

元英，字德聚，休寧人。

尚遇，一名繼遇，號士皮，歙縣人。標官。敢戰。

以玉，婺源人。起兵八百人。二年七月，與總兵程敬福攻開化，都司江鼒應之，戰敗，有巨人執死。尋與士英、汪淩霄、戴内官先後入開化。九月，清兵至，張建伯去，以玉走大鏞石耳山，敬福降清。十月，鼒爲鄉兵所殺。永曆元年二月，以玉執死。

在德，字二魁，歙縣人。

士魁，歙縣人。年二十。

遠，字千里，旌德人。隆武元年十二月十九日，二人起兵歙縣。二年正月十四日，復績溪，斬知縣侯憲武。四月，屯長街被執，死西河萬年橋。臨命大聲曰：「我輩二十年後，又可來殺若矣。」

士良，字君弼，休寧人。水死。

繼約，字以禮，休寧人。經死。

伯，字伯輔，旌德人。

雲龍，涇縣人。世襲指揮，在考坑應民興，額寨曰「巖關天險」，地據旌、歙通道。涇陷後，清兵畏其名，遷延乃上。雲龍接戰大呼，清兵氣奪，兵皆鄉民，感泣效死。而餉不繼，多餓死，猶勉戰守，月許不支，乃敗。至烏溪被執，説降自旦至夕，閉目不一言死。雲龍勇，鞭重十八斤，每戰右提鞭，左挾二飛礮，擊人無不斃。其部姚在中嘗語人云。

永清，字秋漢，涇縣人。與公瓚將之旌德，聞聲執，自刎死。

庚，字白叔，涇縣人。城陷，起兵應雲龍被執，將與一蒙師同釋。庚呼曰：「彼是也，我非也，我將之京責承疇負上建廟旌忠之恩耳。」卒解京死。

國偉，歙縣人。

易，字有功，寧國太平人。崇禎十年武進士。歷杭州守備。

廷豹，字炳文，寧國太平人。崇禎六年武舉。

六郎，寧國太平人。妻杜亦死。

源儒，宜興人。千斤、麵粿時，皆鄉勇，歙縣人。千夫敵也。拒高梘橋。時深入。千斤救之，人馬辟易，已得時將返，曰：「何不乘勢再入。」遂皆死。

文瑾，字在予，祁門人。太學生。同弟文玠將魯標、李賓之起兵應聲，兵敗，議堵休、黟。文瑾戰漁亭被執。隆武元年十月十七日至南京，與族人高謨、文元俱死。

文玠，字帥五。諸生。工射通兵法。嘗殲士英兵，盛濃以池州失，來乞師。文玠以衆至池，攻城不克，回徽，而聲執，乃謁福京，授職方員外郎。合黃道周、艾南英，已與于東觀奉常淇出廣信，大小四十戰不挫。道周、南英敗，文玠衆猶三千，欲航海而路阻，屯弋陽、貴溪間。二年十一月，命總兵吴繼聖、程國柱出休、婺，總兵江烏、鄭恩祥，副總兵鄭甲祥，監軍蘇坤戰死休寧。文玠、于東至南京，永曆元年二月十日，不屈死。子生佳，儒士。先戰死。生值，字逢吉，隱於畫。總兵張天麒、江周降清。

應登，績溪人。

大忠，祁門人。

士英，嘉興人。崇禎十五年武舉。史可法水營副總兵。初奉滎陽王蘊鈐起兵黃山。

正俊，德興人。天啟四年舉於鄉。

志稷，字未齋，婺源人。崇禎十五年舉於鄉。自職方主事陞車駕郎中，與曹鳴遠起兵樂平，自高沙攻婺源，與元德、壽庚、世樹，參將程進，遊擊胡學夔、魯甲，守備洪元化、張子高，都司鮑秉忠，監紀同知胡起明、諸生曹文榜、汪邦耀、汪紱賢先遇敵，陷圍中，大呼殺敵。清兵合圍射之，皆中矢如蝟毛，罵不絶口死。

嗚遠，字文季，婺源人。崇禎十六年進士。授臨川知縣，行保甲都綱法。平劉明八亂。副總兵郭雲鳳兵譁，單騎撫定之。馬政累民，條官差法。歷職方主事、兵科給事中。志稷死後被執免，保廣信山中，擢僉都御史，爲僧。

文榜，字惟登，婺源人。剛勇有爲。

又朱賁，字吉白，休寧人。歲貢。自金谿訓導遷華亭知縣歸。與聲起兵，後隱嵩江。吴道會，字孟嘉，歙縣人。諸生。破家養士。乞立仁智勇三寨，斬其渠。從聲起兵。聲承旨，請於族翰林石庵授監紀推官。守黄山二嶺。清兵至，衆散。清除饒州知府，不應，爲僧。藏温璜集，付梓。

朱鳳律，字甘葉，歙縣人。諸生。便弓馬，從軍授監紀推官。兵敗，爲僧顔公山。卒年七十二。

汪益亨，字德裕，歙縣人。有才名。天一友。天一卒，南走閩、粤死。

丘祖德，字念修，成都人。崇禎十年進士。授寧國推官，以才調濟南。遷兖東僉事，招撫土寇，多解散。轉副使。十五年，清兵攻東昌，力守孤城，全百萬衆。冬，以張國維薦，晋僉都御史，巡撫保定。尋代王永吉山東。十七年，濟寧陷，李自成檄招降，斬其使。謀發兵拒守，而中軍梅應元畔，率部卒索印。祖德將自刎，士民衛之出境。與巡按余日新南走，道遇魯王以海，同過淮南。沈宸荃劾其輕棄封疆逮訊，久之獲釋，而成都亦陷，無家可歸，流寓宣城。清兵至，指揮僉事耿昱降。聞金聲兵起，祖德乃與鄭璧、錢龍文、沈壽蕘等舉兵，麻三衡在稽亭，諸生湯廷玄、盛文鼎、方召及魏三在南湖應之，旬日間至萬餘人。紹宗命祖德以兵部右侍郎總督江上恢剿。時郡城已陷，祖德駐師華陽山。閏六月十六，與尹民興合楊柳鋪馮甲、範師，華陽山顏留，麻姑山王一衡，南湖貢甲，寧國金經、萬日吉，黄渡港三衡及諸生王協寅等十餘部，共復郡城，不克。壽蕘及指揮莊見齊及子莊二、千户胡三台、百户盛甲皆陣殁，祖德退歸山寨。隆武元年七月二十日，清騎攻東橋，祖德戰敗，山寨陷，與子萃被執送南京，不屈，以刀擊其背，大罵支解，一門死。

萃，字元緒。二兵請從，亦死。徐肇基、沈壽隆、舒天長、趙臣成、萬麒、趙瑋、鄭繼元先後死。事聞，贈祖德太子太師、吏部尚書。

璧，字楚瑜，當塗人。武舉。史可法、鄭芝龍將，官副總兵。起兵華陽，與汪三傑謀攻郡城。事洩，與劉禄被執死，三傑得脱。

龍文，宣城人。天啟七年舉於鄉。授參謀，戰死。子士驤，字右白。諸生。中矢死。士翺，字羽長。諸生。被執罵不絶口死。

壽蕘，字景山，宣城人。都督有容子。諸生。負膂力，屯五里岡，獨當前鋒。約三衡兵至東橋犄角。

見齊、三台、甲，皆寧國太平人。

三衡，字孟璿，宣城人。布政使溶孫。恩貢。名著復社。好弓馬，結奇才劍客，以詩酒自豪。祖德欲起兵，問計於三衡。三衡曰：「百姓憤清兵甚，薙髮之日，往往悲泣。明公仗義興師，旌麾所指，豪傑長者孰不裹糧願從，何患少耶！」祖德曰：「天意尚不可知？」曰：「人心即天意。今民心如此，天意見矣。」祖德乃決計起兵，三衡亦破家募得數千人，與劉鼎甲、吴太平、阮恒、阮善長、胡天球、馮百家號七家軍，駐稽亭。三衡、鼎甲授總兵，太平授贊畫，恒、善長、天球授副總兵，百家授參將。三衡每戰策馬當先，舞大刀陷陣，人多望而畏之。後以人衆寡不敵，七月二十四日被執至南京。多鐸奇其才貌，欲降之。大罵，快咏怒髮之詞，賦絶命詩，屹立受刃。族同死者五十餘人。贈國子學正。子乾齡，字天爲，爲父請卹福京，國亡不應試。

廷玄，字君前，宣城人。

魏三，江寧人。梳工，去家入伍，往來祖德、三衡間。文鼎命諜於城，被執。清未知主名，欲跡得之，將執戮諸義，三終不承，杖死。

鼎甲，金山衛人。天啟四年武舉。太平、恒、善長、天球、百家，皆宣城人。諸生。同死。

肇基，字紹先，宣城人。孝友任俠，多將畧。聞南京亡，大哭，從三衡死。

壽隆，字方平，宣城人。天啟七年舉於鄉，再舉賢良方正。

天長、涇縣人。獨建永濟橋，不食死。

臣成，涇縣人。諸生。觸石死。

麒，字道祥，涇縣人。應隆弟。諸生。研理學，城陷，遺弟書曰：「任道無力，姑以一死塞責。」絶粒死，年二十五。

瑋，字太璞，涇縣人。侍郎士登孫。歲貢。著名復社。威宗臨雍，抗疏陳時弊。涇兵起，傾家助餉守城。謁福京，授兵部郎中。福京亡，自刎死。

繼元，字澄宇，涇縣人。崇慶經歷致仕。被執，與妻蕭大罵同死。

三傑，宣城人。黑面而勇。本優人，以事下獄，富人施仁出之。集勇數百人，健鬭敢死，世號張飛。授指揮。永曆二年五月，與楊國瑞等十三人再起兵天目山。戰敗，國瑞死，三傑與劉禄走西溪嶺，被執大駡不屈死。

旌德郭碧及弟仲，亦起兵應之，兵敗皆執死。臨命碧駡益很，清令啖其腦。

又胡雲龍，字時際，黟縣人。諸生。起兵應三衡，復石埭、青陽，攻池州。兵敗被執，斷舌斮膝死。

同時宣城諸生貢登俊及妻梅、諸生貢祖禹及妻徐、梅經祚及妻侯、梅闕保及妻許水死。

贊曰：南直薙髮，有留髮不留頭之命，胥吏魚肉，民不聊生。易、猶龍、聲、祖德等乘時起義，民奮襏襫，持白梃，一夫袒臂，千百成羣，相與斬清吏，截輜重。聲威所及，北則鹽城、興化，南則嘉興、嘉善，東則蘇、嵩，西則徽、池、句容、溧水、溧陽、宜興，無不有大明之旌旗，烽火通南京。而易、聲兩軍，扼太湖，阻上江，使騎射失其所長。福京、紹興晏然休甲，樹立尤偉，然皆卒起，無甲仗馬匹，餉之所入，什不償一。桀黠者或四出劫掠，殷實户必出賄乃免。於是清兵數十萬，屯南京、蘇、杭、吴淞要害，憑倉廩堅城，以降將籍丁壯充軍。兵勢既盛，益令薙髮，不者日屠千人，民不能存，不得不如命。既薙，遂編入降伍，助登陴守禦。邑紳懼禍，或引清兵，或爲内應，故不及一年，或執或殺，下迄毓祺之獄，牽連死者又數千人，不可謂非東南之一大劫也。據故老傳聞，俯仰今昔，迴環感慕，不覺涕泗之何從。